江苏省示范马克思主义学院和苏州大学马克思主义理论学科建设成果，苏州大学江苏省中国特色社会主义理论体系研究基地成果，名城名校融合发展战略项目成果。

谨以此书献给苏州大学文正学院

建院二十周年！

LINGDONG YU CHAOYUE
DAXUESHENG
CHENGZHANG
DONGLI
YANJIU

灵动与超越

大学生成长动力研究

王淼／著

苏州大学出版社
Soochow University Press

图书在版编目(CIP)数据

灵动与超越：大学生成长动力研究 / 王淼著. —
苏州：苏州大学出版社，2018.12
ISBN 978-7-5672-2666-1

Ⅰ.①灵… Ⅱ.①王… Ⅲ.①大学生-人才成长-研究 Ⅳ.①G645.5

中国版本图书馆 CIP 数据核字(2018)第 242389 号

书　　名：灵动与超越
——大学生成长动力研究

作　　者：王　淼
责任编辑：周建国
装帧设计：刘　俊

出版发行：苏州大学出版社
社　　址：苏州市十梓街1号　邮编：215006
印　　装：宜兴市盛世文化印刷有限公司
网　　址：www.sudapress.com
邮购热线：0512-67480030
销售热线：0512-67481020

开　　本：700mm×1000mm　1/16　印张：15.75　字数：283 千
版　　次：2018 年 12 月第 1 版
印　　次：2018 年 12 月第 1 次印刷
书　　号：ISBN 978-7-5672-2666-1
定　　价：45.00 元

前言 Preface

世界多极化、经济全球化、社会信息化、文化多元化的宏观社会背景，中国改革开放取得的巨大成就，新时代中国特色社会主义面临的诸多问题，西方意识形态领域的渗透等错综复杂的外因，决定了高校思想政治教育工作的重要性、复杂性和艰巨性。新时代我们生活的世界充满希望，也充满挑战。

大学生主体性培育不仅是高校人才培养过程中个体成长发展的主观能动性能否发挥、成长动力能否激发的问题，也是信息化时代和新媒体环境下意识形态安全教育的普遍要求。从大学生内因主体本身而言，他们与外因主体一样，在主体意识、主体能力和主体担当方面都有利益诉求或期待，这种诉求或期待能否与外因主体达成一致，将直接影响大学生主体性培育的效果。

成长动力是大学生对自身主体地位及成长要求的能动反应，是大学生主体性培育的一种显性特征。内因的需求动力、外因教育推力以及内外因主体间的目标合力是大学生成长动力的根本来源，这些来源决定了大学生成长动力的不同类型和不同的教育引导要求。主导意识形态教育的价值引领、成长教育的与时俱进、外因主体教育的倾情投入以及时代期望的正面激励是大学生成长动力的重要发生机制。

大学生作为生物人、社会人和历史人的共时性存在，对历史人的社会担当追求是国家、民族和时代赋予的使命，更是其价值实现的重要目标。作为未来的社会精英，他们成长过程中对生物人、社会人的属性追求同样凸显，并且在当下成为一种显性存在。以“现实的人”的利益实现为价值追求是时代教育的进步，推动着教育回归生活，是教育面向未来的前提和基础。大学生面临的信仰迷惘、成长异化、动力迁移以及规划困境等现实问题，是外因教育主体利益博弈和内因共时性本质矛盾运动的结果，会在新的共时性环境中不断整合，成为新的动力源头，推动大学生的成长和发展。

外因教育主体对大学生的成长期待是全方位的，但在大学生主体地位的认知和实践方面却始终不尽如人意。思想政治教育过程中，外因教育主体和介体任何一方的问题都可能引发内因主体的不在场。外因教育主体“形”或“神”的不在场，以及介体在内容上的不在场，都会导致外因教育主体在内容或话语方面的霸权、教育过程的瓦解、内因教育主体被动不在场或主动离场，使思想政治教育走向形式主义，内因主体人格完善的培养主旨无法实现。外因主体的利益追求差异，及其在主体性培育方面的态度和实践，造就了大学生成长动力的现状。

应在主导价值观引领、科学精神熏陶和正确的教育渗透等导向作用下，关注感性、理性认同，充分利用态势激发优势以及利益激励的办法构建大学生成长的动力机制。从价值引领、环境激发、知识能力牵引和成长共同体互动等方面，构建大学生成长动力教育体系。努力探索构建以马克思主义的世界观和方法论为指导，以优秀传统精神动力理论为“本”，融入生态体验理论、系统理论、需要理论等多元一体的理论指导体系。实践过程中，推动形成思想教育与专业教育融合，第一、第二课堂联动的人才培养平台，促进教育、体验、反思表达与环境化育的思想政治教育过程一体化，内因主体的意识、能力和责任一体化，不断推进个体的生物性、社会性和历史性相融合。

时代的问题需要用时代的理论和时代的办法来解决，大学生成长过程中的价值迷惘，是成长异化和动力迁移等其他问题的根源所在，迫切需要社会主义核心价值观的教育和引导。践行社会主义核心价值观不仅是坚持马克思主义指导地位的需要，也是我们植根优秀传统文化的沃土，时刻对国家富强、民族复兴充满信心，建设和谐社会的迫切需要，更是推动大学生深化成长体验，增强自信，不断对自身提出新要求，以理性的态度面对自身素养全方位提升的需要。

新时代中国特色社会主义建设面临的意识形态斗争是毋庸置疑的，在意识形态教育问题上，采取敷衍、漠视甚至是无视的态度，从心底里把这一问题推给别人、推给国家，给自身找一个主动离场或不在场的理由，刻意造成外因主体的不在场或空场，无论是对于教育本身、学校或教师而言都是不合适的，也不符合中国特色社会主义的人才培养逻辑。

育人不是“制器”，除了需要意识形态教育的方向把握之外，思想政治教育还有好多任务要完成，但相对而言，其回归生活的祛魅之路非常艰巨，新时代人才培养格局中的返魅意识培育则尤显突出。因此，如果作为一种评价手段，大学生成长动力或许会成为解决高校人才培养诸多问题的试金石。

目录 Contents

第一部分 意义与价值

第二部分 理论资源

第三部分　来源与发生

第四部分　问题及解决

第五部分　思考与回归

第一部分　意义与价值

大学生主体人格完善是高校人才培养的核心工作，也是新时代高校思想政治教育的一项重要而艰巨的任务。成长动力研究是大学生主体性培育的重要切入口，也是身处世界复杂发展格局中，高校思想政治教育研究的重要进路。大学生成长动力研究是高校审视和反思人才培养实践，开展思想政治教育支撑理论探索，优化社会主义核心价值观教育路径，深化大学生对新时代中国特色社会主义理论理解，凸显思想政治教育时代感、使命感的重要方式。大学生成长动力问题是解读高校人才培养困境，探讨破局之道的有力抓手，更是不断提升高校思想政治教育有效性的迫切需要，是增强大学生存在感、体验感和实现感的关键。

第一章

大学生成长动力问题的研究价值

在全球化、信息化、市场化的宏观社会背景下，中国改革开放取得了巨大成就，但在经济快速发展的同时，阶层分化加剧，利益诉求日益显性化，价值中立多元等意识形态领域的各种问题不断凸显。中国高等教育在这样的大背景下，大众化推进及高校深化改革的整体趋势等发展环境，给思想政治教育带来了前所未有的挑战。在世界多极、价值多元和发展多变的总体格局下，意识形态对高校人才培养产生的深远影响，涉及大学生成长成才的各个环节。以大学生成长动力这一焦点问题作为突破口，引领思想政治教育的话题研究，可以有针对性地寻求解决问题的办法，整合外因教育主体力量，推动校本资源开发。

第一节　话题及其研究意义

大学生成长动力是以价值观为核心的思想政治教育问题，借鉴运用马克思主义的世界观和方法论，基于马克思主义视阈，探讨大学生成长动力的相关问题，对于当前高校思想政治教育具有重大的理论和实践意义。

一、话题背景

大学生主体作用的发挥是价值多元时代教育关注的焦点，成长动力是大学生实现从教育客体向主体转变的重要条件。大学生成长动力教育是大学生树立正确的世界观、人生观、价值观和构建自身成长动力系统的重要前提。成功的大学生成长动力教育可以对实施思想政治教育的家庭、学校和社会等各外因教育主体力量进行有效整合，激发大学生主体的内因学习和实践热情，促进大学生主体的人格完善，不断提升思想政治教育的有效性。

（一）大学生成长教育需要引领性话题

高校思想政治教育的目的是为了实现大学生的自我教育。在高校思想政治教育的众多教育内容中，大学生全面发展目标的实现，“以人为本”教育理念的实施，都需要把大学生主体性发展作为重要的目标追求。因此，体现大学生的主体地位，充分发挥他们主观能动性的大学生成长动力问题成了高校思想政治教育有效性追问的核心话题。

1. 全面发展的培养目标呼唤大学生的主体性发挥

福柯指出：“对知识的热情，如果仅仅导致某种程度的学识增长，而不是以这样那样的方式或在可能的程度上使求知者偏离他的自我，那么它归根到底能有什么价值可言？”① 这种转变需要人的主体性的充分发挥，在“人的全面发展”理念指导下才实现从知识到智慧的转变。大学生的全面发展要求个性与群体共性的适应性发展，物质追求与精神追求协调发展，以及身心的同步发展。在正确的世界观、人生观和价值观的指导下，把较高的专业素养、思想道德素质、实践和创新创造能力等方面的提升作为高校思想政治教育的鲜明目标追求。

然而，经济全球化的发展背景，大众化的高等教育发展格局，自我中心主义的思维方式，以及物质至上的微观环境无时不在影响着人们的观念和行为，使得大学生全面发展的和谐环境营造困难重重。“教育与经济过度亲密，缺乏必要的距离；与社会过度亲和，缺乏必要的紧张；与文化过度异化，缺乏必要的生命关联。”② 对眼前利益的关注往往使人们片面地理解大学学习内涵，把学习的手段与目的混淆，以致大学生的成长被瓦解成无数的碎片，找不到大学生活的整体感。

在五彩缤纷的世界面前，受应试教育影响较大的大学生往往会因受环境影响而处于被动的客体地位，每一个外因教育主体在他们的教育问题上都会因为各自的价值观和利益差异而采取不同的教育理念。无论是外因还是内因在长远利益没有确切把握的情况下都会更多地关注眼前利益，无法体现大学生成长过程的主体性，大学生成长会因为动力问题突出而使之成为人们关注的焦点。

2. 高校思想政治教育目标明确要求为大学生主观能动性发挥创造条件

《国家中长期教育改革和发展规划纲要》（2010—2020 年）中明确指出：

① 米歇尔·福柯. 性史［M］. 张廷琛，等，译. 上海：上海科学技术出版社，1989：163.

② 樊浩. 现代教育的文化矛盾［J］. 北京师范大学学报（社会科学版），2005（4）.

“要以学生为主体，以教师为主导，充分发挥学生的主动性，把促进学生健康成长作为学校一切工作的出发点和落脚点。关心每个学生，促进每个学生主动地、生动活泼地发展，尊重教育规律和学生身心发展规律，为每个学生提供适合的教育。”[①] 教育是关于人的学问，高校思想政治教育要给学生以方向引领，使他们保持经久不衰的好奇心、明确的目标意识、强烈的责任感和强劲的执行力。当下思想政治教育的有效性提升不仅要求人们关注教育内容、方法和手段，更要关注教育对象本身素质以及他们成长环境的实际，把全面发展的人作为人才培养的目标追求。

2017 年中共中央、国务院颁布的《关于加强和改进新形势下高校思想政治工作的意见》中明确指出：“以立德树人为根本，以理想信念教育为核心，以社会主义核心价值观为引领，切实抓好各方面基础性建设和基础性工作，切实加强和改善党的领导，全面提升思想政治工作水平，紧密团结在以习近平同志为核心的党中央周围，牢固树立政治意识、大局意识、核心意识、看齐意识，坚定不移维护党中央权威和党中央集中统一领导，为实现‘两个一百年’奋斗目标、实现中华民族伟大复兴的中国梦，培养又红又专、德才兼备、全面发展的中国特色社会主义合格建设者和可靠接班人。”[②]“合格建设者和可靠接班人”就意味着大学生必须是未来的社会主体之一，思想政治教育所做的努力必须围绕他们的主体地位实现、主体能力建设以及全面发展的目标等方面展开。

后现代主义观点认为，“一切事物都是主体，它们都有内在的联系。从目的论意义上看，所有的生物都是生命的核心，都有其自身的利益，所有生物都具有平等的内在价值”[③]。平等的内在价值不仅表现在对相互之间生命、尊严的重视，还包括对尊重生命个体自身的知识能力水准和素质特征，只有这样才能真正实现因材施教，充分发挥人的主观能动性，调动并激发他们的成长发展热情，为适度张力的保持和成长动力的激发创造条件，大学生的成长尤其需要这种理念。

3. 大学生成长动力教育是关注大学生利益和实现教育“以人为本”的集中体现

马克思指出：“人们为之奋斗的一切，都同他们的利益有关。”[④] 马克思

---

① 国家中长期教育改革和发展规划纲要（2010—2020 年）[M]，北京：人民出版社，2010：13.

② 中共中央国务院. 关于加强和改进新形势下高校思想政治工作的意见［N］. 光明日报，2017－02－28.

③ 大卫·格里芬. 后现代科学—科学魅力的再现［M］. 马季方，译. 北京：中央文献出版社，2007：7.

④ 马克思恩格斯全集（第 1 卷）［M］. 北京：人民出版社，1995：187.

主义的利益观是我们进行高校思想政治教育的出发点和落脚点，也是实现教育“以人为本”和科学发展的重要指针。顺利成长就是大学生最大的利益，通过外界的思想政治教育来激发他们的成长动力，是实现大学生利益的最佳途径。大学生因为成长环境和教育体制原因，职业生涯规划方面表现出了片面性、暂时性等表征，这些表征正是思想政治教育过程中必须正视的问题。针对各教育主体在教育引导过程中难以把握规律，科学性、有效性不足等问题，大学生成长动力问题及其教育探索为我们提供了一些切实可行的路径和实际的切入口。

大学生成长动力教育情系家庭、学校、社会和大学生本身等多个方面，关系大学生群体的成长走向和个体独立人格形成。大学生成长动力教育需要在尊重他们知识、能力现状和主体人格的基础上，运用适应个性特点的教育和引导方式，促进他们价值观、理想信念、人生目标形成，增强他们的社会责任感，以满足大学生成长的合理需要，保证他们的成长利益，激发他们学习与实践的积极性、主动性和创造性，充分体现当代高等教育的价值追求。大学生成长动力问题作为高校思想政治教育的焦点话题，不仅满足了大学生成长的需要，更体现了教育的社会责任，满足了家庭、学校和社会等多方面的利益。毛泽东指出：“马克思列宁主义的基本原则，就是要使群众认识自己的利益，并且团结起来，为自己的利益而奋斗。”① 大学生利益实现的最好方式就是通过外界力量支持和自身不懈努力去寻求一条保持持续热情、坚定信念和强劲执行力的成长之路，这种利益的获得就是思想政治教育“以人为本”理念的实现。

（二）内外因教育力量亟待有效整合

大学生成长面对无法阻挡的社会发展潮流，在价值多元的背景下，家庭、学校、社会和个人等关涉大学生成长的各主体，虽然相互之间存在着直接利益的差异，但在长远的利益问题上是一致的。因此，大学生成长动力这一关系各主体间利益实现的共性话题，可以不断改变各主体间的利益分歧，促进形成差异化的利益共识，整合各教育主体的力量。

1. 大学生成长动力教育对外因主体合力最大化的要求，可促进各外因主体突破当下价值困境，达成价值共识

“大学生的成长过程是一个由多主体共同参与的教育引导过程，家庭、学

① 毛泽东选集（第4卷）[M]. 北京：人民出版社，1991：1318.

校和社会是大学生成长过程中的主要外因，构成了大学生成长的外因环境。”①大学生健康成长要求各外因主体实现合力最大化的现实要求，需要保持外因合力方向的一致性，即相互之间的价值认同。全球发展背景造就了现代对传统的不合理扬弃，东西文化对抗与融合，一主与多元的博弈。特别是信息化伴随着全球化的到来，互联网大量未经加工的庞杂信息，是导致大学生崇尚拜金主义、自由主义、历史虚无主义、极端个人主义，以及主流价值观明显弱化的重要原因，导致了大学生的世界观、人生观和价值观不稳定的现状。

在经济全球化和信息化的发展大背景下，家庭、学校、社会作为教育的外因主体，虽然在教育理性的长远利益上是一致的，但各自的短期利益使他们面临各自的困惑。社会发展和非理性竞争的现实环境往往会使家长无法守住追求长远成长利益的目标，把眼前的、现实的利益作为家庭教育的直接追求。学校在现有的评价体系框架内，既要关注人才培养的系统工程，还要关注关系学校名声的面子工程、形象工程，以致在招生规模逐渐变大、改革呼声日渐增强的情况下，来自教育本身的困惑日增，陷入人才培养与社会发展需求匹配困境。社会各界也试图通过各种办法加强大学生的成长教育，但这些教育与宏观环境对大学生成长的负面影响比较起来，力量还不够强大。

无论外因主体在教育过程中遭遇什么困难，全社会在人才培养问题上都需要基本的价值追求，即外因主体必须放弃一部分各自的利益追求，在与其他外因主体的合作中寻求默契与和谐，在大学生主体本身建设上达成共识，通过大学生主体的不断完善实现他们各自的利益。因此，大学生成长合力教育会对主体在相互合作和价值认同上不断提出新要求，冲破各外因主体原来的价值困境，以更加积极的姿态回归理性的利益实现，为大学生成长合力的最大化创造条件。

2. 大学生成长教育有利于大学生内因动力的形成与发展

如何调动大学生自身的积极因素，通过增强他们自身的认识、分析和解决问题的能力来抵御不良因素的侵蚀，成了各外因教育主体必须关注的重要内容。一方面要突出大学生的主体地位，另一方面还要充分调动他们的主观能动性。在大学生成长过程中，家庭教育虽然总体水平有所上升，但在教育过程中家长往往把自己的期望强加给孩子，家长生存的环境、知识结构和视野往往具有较大的局限性，需要大学生在接受教育的过程中辨别。学校的办学理念、办学特色与大学生成长的追求方向是否一致，学校的教育资源丰富

① 王淼．试论大学生成长动力教育的外因合力［J］．福建论坛（社科教育版），2011（10）．

程度、师资的知识结构合理程度以及教师的世界观、人生观和价值观是否与主流一致，都会成为影响大学生成长的重要因素，需要他们在成长过程中合理应对。在社会发展过程中出现的拜金主义、自由主义、历史虚无主义和极端个人主义时刻需要大学生自己去辨别。

另外，新媒体作为大学生成长的重要辅助工具，为大学生的成长教育提供了新的途径。但虚拟环境的教育主体不在场往往会因为无法互动，对大学生成长素质估计不足，针对性不强，导致信息不对称，教育的内、外因之间难以形成默契。因此，无论是家庭、学校和社会哪一方面的问题，现实的或是虚拟的环境，都需要大学生有较强的分析、辨别问题的能力，在成长过程中不断完善自身的独立人格。

不断推动大学生主体性建设，对思想政治教育工作提出了较高的要求，需要推动思想政治教育工作各外因主体从内容、方法和手段等多方面进行改革。从这个意义上说，大学生成长动力教育，作为思想政治教育的重要内容有其独特视角，可以调动外因主体不断改变教育理念和策略，在形成价值共识的过程中，帮助大学生主动适应环境，认知、明辨事物，调动并激发他们的参与热情，推动他们内因动力的形成和发展。

3. 大学生成长动力教育可以促进形成良好的主体间性，提升思想政治教育的有效性

思想政治教育是激发大学生成长动力的重要手段，特别是社会主义核心价值观在精神动力的系统性激发，和大学生主体人格完善方面的功能，需要在思想政治教育过程中贯彻，并形成相应的思维和理念。同时，大学生成长动力教育是思想政治教育的重要内容，是鲜明的目标导向型教育，外因教育主体必须从大学生这一内因主体现实的知识和能力状况出发，设计教学内容、教学方法。内因主体从客体到主体的转变，是建立在对教育内容良好的共识与前理解基础之上的。教育对象的主观能动性越强，主体地位体现越明显，其主体人格在知识内化为他们的内在需求并外化为行动方面的表现越明显。这种通过学习、内化再外化的过程，便可以实现大学生成长动力从无到有、由弱到强的发生和转化，它需要相应的外界环境、共同价值目标与之匹配。

在当前的发展环境下，加强大学生成长动力教育，要求充分利用贴近大学生生活实际的办法，推进思想政治教育的有效实施。要求各外因教育主体及时抓住生活中大学生关心的问题和话题，充分利用现代化的传播手段，如网络论坛、电子邮件、手机短信、QQ、人人网、博客、微博、微信等手段与他们交流沟通。通过师生间的平等对话，客观地分析他们成长过程中思维、

观念及成长实践等方面存在的问题，引导他们对自身成长做出客观而全面的分析。在价值观教育方面，需要渗透式和情感共鸣式教育引导，针对不同层次、不同类型个体的具体情况进行交流。在交流形式上可根据交流的实际需要选择个别交流、小组或群体交流的形式。在实施教育的过程中，要充分借助大学生自身及其同龄群体、共同兴趣爱好群体的教育力量一起来做工作。目标导向的成长动力教育会促使教育者在教育内容、方式和手段等诸多方面给予大学生以关注，而大学生这一内因主体本身，也会因为教育的各要素与自身知识和能力等方面的高度匹配而体现其主体性，在双方的共同努力下提升思想政治教育的有效性。

（三）高校校本教育资源亟待开发

大学生成长动力的激发要求思想政治教育的内容必须务实、高效、贴近生活。因此，思想政治教育的校本资源对于大学生成长动力激发的作用不可替代。通过对高校现有的、具有鲜明校本特色的教育资源有目的地选择、提炼和加工，旨在使学校教育的基本内容、指导思想和教学方法更适合本校思想政治教育的实际，更好地体现“以学生为中心”的办学理念，增强学校的凝聚力和向心力。

1. 大学生成长动力教育是一个教师全员参与的过程，可以促进计划内思想政治教育课程资源的全面开发

在大学生成长动力教育过程中，学校作为教育主体的核心力量是计划内课程的教师，学生全面发展要求教师全身心地投入，在各自的工作范围内挖掘可行的教育资源。因此，计划内课程作为巨大的、系统的思想政治教育载体，每一位任课教师在通过他们的教学风格、教学方法与人格魅力对计划内课程的教学资源进行各自的挖掘和诠释，大学生则通过计划内课程的学习，不仅可以学到他们需要的科学知识，还可以学到教师的为人处世方式，分析问题、解决问题的思维方法等，为他们独立人格的形成创造条件。教师可以通过与学生的互动了解学生的需求，充分利用课堂这一教师与学生近距离交流的环境，寻求改进教学的方法。在师生的频繁互动中，强化“以学生为中心”的教学理念，优化资源开发途径，为进一步促进计划内课程的思想政治教育资源整合和开发创造条件。

2. 大学生成长动力教育，需要加强以主题活动为载体的思想政治教育资源开发

人是一种关系的存在，大学生成长动力教育需要营造全过程育人的良好人际环境，促进其世界观、人生观和价值观的形成。马克思指出："人在其现实性上，是一切社会关系的总和。"① 大学里各种各样的活动是这种关系存在的集中表现，是成长动力教育的不竭源泉。大学生成长动力教育对活动的主题要求，及其对实施细节的关注，都可以不断提升活动的影响力和教育效果，学校可以通过学生群众性团体，充分利用节日、纪念日、文化节、时事热点为主线的文化资源，举办研讨会、交流会、朗诵比赛、演讲比赛，或者以体育、娱乐、电子竞技、科研等大学生喜闻乐见的活动形式，为大学生展示自我和健康成长提供交往平台，在活动中增进互信和了解，在参与过程中接受教育，增长才干。目标导向性极强的大学生成长动力教育，要求校园主题活动具有鲜明的时代性、灵活性、即时性、适应性和导向性，具有充分调动学生群众性团体积极性、主动性和创造性的吸引力。在活动的主题设计方面，要注意把学校的发展理念、办学精神以及人才培养、办学的成果融入大活动中来。通过大学生成长动力教育的契机，理性分析主题活动开展过程中存在的问题，让学生为活动出谋划策，增加他们的主人翁意识，打造良好的思想政治教育资源开发基础。

3. 大学生成长动力教育的全方位育人理念实现，需要高校加强后勤部门的服务育人工作

高校的服务育人工作，除了教师教学、辅导，学生活动之外，后勤相关部门的工作同样是学校思想政治教育工作的重要环节。成功的教育必须有成功的后勤服务支撑，学校后勤服务更能深入学生生活的细节，影响他们对学校办学的认可。成功的大学生成长动力教育，要求学校根据后勤部门的工作特点进行合理规划，把后勤部门作为思想政治教育的主体融入学校教育之中，深入挖掘自身工作在思想政治教育工作中的潜力，把服务的文化和理念融入工作，用实际行动教育学生，为学生提供一个舒适的学习、生活环境。大学生成长动力教育在贯彻学校全方位育人理念的过程中，自然会要求后勤工作用优质的服务感化、触动学生的心灵，在服务学生的过程中教育学生。同时，它要求后勤部门在贯彻服务育人理念的过程中，充分结合本校服务育人工作的特点及学生的成长教育实际，体现服务育人的实用性、开放性、科学性、

① 马克思恩格斯选集（第1卷）［M］. 北京：人民出版社，1995：56.

独特性和差异性特点，创造性地开展工作，为全方位育人提供软硬件支持。

思想政治教育是一门“攻心”的艺术，而大学生成长动力教育则是必须让学生心“动”的艺术，这种艺术正是思想政治教育有效性的生动体现和不懈追求。正因为现实生活缤纷多彩及其重重挑战，思想政治教育工作才显示出其迷人的魅力。只有把大学生成长动力教育当作一门开启心灵之门的艺术，我们才会在思想政治教育的道路上坚持正确的方向，保持不懈的动力，不断推动高校“以人为本”的改革进程。

二、问题切入

当代大学生成长面临着学业困惑、情感困扰、价值迷惘、动力迁移以及成长效率低下、被动成长等一系列问题，直接关联到大学生健康成长、独立人格养成及其自我价值实现等重大主题。所有这些问题，在一定意义上都可以归结为大学生成长动力问题，凸显了以社会主义核心价值观为核心的思想政治教育的重要性。

在实际工作中，我们面对大学生学习、生活和成长的实际，身临其境，不断思考和探索，发现对当代大学生成长的种种现实问题，不能简单归结为“90后”之笼统印象，已经踏入大学大门的“00后”更是如此，其背后有着深刻的背景和原因。大学生成长受家庭、学校和社会等多方面因素作用，尤其是社会大环境的影响，他们中间确实存在着自我中心主义、拜金主义、享乐主义甚至极端个人主义等思想观念，对此，我们不能简单地进行“是”“非”判断，而应针对问题，分析其背后的原因，思考当代大学生成长规律，探索大学生学习成长的动力机制。由此，本书拟结合思想政治教育学科和大学生学习、生活和成长实际，基于马克思主义世界观和方法论，运用马克思主义动力理论，从个体发展动力、社会发展动力和合力等多视角切入，针对大学生成长中的各种问题，探讨大学生成长动力的源泉、动力机制，并借力相关理论构建大学生成长的动力体系，以期获得对大学生成长动力问题的理性认知，并寻求其合理的解决途径。

笔者认为，大学生学习、生活和成长面临以下几方面的问题：

其一，价值观趋向多元，缺乏方向感。大学生处于特殊的年龄阶段，经历不够丰富，对于复杂的社会现象和社会事物往往缺乏较为准确的理性判断，在是非、美丑、善恶、好坏等方面的识别判断显得淡漠而模糊，容易受到各种外来思想的影响和侵蚀，在传统观念与现代价值之间徘徊甚至茫然迷失。信息化时代移动互联的媒体环境在为大学生学习成长提供良好的信息化环境、满足个性化需求的同时，对他们的世界观、人生观和价值观产生了巨大冲击，对手机的使用和过度依赖甚至成为后续的社会问题，并且这一问题已现端倪。

其二，成长异化问题突出。从大学生学习、生活和成长的实践看，他们的成长动力不是简单缺失，也不是动力不足，而应当是动力发生了迁移。动力迁移往往呈现出动力缺失和动力不足的表象，事实上，主要是因为自身价值取向和外界环境冲突，本应当关注学习能力训练的动力转移到其他方面。动力迁移一方面是个体价值迷惘造成的努力方向不明确，导致个体的部分时间、精力转移到其他方面。另一方面是教育与人的双向异化使得大学生成长合力难以形成。当教育被异化之后，教育变成了推动教育双方异化的工具，教育者和受教育者双方把教育本身当作实现他们利益的平台。各教育主体主要围绕利益、现实和实际需要进行教育引导或被动功利参与，缺乏对教育的深刻理解，导致教育的功利化趋向日益严重。

其三，大学生精力分散，学习生活规划效率低下。信息爆炸的时代，特别是移动互联网与多功能手机的有效结合，新媒体时代的到来为各种信息提供创造了条件，往往也使与教学不相关的内容同样充斥大学生的头脑。在竞争日益激烈的当下，未来职业发展决定了他们对诸如专业、职业、就业等方面的信息都必须关注，加之每位个体都希望手机媒体可以满足自身兴趣的需要，在众多的信息需求状况下，大量的时间精力会在不知不觉中耗费在手机上。

其四，思想政治教育效率不高。主要表现为高校思想政治教育与社会发展不同步，成长教育难以内化为学生的成长需求。教育内容和教学方式安排不能与时代发展同步，难以体现“以学生为中心”的教育理念，不切合学生实际，难以融入学生学习和生活的成长实践中，成长动力激发困难。高校办学规模的扩张、学科建置的滞后以及传统教学、考试等人才培养模式依然停留在“如何教”的时代，“如何学 ”的时代仍然没有明显到来，或在相当一部分学校还只是美好的愿景，使得教育过程中大学生这一主体被动离场，甚至是处于心理逆反状态的主动“不在场 ”，给大学生的成长教育带来负面影响。而高校思想政治教育师资队伍无论是在人数、专业化程度、现代化手段运用，还是与学生的沟通能力上都存在一定问题。教育教学观念、方法、内容的滞后性，学生的主动精神、参与热情不够等因素，造成高校思想政治教育工作很难适应时代发展。思想政治教育逐渐淡出专业课教育的课堂，部分教育主体缺位，成长教育不能顺利融入高校的人才培养计划，造成高校对于学生成长教育的乏力。

本书期望通过对大学生成长问题的研究，反观马克思主义相关理论对于思想政治教育的指导意义和价值，从价值观层面发现大学生成长过程中的价值多元引发的问题，如何在当前的期待者、教育者和受教者之间达成到理性的价值共识，这种共识应该是差异化的。在差异化主导问题上引出社会主义核心价值观教育，突出这一观念对于具有共同民族基因、共同时代、共同梦想的大学生成长的重要价值。并从主动融入、探索共同营造社会主义核心价值观教育环境的角度，推进期待者、教育者和受教育之间共同探寻有效的教育和成长手段，共同营造利于对方工作或成长的环境，构建师生共同体，打造生态体验场景，实现教学相长的教学目标。

三、研究意义

面对大学生成长的实际情况，运用马克思主义原理和方法，将马克思主义动力理论运用于大学生成长动力研究，对于分析大学生成长过程中存在的种种问题，探寻大学生成长的动力源头、发生机制，构建适应当前高校思想政治教育的科学体系等，具有重要的理论、实践价值。

1. 理论价值

坚持理论指导实践的原则。马克思主义动力理论是本书开展研究的理论支撑，通过研读马克思主义经典作家原著，认真梳理马克思主义动力论的相关内容，提炼马克思主义动力论的构成要素，揭示马克思主义动力论的科学内涵及其内在逻辑体系，为课题研究提供理论指导。

在马克思主义动力论指导下，构建当代大学生成长动力的理论体系。基于当代大学生个体需求和价值实现的特点，从大学生成长动力的来源、动力发生发展机制切入，分析大学生成长过程中所面临的各种问题，分析诸要素之间的关系，在寻求大学生成长动力问题的解决途径和方法过程中，逐步探讨构建大学生成长动力的理论体系，探索大学生成长动力的教育体系和路径。

基于马克思主义动力论视阈，以马克思主义合力论为方法论指导，从大学生成长动力形成、发展及其成长教育角度，针对大学生思想政治教育实践，运用系统的方法，强化家庭、学校和社会各教育力量的全面整合，探索大学生思想政治教育的合力形成路径。厘清大学生成长合力的内涵、结构、机制及其规律等问题，探索增强思想政治教育的有效性，是高校思想政治教育理论与实践发展的迫切需要。

在马克思主义动力论研究方面，有的理论研究对动力理论的要素探究不够全面，比如仅仅强调人在社会发展过程中的主体作用，没有顾及人与社会的辩证统一。有的理论研究在社会发展动力各要素之间关系方面的分析不够清晰，如生产力与生产关系、经济基础与上层建筑两对矛盾，是社会发展的根本动力，而当代中国社会发展动力的研究过程中提出来的改革动力论、创新动力论、科学发展动力论以及习近平的中国梦的系统动力思维等，都是在马克思主义根本动力论的指导下产生的特定时代的直接动力，在实际研究中对上述两对矛盾的探讨含糊不清。此外，一些研究在马克思主义社会发展动力理论的当代价值方面阐述不够清晰，如社会发展动力理论对新时代中国特色社会主义建设的指导意义认识不够深入，对人的主体地位和主观能动性认识还需进一步深入。由此，本书在马克思主义动力论的要素梳理、社会发展动力及马克思主义动力论的当代价值等方面做了较为系统的探讨，丰富了相关领域的理论研究，具有一定学术意义和理论价值。

探讨马克思主义理论、中国传统文化、生态体验理论以及马斯洛需求理论在大学生成长教育、引导方面的融合。从价值观教育、中国传统成长理念、生态体验与反思表达和需求满足等层面，探讨大学生成长动力发生、激发和发展等机制形成，指导成长动力教育体系构建，为推进日常工作提供理论指导。

2. 实践意义

基于大学生成长动力发生迁移以及思想政治教育在当前背景下面临的困境，考察全球化、信息化、市场化，以及家庭、学校和社会对当代大学生成长的影响，对于如何加强以社会主义核心价值观为核心的思想政治教育，以更加理性的态度对待大学生成长过程中的种种问题，不断探索大学生成长动力问题的解决路径，具有重要的现实意义。

其一，帮助大学生树立正确的理想信念，形成科学的世界观、人生观和价值观。毋庸置疑，已席卷了全球每一个角落的全球化浪潮，对大学生的成长也同样产生了深远的影响。东西方文化的碰撞，价值观的不稳定，造成大学生经常在传统与现代之间徘徊，人生活在新时代，价值标准却停留在过去。大学生很难在现实生活中找到未来发展方向的现实，往往使他们在困惑中左右为难。本书拟通过大学生成长动力机制及其动力体系构建的探讨，帮助大学生建立正确的理想信念以及科学的世界观、人生观和价值观，为他们指明人生价值实现的方向。

其二，促进大学生掌握科学知识和本领，顺利完成知识学习和技能训练的主要任务。知识学习和能力训练是大学生成长的主要任务，也是大学生增强自信、激发成长动力的重要前提条件。在追求科学真理、满足求知欲的基础上，实现“博”与“专”的统一。围绕大学生的兴趣爱好、专业领域和职业期望等方面进行针对性训练，使得他们在学习知识、获取知识、运用知识过程中，形成成长的牵引动力。在学校学习知识与技能，需要教师的教育和引导，更需要大学生自我参与和管理，通过成长动力教育，引导他们在学习、情绪、时间以及日常学习生活行为等方面实现自我管理。

其三，引导学生进行学业生涯规划，促进他们自觉完成学习与实践活动，保证其主体地位的实现和主观能动性的发挥。通过对大学生动力迁移、成长异化等实际问题的分析和认识，督促他们进行理性的自我认知，发现自己的优势，寻找自己的不足，并对自身的学业、职业和生涯规划进行理性梳理。充分发挥他们自身在兴趣爱好方面的优势，通过他们自身的不断努力来实现能力和素质的全面提高。

其四，推动社会主义核心价值观的践行。在分析大学生成长动力问题的过程中，剖析其成长过程中时间、精力分配问题与个体价值观之间的关系，凸显马克思主义的世界观、价值观和方法论对大学生成长的指导、引领作用，以及中国优秀传统文化的深层次影响。通过分析凸显社会主义核心价值观培育及践行的重要性，为高校社会主义核心价值观教育提供理论指导和实践支撑。

第二节　相关领域研究状况

大学生成长动力问题研究涉及诸多学科领域，本书主要关联马克思主义动力论、思想政治教育、大学生成长教育以及价值观、道德教育等领域，分别综述如下。

一、马克思主义动力论及思想政治教育研究

马克思主义是认识世界和改造世界的强大思想武器，马克思主义是在对时代发展的新问题和新情况进行创造性研究过程中不断发展壮大的。马克思主义社会发展动力理论经过马克思主义经典作家及中国当代马克思主义者的继承和发展，逐步形成了具有时代特点的动力理论系统。当代中国关于这一理论的研究日益丰富，主要是从社会的基本矛盾、创新、改革、科学技术、科学发展、中国梦等方面着手来诠释社会发展动力，取得了众多学术成果。如“马克思主义哲学创始人批判地继承了黑格尔的矛盾动力论的思想，创立

了唯物辩证法的矛盾动力观。以后又由列宁和毛泽东加以继承和发展，形成了唯物辩证的矛盾动力观的理论体系”①。中国现当代在对于矛盾动力论的继承和发展上，“毛泽东是明确概括社会主义社会基本矛盾的第一人，是社会主义发展动力理论的奠基者和倡导者”②。这些研究对本书所涉马克思主义动力论的理解具有重要借鉴作用。

在动力系统要素及中国化马克思主义动力论等方面，有学者认为：“马克思主义关于社会发展动力的理论，包含着一种系统思想，即推动社会发展的动力，应该是由经济因素、上层建筑和社会心理这三个基本要素有机结合而成的动力系统。”③邸敏学认为，改革动力理论“比较系统地回答了社会主义建设的重大理论和实践课题，形成了完整的社会主义发展动力理论”④。向德平则提出了“生产力动力论”“改革动力论”⑤。“江泽民的社会主义发展‘创新动力观’，是对邓小平关于‘科学技术第一生产力’论的深层次展开，是进一步推动我国经济、社会全面发展，落实‘科教兴国’战略，迎接知识经济挑战的重要思想武器。”⑥其研究成果大致可以归纳为两个层次：第一个层次是“创新动力”论；第二个层次是“三个代表”的精辟概括。⑦第四代领导集体的动力理论方面，吴自华、韩锦标二人认为“道德建设是和谐社会建设的精神动力”⑧。而蔡永海、郝军认为其理论主体是“胡锦涛的和谐动力观”⑨。王淼则提出了“科学发展动力论”⑩。习近平时代有些学者提出了“三个自信”是实现中国梦的精神动力⑪、“四个全面”战略思想是实现共同富裕

---

① 刘林元.《矛盾论》与马克思主义矛盾动力理论体系的形成［J］.南京政治学院学报，2000（2）.

② 倪保志.从毛泽东的“矛盾动力论”到邓小平的“改革动力论”［J］.毛泽东思想研究，2002（2）.

③ 吴云.论马克思主义社会发展动力观［J］.学术交流，2004（4）.

④ 邸敏学.邓小平的社会发展动力论浅释［J］.马克思主义研究，2000（2）.

⑤ 向德平.邓小平对马克思主义社会发展动力论的新贡献［J］.探索，2002（1）.

⑥ 黄发红.创新：江泽民的社会主义发展动力观［J］.社会科学，2001（10）.

⑦ 王成哲，吴建伟.江泽民社会主义发展动力思想研究的新进展［J］.湖北社会科学，2003（12）.

⑧ 吴自华，韩锦标.论和谐社会中的道德建设［J］.马克思主义与现实，2006（5）.

⑨ 蔡永海，郝军.论中国共产党几代领导集体社会主义发展动力观的演变［J］.北京化工大学学报（社会科学版），2008（2）.

⑩ 王淼.科学发展动力论及其当代价值［J］.毛泽东邓小平理论研究，2011（10）.

⑪ 刘毅强.“三个自信”：实现中国梦的精神动力［J］.求实，2015（8）.

的强大动力[①]、“创新是引领发展的第一动力”[②]、全面深化改革的系统动力[③]等论述。这些基本理论的形成与揭示，丰富了马克思主义动力论的内涵，推动了马克思主义动力论的研究，继承并发展了马克思主义的辩证唯物主义和历史唯物主义思想，为客观而全面认识当前社会发展过程中的问题提供了理论上的前瞻，并为解决中国当前特定历史时期的发展问题提供了理论指导。

关于思想政治教育方面，学者基于文化、社会化、社会思潮以及思想政治教育的效果等方面进行了阐述。谢晓娟认为，认识和把握思想政治教育与文化的相关性对于增强思想政治教育的效果，保持思想政治教育的长久生命力具有重要意义。[④] 邱柏生、左超认为，从方法论角度借鉴社会思潮影响力的构成要素，考量增强思想政治教育的吸引力，增强教育内容的社会现实性和生活化、增强思想政治教育的渗透力，增加教育活动的生动性和鲜活力等。[⑤] 骆郁廷、储著斌基于大学生日常思想政治教育的实效性考虑，认为大学生日常思想政治教育的教育主体实现优势互补、教育力量形成整体合力、教育资源进行优化配置，以实现教育力量的整合。[⑥] 王贤卿基于思想政治教育的“生命线”作用，认为总结我党思想政治教育工作的经验，对于开创思想政治教育工作的新局面以及更好地发挥思想政治教育工作的优势，为我国的社会主义事业发展提供有力的思想保证和精神力量，具有十分重要的意义。[⑦] 宋劲松、王滨以社会化视角观照思想政治教育，认为推进和拓展思想政治教育的社会化发展具有重要意义。[⑧] 谢晓娟、张家道从人的主体性思想政治教育的教育目的、教育前提、教育核心等，认为人的主体性地位的确立对思想政治教育的教育理论和教育理念都构成重大的影响。[⑨] 刘云林从逻辑起点、目标向

① 何自力. “四个全面”战略思想是实现共同富裕的强大动力［J］. 南京政治学院学报，2016（2）.

② 艾斐. 创新是引领发展的第一动力［J］. 红旗文稿，2016（11）.

③ 刘新跃，阮超群. 习近平总书记全面深化改革的动力体系论［J］. 江淮论坛，2017（2）.

④ 谢晓娟. 思想政治教育：一种文化的分析视角［J］. 马克思主义与现实，2010（9）.

⑤ 邱柏生，左超. 从社会思潮的影响特征看如何增强思想政治教育的吸引力［J］. 思想理论教育，2010（17）.

⑥ 骆郁廷，储著斌. 大学生日常思想政治教育的力量整合［J］. 学校党建与思想教育，2010（28）.

⑦ 王贤卿. 思想政治教育工作在党的历史上的重要地位和作用［J］. 毛泽东邓小平理论研究，2010（8）.

⑧ 宋劲松，王滨. 党的几代领导人从社会化视角阐述的思想政治教育思想［J］. 思想政治教育研究，2010（4）.

⑨ 谢晓娟，张家道. 论思想政治教育中人的主体性定位［J］. 思想政治教育研究，2010（4）.

度、教育形式以及保障机制等方面阐述了思想政治教育获得理想效果的实施过程。①

冯刚提出，以问题为导向是促进大学生思想政治教育创新发展所必备的研究方法与范式。当前，强化大学生思想政治教育创新发展的问题意识，应当具备世界眼光、拥有中国情怀、凸显时代特征，应当将思想政治教育放在教育现代化进程、网络时代背景中统筹谋划，在学科建设视野下全面推进。②在提高思想政治教育效果方面，吴林龙认为，高校思想政治教育实效建设要有效认识和把握教育对象，必须以把握学生品德发展需要为基础，以解读学生品德行为特点为关键，以抓住学生品德问题为根本。③ 刘建军认为，思想政治教育话语转换的实现有三个层次的基础，即话语娴熟、思想透彻、思维圆融。广大思想政治教育者要增强话语转换的自觉性，在这三个方面狠下功夫。④ 唐慧玲从有效性视角提出，思想政治教育的基本逻辑起点是生活世界中的现实个人，日常生活世界是思想政治教育的隐性育人场域。将日常生活的话语体系、道德规范、体验因素和环境建设融入思想政治教育，可以有效缓解高校思想政治教育与生活世界的疏离，提升思想政治教育的亲和力、实效性、认同度和现实感。⑤ 邢瑞娟认为，把社会主义核心价值观融入大学生思想政治教育，要建立完善的长效机制，就必须加强理论研究，创新教育模式，健全管理机制，分别为大学生社会主义核心价值观教育提供学术滋养、搭建桥梁纽带、提供制度保障。⑥

针对后现代主义思潮在青年精神生活领域存在的问题，万美容等指出，后现代主义思潮的价值虚无、解构主义、理性祛魅正在悄无声息地作用于青年精神生活目标、秩序和动力。为此，必须通过加强马克思主义理论引领，满足青年精神获得；关注价值体验，提升青年精神境界；回归理性思考，实现青年精神共享等有效手段来加强青年精神生活建构，重构一个有温度、有

① 刘云林. 应然性视域中思想政治教育的实施［J］. 学校党建与思想教育，2010（29）.

② 冯刚. 以问题为导向推进思想政治教育创新发展［J］. 思想教育研究，2013（6）.

③ 吴林龙. 高校思想政治教育对象有效及理路［J］. 思想理论教育导刊，2016（2）.

④ 刘建军. 思想政治教育话语转换的三重基础［J］. 思想理论教育导刊，2016（5）.

⑤ 唐慧玲. 高校思想政治教育隐性育人场域的微观建构［J］. 国家教育行政学院学报，2018（4）.

⑥ 邢瑞娟. 社会主义核心价值观融入大学生思想政治教育的长效机制探究［J］. 学校党建与思想教育，2018（5）.

情怀、有意义的青年精神生活之域。[①] 随着大数据时代的来临，胡子祥等认为，大数据作为思想政治教育的新载体，将给思想政治教育带来技术性、复杂性和伦理性等新挑战，思想政治教育部门应树立新理念，建设新队伍，构建新平台，建立新规范，以适应大数据时代思想政治教育的新要求。[②] 陈华巍等认为必须有效消解新媒体的负面效应，充分利用新媒体的积极效能和资源优势，在教育主体、教育客体、教育介体和教育环体等方面积极探寻有效路径，切实增强大学生思想政治教育的实效性。[③] 同时，要抓住时代的新课题服务思想政治教育，王占仁等指出创新创业教育作为新的教育理念与教育模式，是思想政治教育的时代内容和新载体，提升了思想政治教育的针对性和实效性，是思想政治教育学科发展的现实诉求和时代呼唤。二者共生互促、融合互动、优化对接、价值契合、协同育人。[④]

此外，近年来，思想政治教育专业的博士论文选题涉及了思想政治教育的诸多方面，有的专注于探讨思想政治教育在多元文化背景的实效性问题，如张红霞的《文化多元化背景下高校思想政治教育实效性研究》（陕西师范大学博士论文，2008）；有的则致力于分析非理性因素对思想政治教育的影响，如赵化刚的《马克思主义思想政治教育理论中国化探析》（南开大学博士论文，2009）；还有一些研究用力于思想政治教育的路径、实效性、思想政治教育的机制运行以及生活化、教育合力等方面，如杨建义的《大学生思想政治教育路径研究》（福建师范大学博士论文，2008），石瑛的《思想政治教育过程机制研究》（吉林大学博士论文，2008），王金利的《大学生思想政治教育合力论》（天津师范大学博士论文，2008），胡凯的《思想政治教育生活化研究》（复旦大学博士论文，2007），沈大光的《非理性因素与思想政治教育》（山东师范大学博士论文，2009）。在思想政治教育的基本问题研究方面，张哲的《思想政治教育空间论》（兰州大学博士论文，2015），江晓萍的《教育基本规律研究》（苏州大学博士论文，2015），李兰的《思想政治教育实效性研究》（山东师范大学博士论文，2015），李晓莉的《思想政治教育协同创新

---

① 万美容，吴明涛，毕红梅．后现代主义思潮影响下的青年精神生活异化之域及重构［J］．思想教育研究，2018（3）．

② 胡子祥，余姣．大数据时代思想政治教育载体变革及对策研究［J］．思想教育研究，2015（2）．

③ 陈华巍，王贵新，刘国军．新媒体视域下大学生思想政治教育有效路径论析［J］．思想教育研究，2016（3）．

④ 王占仁，吴晓庆．创新创业教育对大学生思想政治教育的重要贡献论析［J］．思想教育研究，2016（8）．

研究》（兰州大学博士论文，2016），郗波的《思想政治教育现代转型的基本逻辑》（陕西师范大学博士论文，2016），景星维的《思想政治教育视域下的网络认同研究》（电子科技大学博士论文，2016），安娜的《当代社会思潮对大学生思想行为的影响及对策研究》（北京交通大学博士论文，2016），季惠斌的《大学生思想政治教育常态化发展研究》（东北师范大学博士论文，2017），等等，都从不同侧面分别进行了研究。在思想政治教育功能方面，李雪章的《当代中国大学生精神动力培育研究》（云南大学博士论文，2016），杨文燮的《高校制度创业教育模式及运行机制研究——基于高校思想政治教育深化延伸的新视角》（东南大学博士论文，2016），涂一昂的《思想政治教育中大学生审美人格培育研究》（湖北大学博士论文，2017），宋妍的《高校创新创业教育与思想政治教育关系研究》（东北师范大学博士论文，2017），等等，都进行了多角度的研究和探讨。如此等等，显示了思想政治教育领域理论与实践相结合的研究理路。

二、大学生成长教育研究

在大学生成长的内外环境方面，"'人的全面发展'的动力来自两个方面，即内在动力和外在动力，前者是主观的，后者是客观的。内在动力是来自人的本能性的自然需要，外在动力来自社会发展的需求"①。在对于大学的认识方面，有学者认为："大学有许多功能和价值。但是大学最重要的功能和价值应该是它的公共性，包括它作为社会道德的楷模，成为公共利益的代表、人类理想的寄托，以及精神与文化的家园。"②在大学对于大学生成长教育的重要性方面，"从本质上来说，大学理想和理念体现的是大学发展的内部逻辑，是关于大学发展规律的总结和概括；是对大学宗旨和使命的一种理性认识，并对大学发展的实践路径提供精神上的指引，它体现的是大学的一种追求、品位和精神"③。大学的这种本质，要求它必须成为人们心目中的象牙塔。教育作为理想性的实践活动，必须不断超越自身，因此，通过质询、反思及否定等教育批判形式促使教育不断实现超越、通往理想状态成了教育的一个必要条件。但"这种教育批判已处于困境之中，一个有力的证据便是许多教育实践工作者对来自教育理论工作者的教育批判都经常表现出困顿、怀疑、不

① 扈中平．"人的全面发展"内涵新析［J］．教育研究，2005（5）．
② 谢维和．大学的公共性面临新挑战［N］．中国教育报，2008－01－28．
③ 邬大光．大学理想和理念漫谈［J］．高等教育研究，2006（12）．

满乃至鄙视……”①所以，来自教育的全面可持续发展显得尤为重要，“教育的全面、协调、可持续发展相辅相成。全面、协调发展是可持续发展的基础，可持续发展是全面、协调发展的结果：可持续发展就是保持发展的连续性，保持发展的动力，保持发展的活力，保持发展的与时俱进”②。在家庭教育方面，《“中国家庭教育发展论坛”综述》一文中认为：“家庭已不仅是提供文化习俗学习的地方，也是促进人的全面发展和人的社会化的重要场所；受教育者不仅是儿童，也包括成人，包括所有家庭成员间的相互教育与学习。因而，有人认为，促进家庭成员的学习是家庭教育的重要功能，提出要建立学习型家庭。”③在大学生的创新能力评价方面，有学者认为评价体系主要包括日常的教育教学评价和升学评价两个方面，对人才培养有着重要的影响和作用。认为评价不是与知识的简单挂钩，评价创新人才不能只局限于创新思维的评价，评价体系应增加创新力的考评等。④《新媒体条件下大学生主体性培育的反思》一文“从新媒体时代大学生主体性培育视角入手，分析认为新媒体时代大学生主体性培育面临正反两方面的机遇与挑战。即主体性定位视野的全方位拓展、主体性形成的多角度认知和主体能力培养的多视角切入的时代际遇，价值迷惘、时间和精力分配不合理以及自我教育不力的成长现实。在厘清事实、反思问题的基础上，探寻新媒体条件下大学生主体性培育的有效路径”⑤。有学者认为，生命教育作为高校思想政治教育体系的拓展和延伸，成为我国高校思想政治教育研究不可回避的重要课题。基于大学生生命教育的现实性及其基本内涵，在学生思想政治教育中开展生命教育可从“人本化发展”“加强实效性”“个人精神成长”这三个方面着眼。⑥ 有学者则从成长规律角度开展研究，认为当代大学生成长过程呈现出内化与外化统一规律、思想与行为同一规律、自我意识增强规律、尊重学术权威与人格权威相结合规律以及勇于探索与创新规律这五大规律。⑦

在教师的作用发挥上，有文章认为“在教育中使用信息科技，背后的动力不是科技本身，而是把学生学习放到核心位置。教师的优势，不在于传授，

① 吴康宁．“教育批判”的困境［J］．教育研究与实验，2004（4）．

② 袁振国．实现教育全面协调可持续发展［N］．中国教育报，2008－07－26．

③ 宗秋荣．“中国家庭教育发展论坛”综述［J］．教育研究，2004（8）．

④ 张武升．冲破创新人才培养的“壁垒”——以创新的评价体系引导创新人才的创生［J］．人民教育，2008（10）．

⑤ 王淼．新媒体条件下大学生主体性培育的反思［J］．技术经济与管理研究，2014（12）．

⑥ 李小玲．大学生思想政治教育中的生命教育问题［J］．湖北社会科学，2015（2）．

⑦ 林伯海，张军琪．当代大学生成长规律探究［J］．思想理论教育，2017（8）．

而在于为学生营造学习条件和设计学习途径。现在高等教育的发展，相当蓬勃的就是从‘教’到‘学’的转移”[①]。社会对大学生的成长教育方面同样需要热情地参与，否则，我们的教育要素便是不健全的。潘懋元提出，社会和学校需要关注高等教育发展的规律，“还有一个理论是人力资本理论，强调大力培养专家、培养专门人才，强调加大教育投资，这都是正确的，但是如果跟经济发展不配套的话，就会造成人才浪费的严重问题，导致大量的待业、失业，反而产生负面影响”[②]。成长教育的要求是全方位的，教育的目的也应是多向度的，“教育的目的绝不能只是单向度的。教育活动应当保持必要的张力”[③]。

三、大学生道德观、价值观教育等研究

在大学生的道德观及其创造性等方面，有学者基于道德的生活性和实践性，认为生活世界体现价值和意义。“回归生活世界”是道德教育的重要方面。道德教育要培养的是不断去生成新的道德世界，并不断自我超越的生成性的人。在对大学生的创造性评价方面，认为“‘创造性’是人的基本德行，这是生活论道德观的认识”[④]。

国外学者在类似的研究中，出现一些独特的视角，值得我们借鉴。在社会发展和个人成长方面，黑格尔强调：“社会和国家的目的在于使人类的潜能以及一切个人的能力在一切方面和一切方向都可以得到发展与表现。”[⑤]在教学秩序、大学理想、大学使命及其德智体的教育和人的发展方面，夸美纽斯（夸美纽斯．大教学论［M］．任钟印，译．人民出版社，2006）、纽曼（约翰·亨利·纽曼．大学的理想［M］．徐辉，顾建新，何曙荣，译．浙江教育出版社，2001）、加塞特（奥尔特加·加塞特．大学的使命［M］．徐小洲，陈军，译．浙江教育出版社，2001）、斯宾塞（斯宾塞．教育论——智育、德育和体育［M］．胡毅，译．人民教育出版社，1962）等进行了有益的探讨。夸美纽斯强调教学对自然的秩序的借鉴，认为：“教导的严谨秩序应当以自然为鉴，并且必须是不受任何阻碍的……秩序是把一切事物教给一切人们的教

① 程介明．大学：依然故我［J］．上海教育，2009（9）．

② 潘懋元．教育基本规律及其在教育研究中的运用［J］．江苏教育研究，2009（2）．

③ 吴康宁．教育之真谛：保持必要的张力［J］．教育科学论坛，2007（2）．

④ 鲁洁．创造性是人的一种基本德行［J］．教育研究与实验，2007（5）．

⑤ 黑格尔．美学（第一卷）［M］．北京：商务印书馆，1979：59．

学艺术的主导原则，这是应当、并且只能以自然的作用为借鉴的。”①

在做人本分及其自然教育的作用方面，卢梭强调：“在自然秩序中，所有的人都是平等的，他们共同的天职，是取得人品；不管是谁，只要在这方面受了很好的教育，就不至于欠缺同他相称的品格。……从我的门下出去，我承认，他既不是文官，也不是武人，也不是僧侣；他首先是人：一个人应该怎样做人，他就知道怎样做人，他在紧急关头，而且不论对谁，都能尽到做人的本分；命运无法使他改变地位，他始终将处于他的地位上。”并认为，受之于自然的教育是内在的，基础性的，它不仅为人性发展所必需，亦是人性修炼、道德情操培养的关键，是人类通向快乐和幸福的唯一途径。他说：“我们或是受之于自然，或是受制于人，或是受之于物。我们的才能和器官的内在的发展，是自然的教育；别人教我们如何利用这种发展，是人的教育；我们对影响我们的事物获得良好的经验，是事物的教育。”②

在德育及其价值观方面，从亚里士多德到夸美纽斯，从洛克到赫尔巴特，都展开了理论思辨。20 世纪以来，关于德育理论的研究，西方学者以多学科、多视角展开研究，并在研究过程中不断运用新方法，成果颇丰。德育理论研究涉及的学科主要有哲学、心理学、社会学、伦理学、逻辑学、宗教等。如贝克等人的《道德教育：一种科际整合的方法》，莱士特的《一种道德教育的科际整合方法》等均提出了学科整合的研究方法。尤其是柯尔伯格提出了道德认知理论。他指出：“在进行道德发展的心理学实证研究之前，必须澄清道德及其发展的哲学含义。……道德哲学需要道德心理学家的实证研究加以验证。道德发展阶段的研究发现可以支持或否定道德发展的原初哲学假设。”③同时，基于传统的德育理论忽视学生的主体性，强调把“现成的道德准则”“灌进等待装载的心理和道德洞穴中”，德育教育渐渐进入实证领域。拉斯等人的价值澄清理论，麦克菲尔等人的体谅关心德育理论，托马斯 · 里克纳在道德发展和道德价值观教育的研究中，特别注重对具体的德育方略的研究，力图获得德育实践的实效性。

国内近几年的研究中，有学者认为，道德教育是大学教育的根本，然而目前高校中的德育处于低效和边缘化的困境，高校道德教育在一定程度上偏离了社会生活。道德源于生活、融于生活，只有与社会生活相匹配的道德教

---

① 夸美纽斯. 大教学论［M］. 傅任敢，译. 北京：人民教育出版社，1995：64－66.

② 卢梭. 爱弥儿——论教育（第一卷）［M］. 李平沤，译. 北京：商务印书馆，1978：7.

③ 郭本禹. 道德认知发展与道德教育——柯尔伯格的理论与实践［M］. 福建：福建教育出版社，1999：79.

育才是具有实效的道德教育。道德教育匹配社会生活，即理念匹配、“教”“学”匹配和知行匹配。渗透式德育、价值澄清德育、体验式德育是增强高校道德教育与现实社会生活相匹配的有效路径。[①] 有学者从心智模式视角研究网络道德认为，随着现代信息技术的发展，便捷的网络生活和网络交往模式对当代大学生价值观念、理想信念和道德品质带来重大影响；反之，大学生群体作为网络活动的主力军，其自我认知和心智模式势必反作用于网络道德。[②]

综上所述，关于大学生成长动力问题，目前尚缺乏整体性系统性研究。而作为一个特殊的群体，大学生成长动力理论研究在当前快速发展的时代显得尤其重要，需要引起理论工作者和实践工作者的高度重视。虽然学界对马克思主义社会发展动力理论和成长教育问题的研究已经取得了丰硕成果，但很多问题还有进一步探讨的空间。概括起来主要表现在以下几个方面：

其一，在马克思主义动力论中，研究者对社会发展动力理论相关要素梳理不够系统，对各要素之间关系尚不清晰。社会发展动力理论对个体成长的借鉴意义研究相对不足，对个体发展动力理论研究尚待加强。人的成长是社会发展的关键因素，只有动力理论更好地为人服务，对社会发展动力理论的研究才能体现其价值。作为新时代中国特色社会主义的动力理论研究，以及马克思主义动力论中社会发展动力理论与人的发展动力理论的关系尚有进一步探讨的空间。

其二，在社会发展与大学生成长教育关系方面的研究有待深入。社会发展对大学生成长教育在主流上是促进作用，但如何充分利用社会发展成果更好地为大学生的成长服务，尚需进一步研究。大学生成长教育研究虽已取得了较大成绩，但基本都着眼于宏观，而针对大学生学习生活实际，立于时代发展特点，尤其是针对他们成长的复杂环境进行系统性、关联性的研究不够。

其三，个体动力以需要和利益为基础，但对个体成长动力方面的研究较少，其相关研究也只是从教育学、心理学、社会学等学科涉及，或者以当前高等学校思想政治教育面临的具体问题切入，对当代大学生成长过程中的问题缺乏准确而系统的判断，如被动成长问题、个性问题、成长陪同问题等往往被忽视，缺乏针对问题提出解决方案的研究成果。

---

① 曹晓丽，安秀荣．高校道德教育匹配社会生活的思考［J］．道德与文明，2014（1）．
② 农毅．心智模式视角下大学生网络道德研究微探［J］．社会科学家，2015（5）．

第三节 研究思路与基本框架

大学生成长动力的研究，不仅需要进行理论阐述，还需要实践方面的探讨。基于大学生这一特殊群体，其动力源泉及要素、动力机制、动力迁移或困惑以及动力体系的建构等问题，受到诸多因素的制约和影响，呈现着不同于一般群体的复杂性，本书试图从马克思主义合力论视角，分析大学生成长动力存在问题，勾勒出大学生成长动力形成的基本线路，为解决大学生成长动力问题、更加有效地加强思想政治教育进行针对性探讨。

一、概念界定

马克思主义动力论：马克思主义是关于推动事物发展力量的形成和发展的基本立场、观点和方法的理论。马克思主义动力论由马克思主义经典作家动力论和中国化马克思主义动力论组成。内容主要包括：社会发展动力论、个体发展动力论和合力论等。其中社会发展动力论包括统筹动力论、改革开放动力论、创新动力论、科学发展动力论以及中国梦的系统动力思维等。个体发展动力论包括需要、利益和自我实现等动力理论。在马克思主义动力理论中，无论是社会发展动力论，还是个体发展动力论，都包含了合力论的思想，最终推动个体和社会发展的是个体发展合力与社会发展合力的辩证统一体，即历史合力。历史合力在发展过程中既推动社会发展，又推动个体发展，最终目标指向人的自由而全面发展。

大学生成长教育：是指大学生在成长过程中应该享有的来自家庭、社会、学校等各外因主体的培养和引导，这些教育有利于大学生树立正确的人生观、价值观，有利于良好的成长氛围和健康的心理状态的形成，是构建大学生自身成长动力系统的重要前提。

大学生成长动力：是指在大学生成长过程中，来自自身需求和接收到的来自外界的、能激发和维持自身参与某项工作或某方面知识的学习，以促进大学生自身素质及其成长效率提高的精神要素，以及自身在成长的过程中为了达到某一阶段性目标或完成某一阶段性任务而表现出来的积极精神状态。在阶段性任务和目标中，时间与精力分配是大学生成长动力的一般表现形式。

大学生成长动力机制：主要基于大学生成长过程中动力各要素的整合，并取向目标的联结和运行方式。其不仅涉及大学生成长过程中的主体、客体以及社会、学校和家庭等要素的作用，还考察各要素之间的相互关联、作用、整合及其动态演化过程。

动力迁移：是指受到学习内容多样性及价值多元化取向的影响，大学生将本该用于本专业理论的学习和实践或其他理论的学习和实践方面的时间与精力转移至其他方面。它给人们的表象是大学生成长的动力缺失或者是动力不足。

成长陪同：指大学生在成长的过程中需要其他个体（包括家长、老师、同学等）、群体及其相应环境因素与其互动并给予相应的条件支撑。

二、研究思路及其方法

1. 研究思路

在借鉴吸收前人相关研究成果的基础上，针对马克思主义动力论研究中存在的理论和实践问题进行进一步探讨。通过梳理马克思主义动力论的要素，结合当前中国特色社会主义建设和发展实际，探索马克思主义关于人的全面发展理论的当代意义和价值。在马克思主义动力论指导下，吸纳相关学科发展的先进成果，作为当代大学生成长动力研究的理论支撑，并运用这一理论对当前大学生成长动力形成和发展过程中的存在问题进行分析，通过调研寻求问题成因。力求在全球化、信息化以及新时代中国特色社会主义建设的大背景下，探索解决当前大学生成长动力问题的基本路径。

梳理马克思主义动力论的要素以及各要素之间的关系，为当代大学生成长动力研讨提供理论支撑。在马克思主义动力论研究的基础上，寻求马克思主义动力论与当代大学生成长动力教育之间的契合点。结合大学生学习、生活和成长实际，针对他们存在的价值迷惘、学习困惑、情感困扰、方向摇摆、动力迁移等各种问题，以大学生的健康成长和自我价值实现为目标，从动力源泉、动力机制、动力体系等方面展开探讨，进而提出解决当前大学生成长动力问题的路径和办法，为大学生成长及其思想政治教育实践服务。

2. 主要研究方法

坚持辩证唯物主义和历史唯物主义的根本方法，以马克思主义世界观和方法论为指导，坚持马克思主义社会发展和人的自由而全面发展的理论视角，根据时代发展的要求，将相关理论与大学生学习、生活的成长实践结合起来，分析判断不断出现的新问题。

坚持文献研究与现实研究相结合。运用文献研究法，认真研读马克思恩格斯原著文献，在此基础上进行相关理论的梳理、归纳和提炼。充分利用图书馆馆藏资料，通过互联网进行文献查阅和资料搜集，借鉴相关领域的研究方法，对与本书关联的相关领域进行总体性的认识和把握，在借鉴已有研究成果的基础上进一步探讨、深化。

运用整体论、系统论观点及比较的方法，综合运用抽象到具体、整体到个别、归纳与演绎相结合的方法，进行系统性关联性研究；同时，针对当代大学生学习、生活实际进行相关调查研究，由实际反观有关理论，获得理论和实践乃至现实的关联。

注重学科交叉，综合运用跨学科研究的方法，借鉴教育学、心理学、哲学、管理学、社会学等学科理论，以及系统论、生态体验论、需要层次理论等思维方法，在马克思理论指导下，针对具体问题，探讨研究采用多种视角和方法，实现对问题的整合性研究。事实上，大学生成长教育以及思想政治教育科学，尤其需要进行跨学科的整合研究。

三、内容框架

本书作为理论与实践紧密结合的课题，必须完成理论阐述与实践对策的双重任务。研究旨在在马克思主义动力论指导下，阐述大学生成长动力存在问题并分析其成因，进而密切关注大学生学习、生活和成长实际，注意理论与实践相适应。由此建立起本书的基本框架体系。主要包括以下方面：

第一，梳理马克思主义动力论。从马克思主义的世界观和方法论角度，结合社会主义国家的实践以及人的全面发展目标追求，从马克思主义价值观、利益观以及科学发展理论，研究马克思主义关于人的全面发展理论；探索、梳理马克思主义经典作家以及中国化马克思主义的典型代表关于当代社会发展动力的理论。形成系统的马克思主义社会发展动力理论体系，并以此作为当代大学生成长动力教育的指导思想。

第二，研究马克思主义社会发展动力理论与个人发展动力理论之间的逻辑关联。通过对社会、个体发展动力理论的关联性研究，探求人的自由而全面发展的理论体系，进而回归到大学生的成长实际。坚持马克思主义动力论到大学生成长动力教育的理路，寻求实现新形势下思想政治教育超越的路径和方法。

第三，构建当代大学生成长动力教育体系。厘清大学生成长的元动力及其要素，结合当代大学生成长的教育实际，分别研究家庭、学校和社会在大学生成长教育过程中的作用及其存在问题。针对大学生成长动力、成长的动力机制中存在的重要问题进行分析，进而建构大学生成长动力教育体系。从实际出发，为当代大学生成长教育实践服务。

第四，探索大学生成长动力教育的平台建设。即通过加强职业生涯规划、党建和意识形态生态构建、学生社团建设和创新创业教育等与大学生成长教育内在逻辑密切相关的方式，为大学生提供成长与发展平台，不断满足他们的内在需求，促进其内在动力的形成和发展。通过科学的教育引导理念，构建成长动力教育利益共同体，体现人文关怀，促进大学生个体与社会的辩证统一发展，激发其作为社会人的责任动力。通过培养大学生追求真理、创新和批判等精神，旨在使他们具备正确的发展方向，增强为社会服务的本领，并在这一过程中完善独立人格，在独立自主和创新的环境下，形成和发展自身作为历史人的使命动力。

第二部分　理论资源

大学生成长动力问题研究需要多学科、多领域的理论支持。马克思主义动力论作为最重要的理论，不仅对社会和个体发展动力进行了系统阐述，还为大学生成长动力研究提供了鲜明的价值引领和方法论指导。中国传统文化是大学生成长、发展最直接的文明滋养，是社会主义核心价值观培育与大学生成长动力生发的母体土壤。生态体验理论则从元生态、类生态、内生态的角度探索个体成长教育环境的生态构建，强调主体在场的体验和反思。马斯洛的需求理论从个体心理及其需求满足的角度阐述了动机动力及需求动力，为我们分析大学生成长动力问题提供了一种内省视角。

第二章

马克思主义动力论及其实践指向

马克思主义动力论主要包括社会发展动力论、个体发展动力论和历史合力论三个方面，其内在逻辑是把人的需要作为考察社会历史发展动力的原点，以人的自由而全面发展为价值目标，坚持个体发展与社会发展的辩证统一。马克思主义动力论对于当代大学生成长动力问题研究及其教育实践具有重要的指导价值。

第一节　科学内涵

马克思主义动力论认为，社会发展的根本动力是生产力与生产关系、经济基础与上层建筑之间的矛盾，需要是个体发展动力的源泉，个体发展动力和社会发展动力在辩证统一的发展过程中，形成推动人类社会前进的历史合力。

一、社会发展动力论

马克思主义认为，生产力与生产关系、经济基础与上层建筑两对基本矛盾是社会发展的根本动力。恩格斯曾指出：“一切重要历史事件的终极原因和伟大动力是社会的经济发展，是生产方式和交换方式的改变。”①这种改变的动因与最终目的是解放和发展生产力。生产力是社会基本矛盾运动中最基本的动力因素，是推动社会发展和进步的决定性力量。马克思主义阐述的社会发展动力由根本动力、直接动力和合力三部分组成。

马克思在《〈政治经济学〉序言》中明确指出：“社会的物质生产力发展到一定阶段，便同它们一直在其中运动的现存生产关系或财产关系（这只是生产关系的法律用语）发生矛盾。于是这些关系便由生产力的发展形式变成

① 马克思恩格斯选集（第3卷）[M]．北京：人民出版社，1995：704－705．

生产力的桎梏。那时社会革命的时代就到来了。随着经济基础的变更，全部庞大的上层建筑也或慢或快地发生变革。"① 在马克思看来，生产力与生产关系、经济基础与上层建筑的矛盾运动形成推动社会向前发展的强大动力。在社会发展过程中，这两对矛盾不仅不会消失，而且在矛盾运动过程中决定着社会发展的总趋势，形成推动社会发展的根本动力。在两对基本矛盾运动过程中，生产关系对生产力、上层建筑对经济基础还具有反作用，恩格斯指出："政治、法、哲学、宗教、文学、艺术等等的发展是以经济发展为基础的。但是，它们又都互相作用并对经济基础发生作用。"②因此，推动社会发展的根本动力，是影响生产力发展的作用力与反作用力在相互作用的过程中抵消、融合而形成的历史合力。

中共十九大报告中明确指出："中国特色社会主义进入新时代，我国社会主要矛盾已经转化为人民日益增长的美好生活需要和不平衡不充分的发展之间的矛盾。"③ 改革开放以来取得的巨大成绩，在凸显社会主义制度优越性的同时，推动了社会主要矛盾的变化，也将促进社会发展直接动力的变革。但习近平也告诫全党："必须认识到，我国社会主要矛盾的变化，没有改变我们对我国社会主义所处历史阶段的判断，我国仍处于并将长期处于社会主义初级阶段的基本国情没有变，我国是世界最大发展中国家的国际地位没有变。全党要牢牢把握社会主义初级阶段这个基本国情，牢牢立足社会主义初级阶段这个最大实际，牢牢坚持党的基本路线这个党和国家的生命线、人民的幸福线……"④ 主要矛盾发生了变化，但束缚生产力发展的各种因素依然存在，社会生产水平与广大人民群众的要求还有一定差距，进一步深化改革，扩大开放，推进系统性的整合创新将成为新时代中国特色社会主义建设和发展的直接动力。

二、个体发展动力论

马克思主义认为，需要是个体发展动力的源泉。个体是集生物人、社会人和历史人于一体的存在，个体存在的三个维度利益都需要得到满足，其中，生物人的需要及其满足之间的矛盾是个体发展的元动力，社会人和历史人的

---

① 马克思恩格斯选集（第2卷）[M]. 北京：人民出版社，1995：32-33.

② 马克思恩格斯选集（第4卷）[M]. 北京：人民出版社，1995：732.

③ 习近平. 决胜全面建成小康社会 夺取新时代中国特色社会主义伟大胜利——在中国共产党第十九次全国代表大会上的报告 [M]. 北京：人民出版社，2017：11.

④ 习近平. 决胜全面建成小康社会 夺取新时代中国特色社会主义伟大胜利——在中国共产党第十九次全国代表大会上的报告 [M]. 北京：人民出版社，2017：12.

需要及其满足的矛盾是个体发展的重要推动力量。

人的需要有其“内在的必然性”①，马克思和恩格斯指出，“一切人类生存的第一个前提，也就是一切历史的第一个前提，这个前提是：人们为了能够‘创造历史’，必须能够生活。但是为了生活，首先就需要吃喝住穿以及其他一些东西”②。人类在不断满足生存需要、参与劳动的过程中，形成了推动个体发展的元动力。作为社会人，对个体利益追求及其实现之间的矛盾是决定个体发展动力强弱的核心要素。利益是个体需要的对象化表现，是调节个体发展动力的重要杠杆。作为历史发展中的人，对个体的价值追求及其实现之间的矛盾是提升个体发展动力的深层要素。马克思在《青年在选择职业时的考虑》中指出：“在选择职业时，我们应该遵循的主要指针是人类的幸福和我们自身的完美。”③在马克思看来，社会价值实现是人的更高层次意义上的需要满足。作为社会人的利益满足以及作为历史人的价值实现都是调节个体发展动力的重要手段，是推动个体发展的重要力量。

个体需要是一个不断变化的过程，人的三个维度的需要及满足之间的矛盾是同时共在，并且无论是生存需要、利益还是个体价值实现都随着特定的时间、空间和人的发展而变化。马克思和恩格斯指出：“已经得到满足的第一个需要本身、满足需要的活动和已经获得的为满足需要而用的工具又引起新的需要，而这种新的需要的产生是第一个历史活动。”④个体发展动力在需要的产生和满足的矛盾运动中不断形成与发展，内因需要、满足需要的外因条件复杂性，决定了个体发展动力的多样性。恩格斯指出：“就单个人来说，他的行动的一切动力，都一定要通过他的头脑，一定要转变为他的意志的动机，才能使他行动起来。”⑤内、外因的矛盾及其运动推动形成个体发展动力，个体发展动力的多维互动整合形成推动个体发展的合力。

人的三维存在及其需要是相辅相成的，随着社会的不断发展，三维需要逐步形成互为因果的关系。只有生物人的需要得到满足，社会人、历史人的发展才有可能；只有社会人的利益在公平正义的基础上得以体现，生物人不断发展的需要才能满足，其更高层次上的历史人的理性价值追求才有基础；同样，只有历史人的价值追求不断发展，个体才能不断地投入发展生产力的

① 马克思恩格斯全集（第42卷）[M]. 北京：人民出版社，1979：129.
② 马克思恩格斯选集（第1卷）[M]. 北京：人民出版社，1995：78－79.
③ 马克思恩格斯全集（第40卷）[M]. 北京：人民出版社，1982：7.
④ 马克思恩格斯选集（第1卷）[M]. 北京：人民出版社，1995：79.
⑤ 马克思恩格斯选集（第4卷）[M]. 北京：人民出版社，1995：251.

实践中，为社会创造更多财富，足够多的社会产品才能为社会人的利益分配、公平正义提供坚实的基础，作为生物人的生存需要才能不断得以满足。

三、历史合力论

马克思主义认为，推动人类社会发展的最终动力是社会与个体辩证统一发展的历史合力。历史合力在发展过程中既推动社会发展，又推动个体发展，最终目标指向人的自由而全面发展。

社会发展过程中，个体发展动力是社会发展动力的前提和基础。恩格斯指出："各个人的意志——其中的每一个都希望得到他的体质和外部的、归根到底是经济的情况（或是他个体的，或是一般社会性的）使他向往的东西——虽然都达不到自己的愿望，而是融合为一个总的平均数，一个总的合力，然而从这一事实中决不应做出结论说，这些意志等于零。相反地，每个意志都对合力有所贡献，因而是包括在这个合力里面的。"[①]无论何种条件下的生产力发展、生产关系变革，人始终是最核心、最活跃的因素。个体发展动力在以个人意志影响历史发展的时候，通过发展生产力，促进生产关系与生产力、上层建筑与经济基础相适应，并在这一过程中创造历史。同时，个体发展又受到社会发展的制约，"在生物本能上，人只有在社会中才能获得生命生存和延续的条件，在自身价值的实现上，也只有在社会关系中才能找到途径和可能。人的这种社会性，意味着人必须经过充分的社会化的洗礼，使个体性与社会性统一起来，才能获得自我发展、自我完善的基本条件"[②]。个体与社会在发展过程中的这种关系决定了个体发展动力必然要受到社会发展动力的制约。个体动力实现是其积极性、主动性和创造性发挥的前提，而社会发展动力实现则分别缓和生产力与生产关系、经济基础与上层建筑的矛盾，为个体发展动力的形成创造良好的条件。个体与社会在相互制约、相互推动的过程中形成历史合力，这一历史合力既推动社会发展，又推动个体发展。

关于历史合力形成的原理，恩格斯指出："最终的结果总是从许多单个的意志的相互冲突中产生出来的，而其中每一个意志，又是由于许多特殊的生活条件，才成为它所成为的那样。这样就有无数互相交错的力量，有无数个力的平行四边形，由此就产生出一个合力，即历史结果。"[③]历史合力的平行

① 马克思恩格斯选集（第4卷）[M]．北京：人民出版社，1995：697.
② 本书编写组．思想道德修养与法律基础 [M]．北京：高等教育出版社，2010：85.
③ 马克思恩格斯选集（第4卷）[M]．北京：人民出版社，1995：697.

四边形原理再一次告诉人们，社会发展动力形成一旦离开了个体发展就是无源之水，无本之木。社会发展是个体发展动力实现的集中体现，个体发展动力形成对社会发展实现具有决定性意义。

第二节 内在逻辑

马克思主义关于社会发展动力、个体发展动力和历史合力的动力论体系有其严密的内在逻辑。人的需要及其满足是马克思主义考察人类社会发展动力的原点，个体发展动力与社会发展动力是一个辩证统一体，自由而全面发展的人是个体发展动力和社会发展动力追求的共同目标。

一、以人的需要为原点

马克思主义动力论坚持以人的需要及其满足为原点。“马克思主义全部理论的最终目的就是解放人、发展人。”①解放人、发展人的基本前提是满足人的需要，在人的需要得到了满足的基础上，激发人的主动性、积极性和创造性，并参与到社会发展中来。但这种满足在资本主义社会只是一种奢望，因为资本主义社会的发展是为资产阶级服务的，广大人民群众个体利益的实现只是一句空话，人的积极性被极大地扼杀。因此，马克思和恩格斯指出：“对我们来说，问题不在于改变私有制，而只在于消灭私有制，不在于掩盖阶级对立，而在于消灭阶级。”②尊重个体的利益诉求和价值实现是个体发展动力实现的需要，更是社会发展动力实现的需要。马克思指出：“把人和社会连接起来的唯一纽带是天然必然性，是需要和私人利益。”③个体作为生物存在，其需要和私人利益以利己为目标，个体的所有行为都与他们的利益有关。

历史唯物主义认为，只有在共产主义社会按需分配的社会分配形式才能为个体的需要满足提供充分的条件，个体发展动力才能更好地实现，才能全方位地释放个体的发展潜能，为人的自由而全面发展提供条件，为人与社会的协调发展提供最佳的现实环境。在这种宏观理论的指导下，马克思从人的需要出发，阐述了个体需要的满足对个体和社会发展的重大意义，“人以其需

---

① 姜金林．对以人为本的“人”的考量［J］．理论月刊，2010（5）．

② 马克思恩格斯选集（第1卷）［M］．北京：人民出版社，1995：368．

③ 马克思恩格斯全集（第1卷）［M］．北京：人民出版社，1956：439．

要的无限性和广泛性区别于其他一切动物”①。这种需要的无限性和广泛性得到满足的过程不断推动个体和社会向前发展，并且人的需要的满足只有在共产主义社会才能更好地实现。“生产者也改变着，炼出新的品质，通过生产来发展和改造着自身，造成新的力量和新的观念，造成新的交往方式，新的需要和新的语言。”②个体在需要满足、充当手段的过程中，改变着自身。需要是个体发展动力产生的动因，也是促进人类实现自我解放、自我发展的动因。从这个意义上说，人的需要及其满足之间的矛盾是马克思主义考察人类社会发展动力的理论原点。

二、个体与社会的有机互动

个体发展动力、社会发展动力都是历史合力作用的结果，并且个体发展动力与社会发展动力都在追求各自合力的最大化。最大化合力的形成在方向上是一致的，是一个历史的过程。恩格斯在论述历史合力的过程中指出：“这个结果又可以看作一个作为整体的、不自觉地和不自主地起着作用的力量的产物。因为任何一个人的愿望都会受到任何另一个人的妨碍，而最后出现的结果就是谁都没有希望过的事物。所以到目前为止的历史总是像一种自然过程一样地进行，而且实质上也是服从于同一运动规律的。”③每个人的愿望都会受到他人及社会的影响，都应共同遵循社会历史前进的规律。马克思主义把人的需要作为考察人类社会发展动力的原点，是历史发展的一大进步。

马克思在《关于费尔巴哈的提纲》一文中指出：“人的本质不是单个人所固有的抽象物，在其现实性上，它是一切社会关系的总和。”④个体的利益实现必须在相互联系中实现，“在任何情况下，个体总是‘从自己出发的’，但由于从他们彼此不需要发生任何联系这个意义上来说他们不是唯一的，由于他们的需要即他们的本性，以及他们求得满足的方式，把他们联系起来（两性关系、交换、分工），所以他们必然要发生相互关系”⑤。这种相互关系建立在各方都有可能满足的基础上，这就决定了个体的利益追求和价值实现必须符合整个社会的发展要求，“既然正确理解的利益是整个道德的基础，那就必须使个别人的

① 马克思恩格斯全集（第49卷）[M]．北京：人民出版社，1982：130.
② 马克思恩格斯全集（第46卷）[M]．北京：人民出版社，1979：494.
③ 马克思恩格斯选集（第4卷）[M]．北京：人民出版社，1995：697.
④ 马克思恩格斯选集（第1卷）[M]．北京：人民出版社，1995：60.
⑤ 马克思恩格斯全集（第3卷）[M]．北京：人民出版社，1960：514.

私人利益符合于全人类的利益”①。只有每位个体追求的利益和价值实现都以不妨碍他人的利益实现为前提，每位个体的利益和价值实现才有可能。

因此，马克思和恩格斯在《共产党宣言》中指出：未来的社会“将是这样一个联合体，在那里，每个人的自由发展是一切人的自由发展的条件”②。在人类生产力发展水平还没有实现按需分配的时候，这种个体利益满足对集体、社会发展的服从，一方面通过伦理道德的约束，另一方面以法律的形式约束，并通过国家机器调节和化解个体发展与社会发展的利益冲突。个体发展与社会发展互为因果，辩证统一，个体发展不仅是社会发展的前提，也是个体发展与社会发展的目标一致性及其合力最大化的根本保证。

三、以人的自由而全面发展为目标

马克思主义揭示人类历史的发展规律，以解放全人类最终实现共产主义为目标。因为只有共产主义社会才是“以每个人的全面而自由的发展为基本原则的社会”③。因此，马克思主义“不仅以‘现实的人’为社会发展的起点和主体，而且把人的发展作为社会发展的价值追求，在关于社会发展的主体、规律、动力、趋势等丰富论述中始终体现着‘人的自由而全面发展’这一最高命题”④。

现实中的人在作为整体的、合目的性和合规律性相统一的因素创造历史的过程中，必须全面地解放自己，才能创造出更多的社会产品，为自身和社会服务。马克思指出：“个性得到自由发展，因此，并不是为了获得剩余劳动而缩减必要劳动时间，而是直接把社会必要劳动缩到最低限度，那时，与此相适应，由于给所有的人腾出了时间和创造了手段，个体会在艺术、科学等等方面得到发展。”⑤个体自身素质的全面提升可以造就高度发达的生产力，推动人类社会向前发展，为个体的自由而全面发展提供可能性。作为社会关系中的人，只有每个个体获得自由发展，才能为他人提供合适的自由发展环境。

在阶级社会里，个体和社会发展是为统治阶级服务的，自由而全面发展只是一种美好的愿望。只有在未来的共产主义社会里，国家消亡、阶级消灭、

---

① 马克思恩格斯全集（第2卷）[M]. 北京：人民出版社，1957：167.

② 马克思恩格斯选集（第1卷）[M]. 北京：人民出版社，1995：294.

③ 马克思恩格斯全集（第23卷）[M]. 北京：人民出版社，1972：649.

④ 张耀灿，周琪. 人的自由而全面发展：马克思主义社会发展理论的人本意蕴 [J]. 理论探讨，2005（2）.

⑤ 马克思恩格斯全集（第46卷）（下）[M]. 北京：人民出版社，1980：218－219.

剥削现象消失，社会的发展为广大的人民群众服务，人的全面发展才有可能。作为历史的人，个体在社会发展过程中目的和手段二重性统一的要求，以及个体发展动力与社会发展动力的辩证统一关系决定了个体发展动力与社会发展动力的目标一致性。“人的全面发展，必然要求人与自然、社会的内在和谐。在现实世界里，人与社会是不可分割的，二者通过现实的实践活动有机地结合在一起。在社会历史观的视野里，把二者根本对立起来，孤立地讲人或社会，都是片面的。”①个体追求自身自由而全面的发展是个体需要决定的，而社会在其发展过程中只有把每一个个体的发展作为其最高追求，社会的内在和谐才能实现，离开了个体发展和个体发展动力实现来谈社会发展则是一句空话。从这个意义上讲，人的自由而全面发展的目标追求，决定了人的发展动力与社会发展动力的方向。

第三节　马克思主义动力理论中国化

中国化马克思主义动力论继承了马克思主义经典作家动力论思想，针对中国社会发展实际，提出了统筹发展、改革发展、创新发展、科学发展和以改革创新为核心的系统动力思维等社会发展动力思想。中国化马克思主义动力论将马克思主义与中国革命实践紧密结合起来，针对不同的发展阶段，提出了适应各个历史时期社会发展的一系列动力理论。

一、统筹动力思想

以毛泽东同志为核心的第一代党中央领导集体提出了“统筹兼顾、适当安排”② 的理念，即调动一切积极因素协调政治、经济、文化和社会发展等领域里的多方面矛盾关系，推动社会发展。统筹发展理念，是以毛泽东同志为代表的中国共产党人在继承马克思主义经典作家社会发展动力理论的基础上，对统筹发展在推动社会发展过程中作用的基本立场、观点和看法，这一理念在发展的过程中逐步形成了科学的理论体系，即统筹发展动力论。

针对新中国成立初期中国社会主义建设及其社会发展矛盾的复杂性，毛泽

---

① 赵万江，雷勇. 构建社会主义和谐社会与实现人的全面发展［J］. 马克思主义研究，2007（2）.

② 毛泽东文集（第7卷）［M］. 北京：人民出版社，1999：227.

东同志提出："社会的变化，主要是由于社会内部矛盾的发展，即生产力和生产关系的矛盾，阶级之间的矛盾，新旧之间的矛盾，由于这些矛盾的发展，推动了社会的前进，推动了新旧社会的代谢。"[①]并把正确处理人民内部矛盾和发展生产力放在首位。在解决矛盾的过程中，充分体现人民群众在创造历史中的地位，整合各种有利因素调动广大人民群众的积极性，来解放和发展生产力。

二、改革动力思想

以邓小平同志为代表的第二代中央领导集体指出了改革开放在推动中国特色社会主义建设和发展过程中的重大作用，指出改革开放是推动中国特色社会主义社会向前发展的直接动力，强调"不改革就没有出路"[②]。通过改革开放推动中国政治、经济和文化的全面发展，把国家建设和发展的重心转移到发展生产力上来。

针对如何才能更好地发展生产力、体现社会主义制度优越性的问题。邓小平同志认为："这场革命既要大幅度地改变目前落后的生产力，就必然要多方面地改变生产关系，改变上层建筑，改变工农业企业的管理方式和国家对工农业企业的管理方式，使之适应于现代化大经济的需要。"[③]与此同时，邓小平同志强调了科技发展的重要作用，指出："我们引进先进技术，是为了发展生产力，提高人民生活水平，是有利于我们的社会主义国家和社会主义制度。"[④]中国社会发展实践证明，改革开放极大地促进了生产力的解放和社会进步，标志着中国社会发展转向全面建设的发展阶段。

三、创新动力思想

以江泽民同志为代表的第三代中央领导集体则把创新放在中国发展的突出位置，提出创新在推动中国特色社会主义建设和发展过程中的重大意义，认为创新是推动中国社会发展的直接动力。江泽民同志指出："创新是一个民族的灵魂，是一个国家兴旺发达的不竭动力，也是一个政党永葆生机的源泉。"[⑤]在中国特色社会主义建设和发展过程中，创新涉及各方面各领域。"创

① 毛泽东选集（第1卷）[M]. 北京：人民出版社，1991：302.

② 邓小平文选（第3卷）[M]. 北京：人民出版社，1993：237.

③ 邓小平文选（第2卷）[M]. 北京：人民出版社，1994：135-136.

④ 邓小平文选（第2卷）[M]. 北京：人民出版社，1994：133.

⑤ 江泽民. 论"三个代表"[M]. 北京：中央文献出版社，2001：46.

新，包括理论创新、体制创新、科技创新及其他创新。”①同时，强调科技发展和科技创新的重要地位和重大意义。江泽民同志指出：“历史反复证明，推进科技发展，关键是要敢于和善于创新。有没有创新能力，能不能进行创新，是当今世界范围内经济、科技竞争的决定性因素。”②并且认为科技创新在经济建设中居于首要地位，“科技创新越来越成为当今社会生产力解放和发展的重要基础和标志，越来越决定着一个国家、一个民族的发展进程。我们必须把以科技创新为先导促进生产力发展的质的飞跃摆在经济建设的首要地位”③。创新发展对中国特色社会主义建设和发展，具有重大战略价值和现实意义。

四、科学发展动力思想

随着改革开放的不断深入，中国社会快速发展带来的各种问题也逐步凸显。“城乡、区域、经济社会发展很不平衡，人口资源环境压力加大；就业、社会保障、收入分配、教育、医疗、住房、安全生产、社会治安等方面关系群众切身利益的问题比较突出；体制机制尚不完善，民主法制还不健全；一些社会成员诚信缺失、道德失范，一些领导干部的素质、能力和作风与新形势新任务的要求还不适应；一些领域的腐败现象仍然比较严重；敌对势力的渗透破坏活动危及国家安全和社会稳定。”④面对复杂的国际国内发展形势，以胡锦涛同志为总书记的新一代领导集体提出“以人为本”的科学发展观，坚持统筹兼顾的发展战略。

科学发展观“以人为本”的理论本质，是推进区域、城乡、经济与社会平衡发展的重要方法论指导。要求始终把人民的利益放在第一位，坚持走统筹兼顾，全面、协调、可持续的发展道路。强调公平正义和人的价值实现：“尊重人民主体地位，发挥人民首创精神，保障人民各项权益……做到发展为了人民、发展依靠人民、发展成果由人民共享。”⑤在体现人的主体地位过程中，充分调动人民群众在推动科学发展过程中的积极性。在不断改革开放与创新过程中解放和发展生产力，促进社会公平正义，构建社会主义和谐社会，来解决当前发展过程中的问题，是科学发展动力理论的核心内涵。

---

① 江泽民．论“三个代表”［M］．北京：中央文献出版社，2001：46.

② 江泽民文选（第3卷）［M］．北京：人民出版社，2006：36.

③ 江泽民．论科学技术［M］．北京：中央文献出版社，2001：147.

④ 本书编写组．中共中央关于构建社会主义和谐社会若干重大问题的决定（辅导读本）［M］．北京：人民出版社，2006：3－4.

⑤ 十七大以来重要文献选编（上）［G］．北京：中央文献出版社，2009：12.

五、以改革创新为核心的系统动力思维

以习近平同志为核心的新一代党中央，充分认知中国当前发展的历史方位，锐意突破，大胆改革，以创新创业精神重开中华民族复兴伟业新局面。把全体中华民族伟大复兴的中国梦，作为新时代中国特色社会主义建设发展的目标追求，凝聚中华民族的蓬勃力量。提出了构建人类命运共同体，以合作共赢为核心的新型国际关系，“包含新发展观、新安全观、新全球治理观、正确义利观和‘一带一路’构想等一系列重大新理念。这是在新的历史条件下对中国独立自主和平外交政策的丰富和完善，也体现了当代国际关系的本质和发展规律”①。

在如何发展问题上，新一届国家领导人继承、发展和深化了创新发展的理念，提出“发展是第一要务，人才是第一资源，创新是第一动力”②，厘清了发展、人才与创新三者之间的逻辑关系，也回答了新时代中国特色社会主义为什么要发展，依靠什么发展以及如何发展的问题。初步形成了创新是第一动力为主体的系统动力理论。“当我们面对新世界、新生活、新潮流、新任务、新目标、新常态，并务必对之加以精准而有力的驾驭和把控时，其最有效有力的方式之一就是创新，特别是全方位、全覆盖的大众创业、万众创新。只有在创新无处不在、无时不有的情况下，才能充分挖掘社会的创造潜力，全面激发大众的创新热情，高度集聚全民族、全社会的创新智能，使其深蕴的创新积极性和爆发力在改革发展的实践中得以膨化与释放。”③

习近平时代的动力理论以中国梦为统领，以新时代中国特色社会主义为指导，以改革创新为第一动力，是对几代中央领导集体动力理论的总结、概括和提升，更是旗帜鲜明地继承和发展了马克思主义动力理论。

第四节　精神实质

马克思主义动力论是马克思主义基本原理的一种生态阐述，充分运用了

① 尹承德. 习近平外交思想开创中国外交新时代［EB/OL］.（2018－01－08）［2018－08－10］. 中国网：http：//www. china. com. cn/opinion/theory/2018-01/08/content_ 50200903. htm.

② 习近平. 发展是第一要务，人才是第一资源，创新是第一动力［EB/OL］.（2018－03－07）［2018－08－10］. 新华网：http：//www. xinhuanet. com/2018-03/07/c_ 1122502719. htm.

③ 艾斐. 创新是引领发展的第一动力［J］. 红旗文稿，2016（11）.

马克思主义世界观、方法论诠释了历史唯物主义、实践唯物主义的内涵，表明了其以全人类解放为目标的价值理想。

一、矛盾是事物发生和发展的普遍规律

“事物的矛盾法则，即对立统一的法则，是唯物辩证法的最根本的法则。”① 列宁同志认为就本来意义讲，辩证法是研究对象的本质自身中的矛盾。辩证法研究涉及许多哲学问题，这些问题包括：两种宇宙观、矛盾的普遍性、矛盾的特殊性、主要矛盾和矛盾的主要方面、矛盾诸方面的同一性和斗争性，以及对抗在矛盾中的地位等。马克思主义动力论是无产阶级理论，无产阶级是历史发展的最伟大的力量，人民是历史的创造者。毛泽东同志在 1945 年发表的《论联合政府》一文中明确指出：“人民，只有人民，才是创造世界历史的动力。”② 表明了共产党人的关于社会和人类发展的唯物辩证法的宇宙观。生产力与生产关系的矛盾、上层建筑与经济基础的矛盾是社会发展过程中的内部矛盾，这两对矛盾是社会发展的必然结果，它们在发展过程中产生，并通过发展来消化解决，而产生、解决矛盾的过程，即是事物相互联系和相互影响的过程。“事物内部的这种矛盾性是事物发展的根本原因，一事物和他事物的互相联系和互相影响则是事物发展的第二位原因。”③ 生产力、生产关系、经济基础和上层建筑涉及的内容涵盖了人类发展的诸多内容，这些相关因素之间包括了各种各样的矛盾，体现了事物发展过程中矛盾的普遍性，这些矛盾在发展的过程中，相互信赖、相互斗争，在信赖和斗争中推动事物发展。

无论是社会还是生命个体在发展的过程中总有矛盾存在，正是这种矛盾在推动社会向前发展，促使每个个体不断前进。与此同时，在每一个不同时段，对于社会和个体来说，都会有不同的矛盾。因此，恩格斯说：“有一种客观地存在于事物和过程本身中的矛盾，而且这是一种实际的力量。”④“生命在每一瞬间是它自身，同时又是别的东西。所以，生命也是存在于物体和过程本身中的不断地自行产生并自行解决的矛盾；矛盾一停止，生命也就停止，死亡就到来。”⑤ 在社会发展的过程中，革命动力论、阶级斗争动力论、新经济政策动力论，以及当前中国特色社会主义发展过程中的生产力动力论、改

① 毛泽东选集（第 1 卷）［M］. 北京：人民出版社，1995：299.

② 毛泽东选集（第 3 卷）［M］. 北京：人民出版社，1995：1031.

③ 毛泽东选集（第 1 卷）［M］. 北京：人民出版社，1995：301.

④ 马克思恩格斯全集（第 3 卷）［M］. 北京：人民出版社，1995：462.

⑤ 马克思恩格斯全集（第 3 卷）［M］. 北京：人民出版社，1995：463.

革动力论、创新动力论、科学发展动力论以及新时代的相关动力理论等，都是每一个不同时段的矛盾表现形式，它决定了社会发展的直接动力的差异，这种矛盾在不同时段的复杂性是由矛盾的特殊性决定的。“每一物质的运动形式所具有的特殊的本质，为它自己的特殊的矛盾所规定。”①

在针对矛盾的普遍性和特殊性等问题上，列宁指出了解决问题的办法，那便是“对具体情况做具体分析”②。这是马克思主义活的灵魂，也是马克思主义动力论运用过程中必须把握好的精神实质。

二、利益是动力产生的永恒杠杆

有史以来，利益关系一直是调节人与人之间相互关系的有力杠杆。利益涉及的范围非常广泛，凡是对人们的生存发展有意义的客体对象都可以称作利益。其具体表现包括物质利益、精神利益以及其他形式，在科技日益发达的今天，利益的范畴还在逐步扩大，如信息需求也成了人们利益实现的一种重要表现形式。我国汉代史学家司马迁曾经说过：“天下熙熙，皆为利来；天下攘攘，皆为利往。”③形象地描述了人们对利益的追求。西方学者历来重视人的利益实现，马克思指出：“人们所为之奋斗的一切，无不与他们的利益有关。”④法国近代哲学家霍尔巴赫认为：“利益是人的行动的唯一动力。”⑤正因为利益在人们生活中的地位如此重要，利益问题便成了人类生活中的一个焦点问题，利益关系调节的好坏决定着思想工作的成败，利益关系的调节成为思想产生的基础。因此，列宁同志形象地把物质利益比喻为“人民生活中最敏感的神经”⑥。究其实，“利益本质上是一种社会关系，是一定的客观需要对象在满足主体需要时，在需要主体之间分配时所形成的一定的社会关系形式”⑦。

同时，利益还是个历史范畴，不同的历史时期，处在不同生活状态中的人们的利益表现、分配和追求方式，都被要求与其特定的历史时段相适应，与其特定历史时段的社会关系相适应。

① 毛泽东选集（第1卷）[M]. 北京：人民出版社，1991：309.

② 列宁选集（第4卷）[M]. 北京：人民出版社，1995：213.

③ 司马迁. 史记（卷一百二十九）[M]. 清乾隆武英殿刻本.

④ 马克思恩格斯全集（第1卷）[M]. 北京：人民出版社，1995：187.

⑤ 霍尔巴赫. 自然的体系（上卷）[M]. 管士滨，译. 北京：商务印书馆，1999：260.

⑥ 列宁全集（第16卷）[M]. 北京：人民出版社，1988：137.

⑦ 王继全，陆树程. 和谐社会视阈中思想政治教育的利益原则[J]. 毛泽东邓小平理论研究，2009（2）.

所以，恩格斯说："每一个既定社会的经济关系首先表现为利益。"①毛泽东同志则强调："马克思主义的基本原则，就是要使群众认识自己的利益，并且团结起来，为自己的利益而奋斗。"②为自己利益奋斗的勇气来自对利益的正确追求，"对利益的追求，形成人们的动机。人民群众……对物质利益和精神利益的共同追求，从而去实现人的自由全面的发展"③。

三、发展是人类动力维持的永恒追求

"科学发展观，是对党的三代中央领导集体关于发展的重要思想的继承和发展，是马克思主义关于发展的世界观和方法论的集中体现，是同马克思列宁主义、毛泽东思想、邓小平理论和'三个代表'重要思想既一脉相承又与时俱进的科学理论……"④这是以胡锦涛同志为核心的第四代领导集体对"发展"要义的重要解读，也是马克思主义动力论的新境界。科学发展观的第一要义是发展，发展是物质运动的必然结果，人的进化以及人类社会的演变过程，是从低级到高级、从愚昧到文明的过程，在矛盾对立中发展壮大。

马克思主义经典作家在这方面有不少经典论述，马克思曾经在《〈政治经济学批判〉》中对发展的问题做了深入的思考。"人们在自己生活的社会生产中发生一定的、必然的、不以他们的意志为转移的关系，即同他们的物质生产力的一定发展阶段相适应的生产关系。这些生产关系的总和构成社会的经济结构，即有法律的和政治的上层建筑竖立其上并有一定的社会意识形态与之相适应的现实基础。……随着经济基础的变更，全部庞大的上层建筑也或慢或快地发生变革。"⑤从生产力的角度出发，分析推动社会发展的根本动力是生产力与生产关系的矛盾，生产力的发展是推动社会发展的决定性力量，经济发展是基础，特定社会中的思想观念都无法超越时代的经济水准而出现。即使是在共产主义社会的高级阶段，也要以生产力的发展为前提。

人类社会的发展的历史是螺旋式上升、波浪式前进的过程，在不同时期、不同领域，发展的内涵和要求是不一致的，有一个从低级到高级的过程。"正

---

① 马克思恩格斯选集（第3卷）[M]. 北京：人民出版社，1995：209.

② 毛泽东选集（第4卷）[M]. 北京：人民出版社，1991：1318.

③ 王继全，陆树程. 和谐社会视阈中思想政治教育的利益原则 [J]. 毛泽东邓小平理论研究，2009（2）.

④ 胡锦涛. 高举中国特色社会主义伟大旗帜，为夺取全面建设小康社会新胜利而奋斗 [M]. 北京：人民出版社，2007：12－13.

⑤ 马克思恩格斯选集（第2卷）[M]. 北京：人民出版社，1995：32－33.

像达尔文发现有机界的发展规律一样，马克思发现了人类历史的发展规律，即历来为繁芜丛杂的意识形态所掩盖着的一个简单事实：人们首先必须吃、喝、住、穿，然后才能从事政治、科学、艺术、宗教等等。”①

中华人民共和国成立初期，毛泽东同志明确指出：“生产力发展了，才能解决供求的矛盾。”②改革开放之初邓小平同志提出了“发展是硬道理”③的思想路线，改变了以阶级斗争为纲的治国思路，把精力转移到全面加强社会主义经济建设上来。把改革开放，重视科学技术发展和人才培养作为实现这一路线的手段，把“一国两制”和营造和平的国际环境作为中国的国际发展战略。以江泽民同志为核心的党的第三代领导集体提出了“三个代表”重要思想、“以人民群众为本”的口号、不断创新、与时俱进的新观念以及可持续发展的发展理念。胡锦涛科学发展观的提出，充分显示了发展对社会进步和人的成长的价值，发展赋予每个时代以活力。习近平同志指出，以经济建设为中心是兴国之要，发展仍是解决我国所有问题的关键。只有推动经济持续健康发展，才能筑牢国家繁荣富强、人民幸福安康、社会和谐稳定的物质基础。并强调：“中国仍然是世界上最大的发展中国家，中国有十三亿多人口，人民生活水平还不高，但这也意味着巨大的发展潜力和空间。我们将在创新、协调、绿色、开放、共享的发展理念指引下，不断适应、把握、引领中国经济发展新常态，统筹抓好稳增长、促改革、调结构、惠民生、防风险工作，推动中国经济保持中高速增长、迈向中高端水平。”④

四、需要是人的本能

马克思主义关于人的全面而自由发展的理论，关注的是每一个人的全面发展，是每个人的利益实现，这种发展和实现是在人的需要不断得到满足中完成的。这种需要的实现，不仅表现在人的生存需要的生物性的一面，还有人的社会性的一面的实现。“需要往往直接来自生产或以生产为基础。”⑤人作为一种生物存在，其第一需要便是生存。“因此我们首先应当确定一切人类生存的第一个前提，也就是一切历史的第一个前提，这个前提是：人们为了能够‘创造历史’，必须能够生活。但是为了生活，首先就需要吃喝住穿以

① 马克思恩格斯选集（第3卷）[M]. 北京：人民出版社，1995：776.
② 毛泽东文集（第6卷）[M]. 北京：人民出版社，1996：301.
③ 邓小平文选（第3卷）[M]. 北京：人民出版社，1993：377.
④ 习近平. 共担时代责任，共促全球发展 [N]. 人民日报，2017-01-18.
⑤ 马克思恩格斯全集（第4卷）[M]. 北京：人民出版社，1958：87.

及其他一些东西。因此第一个历史活动就是生产满足这些需要的资料，即生产物质生活本身……”[①]在人的基本需要得到满足以后，还会有新需要产生，这种需要的不断满足和产生的过程，推动了人类社会从低级向高级社会过渡，逐步走入文明社会。

在人类进入文明社会之后，“语言是一种实践的、既为别人存在因而也为我自身而存在的、现实的意识。语言也和意识一样，只是由于需要，由于和他人交往的迫切需要才产生的”[②]。语言的产生正是人的社会性一面的体现，同时也是人在社会中，作为一种社会存在而产生的交往的需要，只有交往，才有世界的多样性，人类的世界才会更加丰富。

五、价值观是马克思主义动力论的本质

马克思主义理论是在资本主义背景下产生的，是为了人的全面而自由发展的目的而创立的，有其革命的鲜明特点，这一革命以人类解放为己任。经过多重实践，共产主义成为马克思主义者最终选择，一种没有剥削、没有阶级、没有国家、没有压迫的，人的全面而自由发展的良好环境成为人们追求的目标。马克思主义在指导人类社会实践的过程中，不断地丰富和发展自身。尤为突出的是中国的革命建设、中国特色社会主义道路的探索，极大地丰富了马克思主义理论的内涵。

在中国共产党领导下，全体中国人民勠力同心，以马克思主义为指导，用实践向世人证明了马克思主义理论的独特视角及其高瞻远瞩的理论魅力，而马克思主义动力论正是在中国革命和中国特色社会主义的建设过程中不断地完善和发展。经过几代人的共同努力，马克思主义理论得到了长足的发展，其“以人为本”的发展观和以全人类解放的价值观，为解决时代发展问题，和实现人全面而自由发展提供了理论指导。

在纷繁的意识形态中，马克思主义价值观引领中国在现代发展中独辟蹊径，冲破资本主义的重重包围，在世界的东方独树一帜。怀着对人类发展的深切使命感和责任感，以其理论光辉积极指导中国实践，也在实践中丰富和发展了自身，不断为马克思主义动力论注入新内涵。

---

① 马克思恩格斯选集（第1卷）［M］．北京：人民出版社，1995：78.
② 马克思恩格斯选集（第1卷）［M］．北京：人民出版社，1995：81.

第三章

马克思主义动力论与大学生成长

从表面上看，马克思主义动力论主要是指社会发展的动力问题，但社会的发展最终目的是为人服务的，人的发展与社会的发展是辩证统一的。马克思主义关于人的“自由而全面地发展”的目标是人类理想的共产主义社会的终极追求。这一过程中，如果不谈个体发展动力，单纯只谈社会发展动力，则对社会发展理论的研究会变得过于宏观，推动人类社会发展的实践就难以实施，人类的主体性地位及其主观能动性的发挥就会受到很大影响。从马克思主义动力论的发展演变来看，个体发展动力实现越来越被人们关注，其需要理论、利益理论和人的价值实现理论，都是个体发展动力理论的重要内涵，为我们系统研究个体发展动力论提供了重要的理论依据。

在大学生成长动力问题研究中，需要深入理解马克思主义动力论的理论精髓和要义，把握其解决问题的世界观和方法论，并以之指导大学生成长教育实践，不断促成他们成长动力的形成和理性发展，构建大学生成长动力教育体系，寻求解决大学生成长动力问题的途径和方法。

第一节　大学生成长实践

在大学生成长动力的形成和发展过程中，必须关注他们的需要和利益实现。这一目标实现需要以马克思主义动力论为指导，在个体与社会发展辩证统一过程中不断促进大学生成长。马克思主义动力论把人的需要及其满足作为考察动力产生的原点，这一内在逻辑是马克思主义动力论指导大学生的成长教育实践，充分调动广大大学生的积极性、主动性和创新性的重要前提。大学生个体发展动力的实现是社会发展动力实现的前提和基础，离开大学生个体发展动力的产生和发展，社会的发展动力就没有后劲。个体的自由而全面发展是社会发展的价值追求，脱离了个体价值实现的社会发展没有任何价值可言。大学生个体的发展是社会发展的重要目的之一，大学生成长动力教育是关注大学生成长利益，实现教育“以人为本”的集中体现。大学生成长动力教育必须尊重大学生的知识和能力特点，关注他们主体人格形成，努力寻求适应个性特点的教育和引导方式。

大学生的个体成长需要知识和能力的基本支撑，尤其是创新能力的培养。创新能力建设有利于大学生完善能力结构，从重视知识到重视能力的观念转变是人才培养理念的重大突破。创新能力建设是实现人的素质结构从知识型到能力型转化的重要条件，是大学生实现从教育的被动客体地位向主体地位转变的重要条件。创新能力建设有利于促进大学生专业知识的学习和主干知识体系的建构，为他们创造性思维的形成和进行创造性实践提供理论基础。创新能力建设有利于提升大学生参与实践的能力，创新能力训练的内容来自实践，需要在实践中不断磨炼，并最终形成、固化到个体能力中去。创新能力建设不仅需要他们有敏锐的洞察力、机智的反应能力，还需要他们在实践中具备信息采集和加工能力，而信息处理能力则是考验他们能力和效率的重要内容。同时，人际交往在个体的学习和实践过程中是一个必需环节，创新能力建设的实现，需要以人际交往为基础。

大学生在成长过程中，一方面受到来自家庭、社会和学校等各方面因素的影响，另一方面受到来自自身对外界刺激的反应能力的影响。内、外因对大学生成长过程的影响是复杂的，往往需要不断地加以调整，才能激发自身成长的动力。大学生创新能力建设的加强，除了通过强烈求知欲促进综合素质全面提高外，还需要不断提高大学生对自身成长有益资源的整合能力，促进家庭、学校和社会等外因主体更好地形成大学生成长的教育合力。

马克思主义动力论追求人的自由而全面发展目标的实现，要求学校和社会在教育过程中必须关注大学生个体利益的实现。家庭、学校和社会等教育主体要改变以往片面强调国家利益、集体利益，忽视个体利益和个体价值实现的导向，更要摒除通过虚假的公共利益来剥夺个体利益的行为。转变只重精神利益而忽视物质利益、重长远利益而忽视眼前利益的观念。摒弃过分夸大物质利益的消极作用和过分信赖精神利益的错误思维，真正把实现好、维护好、发展好大学生根本利益作为重要工作来抓。关注大学生需求特点，通过切实满足他们精神上的需要，促进个体与社会的协调发展。

马克思主义动力论以人的需要为逻辑起点，它要求大学生在个体发展过程中，必须具备较强的自我教育能力。大学生在学习和实践过程中对知识的内化、外化实现，便是成长动力从无到有、由弱到强的转化过程。这种知识的内化、外化对具体成长环境提出了很高的要求，使得大学生成长动力教育成为各外因教育主体共同关注的焦点。大学生是有理想、有知识的特殊人群，他们的思维、行为方式和需要都有他们自身的特点。他们会通过已有的知识和体验去评价外界的事物，以体现他们自身的个性和独立的人格特点。

同时，大学生的生存和发展处在特定的社会关系之中，只有在社会中他们才能获得生存和发展的条件，其个体性与社会性是相辅相成的。因此，大学生要在学习、生活实践中不断成长，只有把自身发展与社会发展统一起来，才能获得真正意义上的个体发展和完善。他们的个人需求在一定程度上是社会需要的反映，要以全局的眼光考量他们需求的合理性，避免个人欲望和需求的无限膨胀。在个人利益实现问题上，时刻注意推动他们形成短期利益与长期利益、个人利益与整体利益的有机结合意识。

第二节　大学生价值实现

自由而全面发展是每个大学生的理想。人的自由而全面发展是在生产力与生产关系、经济基础与上层建筑不断产生矛盾与适应过程中逐步实现的。大学生只有在改革开放的大潮中，不断增强自身本领，并不断改造世界观，始终把推动科学技术发展和发展生产力作为义不容辞的历史使命，为不断改变“物”的依赖状态而努力，才能更好地实现人生价值。

“马克思主义信仰是以现实世界为根据，是对现实世界客观规律的科学认识，又给人们指明了人类最美好的共产主义理想。这个共产主义远大目标不但具有很大的物质价值，给人类带来巨大的物质利益，而且还具有最崇高的精神价值，因此，马克思主义信仰内化给人们的积极作用是别的信仰无与伦比的，它显示出非常健全的品格。”①大学生是时代的骄子，他们精神方面的需求决定了马克思主义信仰对他们成长的重要作用，马克思主义信仰应该成为他们对成长目标不懈追求的重要精神动力。

大学生理想实现要建立在坚定的信仰基础上。习近平新时代中国特色社会主义思想是实现中华民族伟大复兴中国梦的行动指南，是建立在我们对自身发展道路选择上的坚定理想信念，是我们迈向未来共产主义的重要精神支撑，是对大学生进行理想教育的重要内容。“长期以来，我们一直很重视坚定

---

① 危琦，虞新胜．论马克思主义信仰的建立［J］．求实，2006（12）．

理想信念的教育，但总的来看效果并不太好。原因当然是多方面的，其中一个重要的原因就是在进行理想信念教育的时候，往往只讲理想，不大讲信念。离开基本信念而孤立地谈论理想及其追求，这就容易使人们产生一种理想信念问题上的狭隘思维方式：把内涵极其丰富的共产主义信仰体系简单地归结为共产主义理想问题，进而把共产主义理想问题归结为共产主义理想的实现问题，最后把共产主义理想的实现问题归结为共产主义理想何时实现的问题。”①理想信念教育的问题需要我们对人的自由而全面发展以及共产主义有科学、全面的认知。当代中国科学发展理念不仅为中国发展指明了方向，更重要的是在复杂的全球发展格局中，为全球发展和全球治理提供了一种方向性示范。

当然，在大学生的理想与价值实现过程中，马克思主义动力论中个体发展动力与社会发展动力的辩证统一理论，为个体动力发展指明了方向，即在追求个体自由而全面发展的过程中必须关注社会的发展。虽然个体发展动力是社会发展动力的前提和基础，但社会发展动力是个体发展动力产生的环境，推动社会发展动力形成的两对基本矛盾的每一个因素，都会对个体发展动力产生和发展造成影响。这些因素要求大学生必须把个体目标的实现始终与国家、社会、集体以及人类的解放结合起来。只有在这样的条件下，个体成长动力才能在理性支配下形成合力并实现最大化。

实践反复证明，中国社会发展与人的自由而全面发展有着目标追求上的一致性。事实上，在中国特色社会主义探索过程中，中国共产党人一直在不懈努力追求“人的自由而全面发展”。从毛泽东的“全心全意地为人民群众服务”，到邓小平的“三个有利于”，到江泽民的“三个代表”，再到胡锦涛的“以人为本”，习近平为中华民族伟大复兴中国梦实现的理想，时时刻刻都能感受到，全社会在“为了人的自由而全面发展”探索道路上的辛勤付出，以及他们始终把人民的利益放在首位的追求精神。“全党同志一定要永远与人民同呼吸、共命运、心连心，永远把人民对美好生活的向往作为奋斗目标，以永不懈怠的精神状态和一往无前的奋斗姿态，继续朝着实现中华民族伟大复兴的宏伟目标奋勇前进。”②

大学生的成长备受社会关注，他们是社会发展的直接受益者，最能感受到新时代中国特色社会主义建设和发展给社会带来的巨大变化，并理应把社会的“人的自由而全面发展”的价值追求，内化为自身成长和奋斗的目标，为他人，也为自己的自由而全面发展不断努力。

---

① 刘建军．共产主义理想追求的新阐释［J］．教学与研究，2002（4）．

② 习近平．决胜全面建成小康社会　夺取新时代中国特色社会主义伟大胜利——在中国共产党第十九次全国代表大会上的报告［M］．北京：人民出版社，2017：1．

第四章

其他相关理论资源

除了马克思主义动力论的世界观和方法论指导外，中国传统精神动力理论是大学生成长动力生发的沃土，是大学生赖以成长的精神家园。生态体验理论则从生态体验、反思性表达和生态化育角度为大学生成长动力教育提供了理论视角。马斯洛的需求层次理论则从心理学角度为我们解决问题提供了一种体系建构的维度。

第一节　中国传统精神动力理论

中国传统动力理论主要从伦理的角度论述道德、仁义、诚信、尚志等因素对一个国家、民族发展壮大或个人成长的重要意义，属于人的精神范畴。这些伦理最初源于自然，通过人们的交往约定俗成之后，逐步被人们认可，并成为人们行为的共同约束，推动人类历史向前发展，促进人的各方面素质的发展。在社会主义核心价值观不断深入人心的新时代，中国传统文化作为社会主义核心价值观生存和发展的土壤，其传承和发展不仅是践行社会主义核心价值观的要求，也是坚持马克思主义指导地位的要求。

一、崇德动力论

中国是具有五千年历史的文明古国，悠久的文明和灿烂的文化，铸就了中华民族不朽的精神。从古至今，道德一直为人们所重视，人的德育因素也历来为统治者和广大人民所重视。回顾中华民族五千年的发展史，伦理道德对人的成长及国家的长治久安起到了不可替代的作用。中国古代关于道德的文化有很多，其中的正能量对人们日常生活起着重要作用。古人对道德的推崇，是道德成为约束人们行为、全方位提高人们素质并推动社会发展的重要动因。

崇德即尊德，《论语·尧曰》云：“尊五美，屏四恶，斯可以从政矣。”① 老子也较早提出了“尊道贵德”思想，“道生之，德畜之，物形之，势成之，是以万物莫不尊道而贵德”②。“道之尊，德之贵，夫莫之命而常自然。”③ 老子提出尊道重德这一思想的很重要原因正如其所描述的一样，道和德均源于自然之律，亦即常人所言的“道法自然”。老子甚至把它摆在与天、地、人同等的地位，并且人间之道源于自然。“道大，天大，地大，王亦大。域中有四大，而王者居其一焉。人法地，地法天，天法道，道法自然。”④ 在科技尚不发达的古代，人类能从思辨视角来认识自然规律对人类发展的重要性，并将其演化成“道”和“德”来约束人们的行为，这不能不说是一种巨大的进步。这种意识把人类逐步从愚昧时代带入文明时代。在人类历史长河中，道德被统治者用来作为统治广大人民的工具，引导社会有序发展。而在广大人民群众的心目中，道德是他们做人至高无上的法则，推动着社会进步和人的发展。

战国时期的荀况，通过朴素的辩证思维来描述道德。“水火有气而无生，草木有生而无知，禽兽有知而无义；人有气、有生、有知亦且有义，故最为天下贵也。力不若牛，走不若马，而牛马为用，何也？曰：人能群，彼不能群也。人何以能群？曰：分。分何以能行？曰：以义。故义以分则和，和则一，一则多力，多力则强，强则胜物。”⑤ “君者，善群也，群道当，则万物皆得其宜，六畜皆得其长，群生皆得其命。”⑥ 这里荀子在肯定了世界万物的客观存在及其价值、功能的基础上，更强调人相对于其他存在物的价值，这种价值是集多物之灵性的。人的社会性一面，成就了人的崇高地位，这种社会性的可贵之处，就在于人具有其他物所没有的道德观念。这种道德观念促使人类社会形成了和谐有序的生动局面，组成了能统一行动，集中各方智慧和力量去战胜各种威胁，实现征服和改造自然愿望的社会群体。

此后，历代学者对道德亦有颇多论述。元代许衡认为：“人禀天地之德，五行之秀，所以为人。”⑦ 明代学者薛瑄认为：“人之所以异于禽兽者，伦理

---

① 杨伯峻.《论语》译著［M］. 北京：中华书局，2017：296.
② 饶尚宽.《老子》译注［M］. 北京：中华书局，2006：123.
③ 饶尚宽.《老子》译注［M］. 北京：中华书局，2006：123.
④ 道德经［M］. 黄朴民，注. 西安：陕西人民出版社，1996：36.
⑤《荀子》注释组.《荀子》新注［M］. 北京：中华书局，1979：127.
⑥《荀子》注释组.《荀子》新注［M］. 北京：中华书局，1979：127.
⑦ 许衡. 许文正公遗书（卷三）［M］. 乾隆五十五年刻本.

而已。”[①] 明代学者黄宗羲指出：“天地间至尊者道，至贵者德而已矣，至难得者人，人而至难得者，道德有于身而已矣。”[②]

正因为道德的强大力量，古今之人对其作用发挥非常重视。历代统治者也非常重视充分利用道德的这种力量来维护其统治。当下我们国家提出“以德治国”，就是希望充分发动挥“德”在推动社会发展及个人素质提高方面的作用，为新时代中国特色社会主义建设和社会主义核心价值观的践行服务。

二、仁义动力论

“仁”是儒家伦理道德思想的核心，也是儒家最高的道德理想和原则之一。“仁”所追求的社会关系境界是每个人都应当爱自己、爱亲人、爱他人，这种“仁”是个人安身立命、国家治国兴邦的重要理念。孔子把“仁”看得非常重要，甚至超越自己的生命体存在，他关于“仁”的思想集中体现了作为统治者意志的一面。他的“克己复礼”之“仁”，要求每个人都应当把握自身欲望，恢复周礼来爱周围的每一个人，以人与人之间的和谐人际关系来增强社会的凝聚力。

“仁者，人也，亲亲为大。”[③] 这种“仁”的思想是人类社会所独有的，而突出孝亲的观念，是衡量人的社会性一面很重要的标准。孔子在《论语》中说：“何事于仁，必也圣乎！”[④] “志士仁人，无求生以害仁，有杀身以成仁。”[⑤] 可见“仁”在孔子心目中的无上地位，这还可见诸其与弟子的对话中。“子贡曰：‘如有博施于民而能济众，何如？可谓仁乎？’子曰：‘何事于仁！必也圣乎！尧舜其犹病诸！夫仁者，己欲立而立人，己欲达而达人。能近取譬，可谓仁之方也已。’”[⑥] 孔子此处的“仁”就是普爱世人，设身处地为他人着想，以天下发达为己任。

后来孟子发展了孔子的思想，提出“仁也者，人也。合而言之，道也”[⑦]。认为“仁”就是做人的原则，乃人生正道。“三代之得天下也以仁，

① 薛瑄．敬轩文集（卷一二）［M］．清四库全书本．
② 黄宗羲．宋元学案［M］．北京：中华书局，1981：332．
③ 王文锦．《大学》《中庸》译注［M］．北京：中华书局，2013：30．
④ 杨伯峻．《论语》译注［M］．北京：中华书局，2017：93．
⑤ 杨伯峻．《论语》译注［M］．北京：中华书局，2017：231．
⑥ 杨伯峻．《论语》译注［M］．北京：中华书局，2017：93．
⑦ 杨伯峻．《孟子》译注［M］．北京：中华书局，2008：259．

其失天下也以不仁。国之所以废兴存亡者亦然。天子不仁，不保四海；诸侯不仁，不保社稷；卿大夫不仁，不保宗庙；士庶人不仁，不保四体。今恶死亡而乐不仁，是由恶醉而强酒。"[①] 可见"仁"在孟子心中的地位之高，它不仅涉及国家、民族的生死存亡，而且关系到每个人的发展。孟子的"仁者爱人"[②] 是对"仁"的内涵的高度概括。后来，宋朝的朱熹将"仁"的意思更加细化为"仁主于爱，而爱莫切于事亲；义主于敬，而敬莫先于从兄。故仁义之道，其用至广，而其实不越于事亲从兄之间。盖良心之发，最为切近而精实者，有子以孝悌为仁之本，其意亦犹此也"[③]。认为"仁"最根本的就是从孝悌开始，最好的方式就是从关爱身边的人开始。"仁"和"义"这些神圣话题，要让每个人都能感知其重要性，融入每一个平民百姓的生活之中。

"中国古代对人的精神动力的重视，一个重要方面，是体现在重义上。义是与利相对应的，是在谋求利益过程中调节谋利行为及利益关系的伦理规范。义的本质是伦理规范在调控人的谋利行为时所形成的行为约束力。重义的理论是中国古代精神动力理论的重要组成部分。儒家重义，就是重视提倡和发展义之行为约束力。"[④] 古代诸子百家对于"义"有较多阐释，孔子曰："君子之化也，行其义也。"[⑤] 孟子云："仁，人心也；义，人路也。"[⑥] 荀子说："故学数有终，若其义则不可须臾舍也。为之，人也；舍之，禽兽也。"[⑦]《吕氏春秋》则对"义"说得很具体："义者，百事之始，万利之本也。"[⑧]"善不善本于义。"[⑨] "理胜义立则位尊也。"[⑩] 正因为各位智者对"义"的理解这么重要，所以，生活中他们对"义"也寄予了很高的期望。"君子喻于义，小人喻于利。"[⑪] "鱼，我所欲也，熊掌亦我所欲也；二者不可得兼，舍鱼而取熊掌者也。生亦我所欲也，义亦我所欲也；二者不可得兼，舍生而取

① 杨伯峻.《孟子》译注［M］. 北京：中华书局，2008：124.
② 杨伯峻.《孟子》译注［M］. 北京：中华书局，2008：152.
③ 朱熹. 四书集注［M］. 长沙：岳麓书社，1985：359.
④ 骆郁廷. 精神动力论［M］. 武汉：武汉大学出版社，2003：36－37.
⑤ 杨伯峻.《论语》译注［M］. 北京：中华书局，2017：277.
⑥ 杨伯峻.《孟子》译注［M］. 北京：中华书局，2008：206.
⑦ 安小兰.《荀子》译注［M］. 北京：中华书局，2016：11.
⑧ 许维遹. 吕氏春秋［M］. 北京：中华书局，2017：604.
⑨ 许维遹. 吕氏春秋［M］. 北京：中华书局，2017：292.
⑩ 许维遹. 吕氏春秋［M］. 北京：中华书局，2017：90.
⑪ 杨伯峻.《论语》译注［M］. 北京：中华书局，2017：55.

义也。”[①] “从事于义，必为圣人。”[②] 圣贤的这类经典话语，不仅在过去，在当今仍然掷地有声，为广大老百姓所尊崇。

三、诚信动力论

诚，实也，即诚实；信，真也，即真实。“所谓‘诚实’，就是说老实话、办老实事，不弄虚作假，不隐瞒欺骗，不自欺欺人，表里如一。所谓‘守信’，就是要‘讲信用’‘守诺言’，也就是要‘言而有信’‘诚实不欺’。‘诚实守信’是人和人之间正常交往、社会生活稳定、经济秩序得以保持和发展的重要力量。”[③] 诚信也是社会主义核心价值观的重要组成部分。

作为中华民族的传统美德，诚信是做人的基本道德标准之一。诚信源于古代，成于古代，在当时被看作是社会发展的重要道德规范。诚，最早见于《尚书》：“鬼神无常享，享于克诚。”[④] 此时的“诚”是与“神”联系在一起的，是人对“神”的虔诚、服从和崇敬。《周易乾》中：“修辞立其诚，所以居业也。”[⑤] 告诫人们说话、立论都应该诚实可信，只有这样才能做出一番事业。这可能是“诚”被视为人的德行操守的开始。这从孔子与其弟子子张的对话中可见一斑：“子张问仁于孔子。孔子曰：‘能行五者于天下，为仁矣。’‘请问之。’曰：‘恭、宽、信、敏、惠。恭则不侮，宽则得众，信则人任焉，敏则有功，惠则足以使人。’”[⑥] 此外，孔子还多次提到“信”，如“人而无信，不知其可”[⑦]，“始吾于人也，听其言而信其行；今吾于人也，听其言而观其行”[⑧]。

在孟子那里，“诚”是人们体验天道、规范自身道德行为的基本准则，“诚者，天之道也；思诚者，人之道也。至诚而不动者，未之有也；不诚，未有能动者也”[⑨]。正因为人们对诚信的高度重视，所以“信”也成了自然界和人类社会发展的最基本的准则。荀子说：“公生明，偏生暗；端悫生通，诈伪

---

① 杨伯峻.《孟子》译注［M］. 北京：中华书局，2008：205.
② 墨子·贵义［M］. 北京：中华书局，2016：222.
③ 本书编写组. 社会主义核心价值体系学习读本［M］. 北京：中共党史出版社，2007：169.
④ 李民，王健.《尚书》译著［M］. 上海：上海古籍出版社，2004：134.
⑤ 黄寿祺，张善文.《周易》译注［M］. 上海：上海古籍出版社，2007：9.
⑥ 杨伯峻.《论语》译注［M］. 北京：中华书局，2017：260.
⑦ 杨伯峻.《论语》译注［M］. 北京：中华书局，2017：28.
⑧ 杨伯峻.《论语》译注［M］. 北京：中华书局，2017：64.
⑨ 杨伯峻.《孟子》译注［M］. 北京：中华书局，2008：130.

生塞；诚信生神，夸诞生惑。”①《吕氏春秋》将“信”的功能阐述得非常到位。其曰：“天行不信，不能成岁；地行不信，草木不大。春之德风，风不信，其华不盛，华不盛则果实不生。夏之德暑，暑不信，其土不肥，土不肥则长遂不精。秋之德雨，雨不信，其谷不坚，谷不坚则五种不成。冬之德寒，寒不信，其地不刚，地不刚则冻闭不开。天地之大，四时之化，而犹不能以不信成物，又况于人事！君臣不信，则百姓诽谤，社稷不宁；处官不信，则少不畏长，贵贱相轻；赏罚不信，则民易犯法，不可使令；交友不信，则离散郁愁，不能相亲；百工不信，则器械苦伪，丹漆染色不贞。夫可与为始，可与为终，可与尊通，可与卑穷者，其为信乎！信而又信，重袭于身，乃通于天。以此治人，则膏雨甘露降矣，寒暑四时当矣。”② 人是否诚信，直接可以打动天神，从而用自然界的种种反应作为回应和评判。唐代陆贽认为：“人之所助在乎信，信所立由乎诚。循诚于中，然后俾众无惑。存信于己，可以教人不欺。唯信与诚，有补无失。一不诚则心莫之保，一不信则言莫之行。故圣人重焉，以为食可去而信不可失也。”③ 宋代的程颢和程颐兄弟指出：“不诚无以为善，不诚无以为君子。修学不以诚，则学杂；为事不以诚，则事败；自谋不以诚，则是欺其心而不弃其忠；与人不以诚，则是丧其德而增人之怨。”④ 足见人的诚信对自身成长发展的重要性。

既然诚信在人们生活中的地位如此之高，其指导和推动作用同样不可替代。古代的这些思想形成了中国关于诚信方面的基本道德准则，有着其丰富的理论内涵，也是其凝练成社会主义核心价值观内容的重要原因。

四、尚志动力论

尚志指人应该要有志向、志气和坚强的意志。立志就是要树立远大的理想和奋斗目标，给自己生活可能达到的最优化目标做一个具体的描述。志向同样是人的社会性的重要体现，是人区别于其他生物的标志性气质。明末清初思想家王夫之在其《思问录（外篇）》里有云：“人之所以异于禽兽者，唯志而已矣。不守其志，不充其量，则人何以异于禽兽哉?”⑤ 远大的志向是支撑起人们生活大厦的精神支柱，有了远大理想的生活才会有新气象，做每一

---

① 《荀子》新注［M］. 北京：中华书局，1979：34.

② 许维遹. 吕氏春秋［M］. 北京：中华书局，2017：536.

③ 陆贽. 陆宣公文集（卷三）［M］. 清四部丛书集成本.

④ 程颢，程颐. 二程集·遗书（卷二五）［M］. 北京：中华书局，1981：326.

⑤ 王夫之. 船山思问录［M］. 上海：上海古籍出版社，2000.

件事情才不会心浮气躁，我们生活中的每一个具体目标才有实现的可能。孟子说：“夫志，气之帅也；气，体之充也。夫志至焉，气次焉。”① 可见，“志”是统领人精神的核心要素，是个体成长发展动力形成的关键因素。

古往今来，强调“志”的重要性的人和名言警句很多。孔子所言：“三军可夺帅也，匹夫不可夺志也。”② 即使生命对于将帅打仗而言非常重要，但相对于常人的志气来说，那还是次要的，“帅”可以丢，但“志”不能没有，志气是成功的必然要求。明太宗曾对侍臣说过：“人须立志，志立则功就，天下古今之人，未有无志而建功者。”③ 王阳明则指出：“夫志，气之帅也，人之命也，木之根也，水之源也。源不浚则流息，根不植则木枯，命不续则人死，志不立则气昏。”④ “志不立，如无舵之舟，无衔之马，漂荡奔逸，终亦可所底乎。”⑤ 凡此种种可以看出，“志”是人精神的源头，是人们把握自身发展的方向标。凡有想成事者，必先立其“志”。“志”是一个人成长成才的重要条件，也是先决条件。因此，墨子说：“志不强者智不达。”⑥

正因为“志”在人们生活中地位如此重要，人们对如何立志提出了各种各样的方法。“子曰：‘士志于道，而耻恶衣恶食者，未足与议也。’”⑦ “志”要求人们树立崇高理想，行仁政和明白的人都应该把“志”作为人生追求的目标。要为国家谋利益，而不应该只追求个人的得失。

清代张伯行从反面列举了“志”不立的结果：“人必有不安于近小之心，而后可期以远大；人必有不安于凡庸之心，而后可期圣贤。不期于远大，不期于圣贤，皆是志不立。”⑧ 北宋的张载以“为天地立心，为生民立命，为往圣继绝学，为万世开太平”⑨ 来描述其志向。而元朝的虞集则以其对“射者”的生动描述来表达他对立志的看法，他说：“夫尝观于射乎？正鹄者，射者之所志也。于是良尔弓，直尔矢，养尔气，畜尔力，正尔身，守尔法，而临之。挽必圆，视必审，发必决，求中乎正鹄而已矣。正鹄之不立，则无专一之趣乡，虽有善器、强力，茫茫然将安所施哉？况乎弛焉以嬉，嫚焉以发，初无

① 杨伯峻.《孟子》译注［M］. 北京：中华书局，2008：46.
② 杨伯峻.《论语》译注［M］. 北京：中华书局，2017：136.
③ 娄性. 皇明政要（卷十二）［M］. 明嘉靖五年戴金刻本.
④ 钱德洪. 阳明先生年谱（中卷）［M］. 明嘉靖四十三年毛汝麒刻本.
⑤ 王守仁. 王文成公全书（卷二六）［M］. 四部丛刊本.
⑥ 李小龙.《墨子》译著［M］. 北京：中华书局，2016：12.
⑦ 杨伯峻.《论语》译注［M］. 北京：中华书局，2017：51－52.
⑧ 张伯行. 周学录集粹（卷二）［M］. 长春：吉林人民出版社，1990：99.
⑨ 张载. 张子语录（中）［M］. 四部丛刊景宋本.

定的，亦不期于必中者；其君子绝之，不与为偶，以其无志也。善为学者，苟知此说，其亦可以少警矣乎。”[①] 用一个生动的事例告知人们是否立志将决定努力的结果。

在志气和意志方面古人亦多有论述。孟子所云：“夫志，气之帅也；气，体之充也。夫志至焉，气次焉；故曰：‘持其志，无暴其气。’”不仅是对“志”的论述，同样也论述了“志”和“气”的关系，论述了“气”对于“志”的重要性。同时，孟子还说：“居天下之广居，立天下之正位，行天下之大道，得志与民由之，不得志独行其道。富贵不能淫，贫贱不能移，威武不能屈，此之谓大丈夫。”[②] 强调了志气对于一个人在社会上立足的重要性。而荀子的“锲而舍之，朽木不折；锲而不舍，金石可镂”[③] 则表达了意志坚定的重要性。王夫之指出：“志不能持者，虽志于善而易以动，志易动则纤芥之得失可否一触其情而气以勃兴，识以之而不及远，才以之而不及大，苟有可见其功名，即规以为量，事溢于量则张皇而畏缩，若此者授之以大而枵然不给，所必然矣。”[④] 在司马迁的《报任安书》一文中，则有“文王拘，而演《周易》；仲尼厄，而作《春秋》；屈原放逐，乃著《离骚》；左丘失明，阙有《国语》；孙子膑脚，兵法修列；不韦迁蜀，世传《吕览》；韩非囚秦，《说难》《孤愤》；《诗》三百篇，大抵贤圣发愤之所为作也。”[⑤] 虽然，他们的议论各自都有其时代或阶级的局限性，但其积极的一面则值得我们给予充分的认可。

德、仁、义、诚、信、志等中国传统文化所推崇的要素，今天依然是构成社会主义核心价值观的重要内容，应成为肩负神圣使命的大学生成长动力教育的重要内涵。将这些理念系统化，作为中国传统精神动力论的重要内容，与马克思主义动力思想相融合，中学为本，西学为用，融会贯通则会取得更好效果。

---

① 虞集. 道园学古录（卷九）[M]. 清四部丛刊本.

② 杨伯峻.《孟子》译注 [M]. 北京：中华书局，2008：105.

③ 安小兰.《荀子》译注 [M]. 北京：中华书局，2016：8.

④ 王夫之. 读通鉴论（卷二十一）[M]. 清船山遗书本.

⑤ 王先谦. 汉书补注 [M]. 清光绪刻本.

第二节　生态体验理论

自古希腊和中国古代的老子、孔子、庄子所处的春秋战国时代开始，就存在生态体验现象，也时有关于生态体验的领悟与论述。生态体验理论最早见于刘惊铎教授的《生态体验论》和《道德体验论》等论著，现在已被教育界和社会广泛认同，并已引起广泛关注，成为德育、思想政治教育和人才培养生态实践方面的重要支撑理论。

“所谓生态体验，是一种人类优化着的生产生活、生存发展模式，即人在三重生态圆融互摄中平安、健康、舒心、润泽、靓丽、灵动、持续地生产生活、生存发展，同时，也是一种震撼心灵、感动生命的生态化育模式。它从元生态、类生态和内生态圆融互摄的哲学观，自觉反思人类的生产生活、生存发展过程，系统思考和建构德育新体系。生态体验实践过程是通过体验式干预设计，创设富有价值引领、经验开悟、洞开生态智慧的化育情境，时代性超越枯燥说教模式，深度彰显德育实践的亲近感、吸引力和感染力，创生出具有生态多样性的魅力化育样式。”① 用生态化育模式，催生个体的主体意识和参与动力，就是以互惠化育的思维，充分集中元生态、类生态和内生态这三重生态中各种生态因子的能量，充分发挥生态体验“场”的力量，构建人才培养的能动系统，推动人才培养过程中各种生态因子的有效融合，探索高效的人才化育模式。

生态体验模式一改以往教育者和受教育者、主体和客体等教学过程中的角色认知，而是从导引者和体验者的角度思考问题，强化了人才培养过程中的角色平等意识，突出各自的主体性，关注生成性，达成体验性目标。“知性论道德教育遗忘了生活世界和自然之境，而丧失了魅力源头。而今道德教育面临第二次解放，在回归生活世界和自然之境的前提下，诱发道德体验。体验是一种图景思维活动，道德体验是一种含有价值判断的关系融通性体验。道德体验论将教育者改称为‘导引者’，受教育者改称为‘体验者’，凸显道德教育的主体性、情境性和生成性，从体验活动和体验课程的融合上展开实践探索。在道德体验中，体验者可达成生态体验的境界。”②

---

① 刘惊铎．生态体验德育现代化的时代新探索［N］．中国教育报，2018－05－24．

② 刘惊铎．体验：道德教育的本体［J］．教育研究，2003（2）．

作为一种系统的生态化育人才培养模式，生态体验理论充分彰显了其在理论系统性、价值认知、实践模式和方法论上的全面系统探索，并形成了自身的实践模式。“在认识论、价值论、本体论、实践论、方法论诸方面，都做出了原创性贡献。其实践形态显现为‘营造体验场＋全息沉浸＋生态位优化＋开放式对话＋体验之思与反思性理论提升＋实践延伸’等实践方式，切实造成了导引者和体验者生命的全息沉浸、全脑贯通、经验开悟、智慧开启，提升人格境界、优化生命样态，深层次体验职场幸福和生命成长之双重乐趣。”①以全新的境界开启德育、思想政治教育以及其他人才培养的生态化育模式。

生态体验关注以体验情境建设为核心的生态化育实践模式构建，并借此催生引导者、体验者的生态智慧，在反思性表达过程中碰撞、澄明生活，体悟人生意义和价值。“生态体验模式的实践形态是全息体验、互动陶冶、群集共生。它探索出一种震撼心灵、感动生命的魅力德育实践样式。生态体验模式的理论形态是三重生态圆融互摄优化生命样态的魅力德育形态，是一种祛枯返魅的德育新形态。在生态体验论视界下德育及其课程的功能是融会知识，澄明生活，生成意义。生态体验场是三重生态因子的科学组织与艺术化处置情境，运行机制是营造体验场、开放式对话和反思性表达。通过体验式干预设计，创设富有价值引领和智慧激发的生态体验之境，从根本上超越枯燥说教，彰显德育文化的亲近感和吸引力。”②不仅提供体验之境，并且会通过能动的体验式干预，预设价值引领内涵，构建理性引领的生态化育系统。

在生态体验思想的高位引领下，三重生态观、体验本体观、生命样态观、魅力实践观、生态智慧观、生活世界观、和谐价值观、生态化育观构成生态体验德育的八大核心理念。该理论也形成了圆融性价值域、生态性价值域、体验性价值域、生命性价值域、生活性价值域、原发性价值域六大原创性学术价值域，德育不再是师生之间、主客体之间单纯的知识灌输过程，而是跨入了浸润心灵的生态化育境地，把融汇道德知识、开启生态智慧、优化生命样态的人格陶冶功能和价值融为一体。

① 刘惊铎．生态体验德育现代化的时代新探索［N］．中国教育报，2018－05－24．

② 刘惊铎，姚亚萍．生态体验模式论［J］．中小学德育，2013（9）．

第三节　马斯洛需求理论

马斯洛（1908—1970）是当代最伟大的心理学家之一，人本主义心理学的奠基者之一，被称为“人本主义心理学之父”。马斯洛在《动机与人格》一书中提出的需求层次理论是心理学第三次思潮影响最大的理论之一，也是《动机与人格》一书最重要的理论之一。许金声先生在其译著《动机与人格》一书的前言中指出：“在理解人的动力结构方面，马斯洛的需求层次论为我们提供了一个迄今没有其他理论能够替代的模型。”[①]马斯洛的需求层次理论大致有两种不同的说法，一种观点认为是五个层次，即生理需求、安全需求、情感归属需求、尊重需求和自我实现需求。一种观点认为是七个层次，即生理需求、安全需求、情感归属需求、尊重需求、求知需求、审美需求和自我实现需求等。

马斯洛将这一理论分为“基本需求”和“成长性需求”。“基本需求”是指最根本的需求，这些需求构成一定的层次，具有一定的递进关系，不同于一般的欲望、冲动。“如果我们仔细审察日常生活中的普通欲望，就会发现它们至少有一个重要的特点，即，它们通常是达到目的的手段而非目的本身。”[②]它要求我们在进行人的行为动机的研究时必须不断地加以验证和辨析。“这种更深入的分析有个特点，它最终总是会导致一些我们不能再追究的目标或者需要，这些需要的满足似乎本身就是目的，不必再进一步地证明或者辨析。……也就是说，动机的研究在某种程度上必须是人类的终极目的、欲望或需要的研究。”[③]“基本需求”还指自我实现以下的需求，包括生理需求、安全需求、情感归属需求、尊重需求，这些需求都是人们在日常生活中时刻需要，并且要达到一定的量才能满足人的日常生活的需求，也是匮乏性的需求。

“成长性需求”是与基本需求对应的概念，是在基本需求满足的基础上自我实现的需求，“成长性需求”是信赖于自我的一种积极的心理状态。而认知需求和审美需求则在基本需求实现的每一个时刻都会有所表现，“一方面要使认识越来越细致入微，另一方面又朝着某种宇宙哲学、神学等方向发展而使

① 马斯洛. 动机与人格（第三版）[M]. 许金声，译. 北京：中国人民大学出版社，2007：5.
② 马斯洛. 动机与人格（第三版）[M]. 许金声，译. 北京：中国人民大学出版社，2007：5.
③ 马斯洛. 动机与人格（第三版）[M]. 许金声，译. 北京：中国人民大学出版社，2007：5－6.

认识越来越博大"①。

马斯洛的晚年，其心理学的思想逐渐成熟，对于人的理解又有了进一步的发展，提出了心理学的第四思潮，即后人本心理学思想，这一思想认为人本主义的心理学是过渡性的，是第四种心理学发展的准备阶段。第四种心理学超越个人、超越人类，以宇宙为中心，而不是以人的需求和兴趣为中心。认为人需求某种大于自身的东西，作为敬畏和献身的对象，这种超越性需求明确地表达了其终极关切的思想。不管是哪一种或哪一时段的观点，都可以认为具有相同的功能，即"需要可导致动机，而动机引发行为。一个人如果没有什么需要，也就没有什么动力与活力，也就是失去了人的存在意义。人的最迫切的需要是激励人行动的最主要原因和动力"②。从而，马斯洛的需求理论在不同程度上成为人和社会发展的动力源泉。

① 马斯洛．动机与人格（第三版）［M］．许金声，译．北京：中国人民大学出版社，2007：33.

② 陈建有，焦平．试论研究生的层次需要［J］．中国高教研究，2006（7）.

第三部分　来源与发生

个体动力与社会发展动力的辩证统一，是马克思主义动力论的本质，也是其科学内涵所在，其基础和关键是个体动力的激发与维系。大学生成长有其内因需要的特殊性、利益形式的多样性和价值追求的多元性等特点。外因教育主体方面，家庭教育的亲情感化、学校环境的塑造、社会教育力量的整合以及成长目标合力等形成外因合力。主导意识形态的价值引领、成长教育的与时俱进、外因主体的倾情投入和时代期望的正面激励等都是大学生成长动力产生的重要前提。

第五章

内因需求动力

个体发展动力的生成和发展首先是生存需求的满足，其次是社会属性需求的满足，最后是个体的价值实现。当代社会中，大学生的生存和发展需求不仅是更高层次意义上的物质生活需求，还表现在更高层次意义上精神满足的需求。其中，对更高层次的物质和精神需求，是大学生成长的内在驱动力，这种驱动力在当下呈现出特殊性、多样性和多元性，时刻需要方向性的引领。

第一节　需求表现的特殊性

大学生作为有知识、有能力、有理想的高素质群体，他们的需求有着鲜明的时代性。大学生的需求与其他群体不同的地方，就表现在他们将时代的社会栋梁作为自身成长目标。

一、需求的特点

大学生的需求体现了马克思主义个体需求的生物性、社会性和历史性三个方面的内涵。具体表现在：第一，大学生对精神方面的精神需求高于物质方面的需求。主要表现在对知识能力、人际关系的需求，以及来自他人与社会的尊重、认可和自我实现等方面。相对其他人群而言，大学生的需求更偏重于精神方面。第二，大学生的需求有着鲜明的差异性，这种差异因为年级、性别、生活环境及家庭背景等差异而有所不同。第三，大学生需求具有不稳定性，客观上虽有强烈的求知欲却价值取向不明，造成求知的需求宏观却不具体，难以落实到自己的行动中去。第四，大学生的需求具有明确的目标导向性，即在规定的时间内成长为社会发展需要的人才。需求的目标导向性，决定了他们在对利益的追求方面，需要实现长远利益与眼前利益共存，集体利益与个体利益共存，理性要胜于个人主义、享乐主义和拜金主义。大学生利益追求的这种特点，既是他们对待利益的一种态度，也是他们在社会发展复杂环境中学会生存的重要条件。

二、需求的内涵

需求是大学生生存的必然基础，作为知识人，其需求的内涵大致包括知识需求、能力需求、人际关系需求、尊重和认可需求、价值实现需求等。

1. 知识需求

知识传授是大学教育的核心，知识需求是大学生的核心需求。根据当代大学生实际成长特点，大学生核心知识需求主要分为学术知识、价值观知识、生存发展的实践知识等几种基本类型。

学术知识，主要指大学生在校期间要完成的，以本专业各门课程内容为主的知识。学术知识的需求状况，不仅关系到大学生能否顺利完成大学期间的学业，还关系到大学生未来走上工作岗位能否顺利运用已学到的知识解决工作中遇到的问题，以及个体知识和能力体系的形成与发展。

价值观知识，是大学生知识系统中一种特殊的类型，是大学生在多元、多极和多变的复杂社会发展背景下，认清社会发展宏观趋势，突破意识形态的重重干扰，以正确的世界观、人生观和价值观作为自身的价值取向，始终与国家、民族和社会的主导价值保持一致，促进个体与社会辩证统一发展的知识。

生存发展的实践知识，是指生活在现代环境中的人必须具备的，关于现在和未来学习、生活、工作的基本常识与基本技能。如互联网、人际交往、公共关系、运动健康、休闲旅游、个性品质、行销策划等等，这些知识有的可能已被列入学校的课堂教学，有的则可能是学生通过学校的各种活动习得，或通过现代传媒等手段耳濡目染而获取。这种类型的知识虽然不是大学生知识的主干知识，但往往是他们的品位、气质和魅力的重要支撑条件。

2. 能力需求

大学生成长是一个复合的过程，他们的能力需求从自身发展与适应社会的角度大致可以分为以下几个方面。

自主学习能力：自主学习能力指大学生独立安排自身学习的能力，这一能力是合格大学生必备的条件。信息化时代对人的主观能动性要求越来越高，对大学生的自主学习能力也更加重视。未来的人才竞争，更多的是表现在“学习动力、学习毅力、学习能力与学习速度。拥有知识更新和不断学习的能力，比有经验和丰富的知识更重要”①。自主学习能力是培养具有敏锐观察力、批判精神、独立人格和个人思想的创新型人才的必要条件。自主学习能力培养是高校素质教育的重要内容，是大学生创新能力培养的重要举措。

适应能力：大学生在成长过程中，总会遇到一些困难或挫折。如何积极应对，并顺利处理和化解矛盾，始终保持积极向上的人生态度是每个人追求的目标。独生子女的家庭生活环境及其成长过程，决定了如今大学生这个群体的适应能力普遍较差，这是高校人才培养必须面对的现实。对大学生而言，进入大学就会面临适应问题，面对来自不同地域文化、不同家庭背景和具有不同生活习惯的同学，人际的适应有一个过程，在考验大学生适应能力的同时，也在为他们的适应能力培养创造条件。未来的学习、生活和工作要面对的各种考验，时刻都需要他们适应能力的提升。

就业能力：是指大学生求职时必须具备的能力。大学生的就业能力一方面通过知识的学习来实现，即通过对专业知识以及基本技能等方面的学习，不断提高自身的知识素质。在提高自身知识素质的同时，增强自身的学习能力，不断把外界的知识转化为自身的内在能力素质，为就业能力提高服务。另一方面，大学生的就业能力还应该包括个人能力素质和个性品质等多方面的条件，如组织能力、表达能力、协调能力、文字能力，以及计算机、外语等基本能力，最终形成发现问题、分析问题和解决问题等多方面、多层次的能力与素养。这些能力将把个体内在的知识、品质和思想在合适的时空淋漓尽致地表现出来，为其自身争取更好的发展机会。

创新能力：创新能力是指能充分利用已有的知识体系，在实践过程中通过独立思考，能不断提出新观点、新思路。创新能力的首要问题是要发现问题，这一点是对大学生能力的最基本要求，也是较高的要求。只有发现了问题，才有解决问题的可能。在发现问题的基础上，以新观点、新思路来解决问题，并在这个过程中体现人的创新理念。创新能力是个人综合运用所学知识进行实践的最高表现，包括创新意识、创新知识、创新精神、创新技能等诸多方面。创新是民族进步的灵魂，大学生作为未来事业的接班人，他们的创新能力如何直接关系到他们未来能否挑起新时代中国特色社会主义事业的重担。《国家中长期教育改革和发展规划纲要（2010—2020年）》中明确提出要“着力培养信念执着、品德优良、知识丰富、本领过硬的高素质专门人才

① 王淑桢．培养大学生自主学习能力　适应终身学习需要［J］．黑龙江高教研究，2004（4）．

和拔尖创新人才”[1]。从教育的角度回应了创新型国家建设的要求，也对高校人才培养质量提出了较高要求。

3. 交往需求

交往是人的基本要求。大学生正处于期待拓展人际圈的年龄阶段，在学习、生活、情感、能力训练等多个方面都需要良好的交往环境。当前的大学生对人际关系的理解，已经从过去单纯人际关系的需求，逐步转化为人际交往能力的需求。人际交往能力是形成良好人际关系的重要条件，大学生通过人际交往锻炼了沟通、表达能力，在人际交往中学会了处理人际关系。同时，当代大学生还对他们的人际交往能力建设有着明确的定位，即通过相互间的交往沟通能力的训练，建立起他们所期望的广泛的人际关系网络，以便获得他们需要的信息和资源，分享成长发展过程中的有益经验，倾诉成长和发展的苦恼，搭建创新创业的平台，为未来踏入职场施展身手创造条件。

4. 尊重和认可需求

大学生需要的一个重要特点是追求精神上的满足，他们的言行希望得到别人的尊重和认可。一方面，他们行为的价值取向与他人的一致性可以得到认可；另一方面，大学生的成长过程是知识、能力、素质不断变化的过程，他们迫切希望在成长过程中得到别人的认可。来自周围环境的尊重和认可，可以转化为他们个体成长动力的内在需求，并成为影响他们成长动力形成和发展的重要因素。

5. 价值实现需求

社会价值实现无疑是更高层次上的需要满足，新的历史时代为大学生成长和发展提供了广阔的舞台，也对他们的责任担当提出了清晰的要求。大学生作为社会人中的高层次群体，他们的担当精神和价值实现要求将会决定一个时代社会发展的精神面貌，直接影响新时代中国特色社会主义建设和发展进程。“历史人”的身份决定了大学生的责任担当，在大学生成长过程中对自身“历史人”的身份认知及其教育是一项非常重要的工作，受个体生存和发展条件影响。每个人对价值实现的理解都有较大差异，个体对价值实现的追求越高，其内在动力生成的可能性越大，也越有力。从辩证唯物主义观点来看，每个人的社会价值实现了就是自身利益的实现。在为别人奉献、实现自身价值的过程中，事实上就是一个人的成长、发展和动力生成的自然过程，

① 国家中长期教育改革和发展规划纲要（2010—2020 年）［M］. 北京：人民教育出版社，2010：28 – 29.

也是社会和谐、民族兴旺、国家富强和人类不断进步的过程。从这个意义上讲，价值实现会成为大学生成长过程中更高层次的动力源头。

大学生需求的这些特点要求进行大学生成长动力教育必须结合他们身心发展的特点，以及他们的知识、能力、心理等方面发展的现实状况，不断调整教育引导策略，为他们成长提供合适的环境。在专业知识的教育上强化过程育人，不仅要教给他们专业知识，同时，要培养他们的求真精神和刻苦的品质，以及独立的学术品格。在专业知识学习和实践活动过程中，不断把对外因的发展需求和认同转化为他们成长的内在需求，激发成长动力。在日常活动开展方面，加强活动的策划和管理，加强学生课余时间的开发和利用，为他们的素质提高和全面发展创造条件，也为他们未来的价值实现打下基础。

第二节　利益形式的多样性

利益是个体发展动力的决定性因素之一，马克思主义动力论视阈中的大学生成长动力生成与发展，要求必须关注大学生在成长过程中集体利益与个人利益、长远利益与眼前利益的辩证统一关系。大学生的成长利益诉求与马克思主义动力追求目标的高度一致性，是大学生成长动力便于教育引导的重要品质。

一、利益追求特点

大学生价值取向的不稳定，决定了他们利益追求的特殊性，即集体利益与个体利益共存，长远利益与眼前利益共存。

集体利益与个体利益紧密联系。马克思主义的个体与社会发展的辩证统一属性，要求大学生的利益实现必须与其相应的身份紧密关联。当代大学生是个性张扬的一代，讲求个人价值实现。强烈的表现欲望，促使他们不停地寻找自我发展的时间和空间，期待按自己的意愿选择、奋斗和成才。他们会主动抓住机遇，也会为了更好地发展而有选择地放弃。

长远利益与眼前利益共存。大学阶段是人生的重要驿站，大学生在校的学习和实践是未来发展的坚实基础，他们成长利益的实现需要基础知识、基本技能的学习和训练，又要在个性品质形成和德行成长方面得到全方位关注。关注他们的眼前利益，帮助他们应对目前最紧要的事情，让他们每走一步都能感受到成长的乐趣，在成长过程中增强成就感和自信心，形成个体成长和发展的合理张力，增强成长利益实现的获得感。为长远利益的实现打下良好的基础。

二、利益表现形式

马克思主义理论视角下的利益是一种社会关系存在。大学生的利益追求存在于个体与学校、家庭和社会的互动过程中，具体主要表现在接受高等教育的机会能否实现，良好的学习与成长环境能否得到保障，在校学习与生活期间影响个体成长的评价和激励机会是否平等，是否有充足的发展机会，能否得到尊重和认可，等等。

接受高等教育的机会是大学生这个身份能够继续或持续存在，这种利益的表现形式是大学生其他一切利益的基础。高等教育虽然不是义务教育，社会无法强制家庭或个体为有能力、有条件接受高等教育的个体提供学习和深造的机会，但对每一位已进入大学学习的大学生而言，接受高等教育是他们的利益所在，通过把握接受高等教育这一机会，个体可以实现人生的重大转折，为个体素质提升和未来发展创造条件。

良好的校园学习与成长环境，是指大学在办学过程中为学生提供良好的学习环境和条件是理所当然的事，在生产力比较发达的当代社会，经济发展完全可以为大学生提供良好的学习和生活条件。这些条件主要体现在硬件、软件、辅助设施等方面。其中硬件设施要求学校具备教学、办公、活动、住宿、运动等场所，以及必要的辅助场所；教学过程中的实验设备、教学器材、图书、辅助设施等必要条件。软件方面要求学校具有相应的师资、教学内容、教学方法等条件，同时还需要学校具备良好的办学定位、良好的人才培养定位、不断改革创新的精神以及良好的校风、学风等。除了具备必要的硬件、软件条件之外，学校良好的社会办学资源，如与地方政府的关系、与地方企事业单位的关系、良好的办学声誉等，这都能使学生将来走上社会有充分的就业机会和足够的自信，也是大学生利益实现的重要内容。

公平的评价和激励机会是指在对做出成绩的学生进行评价时，需要以公平、公正、公开的原则来对待荣誉评定及其颁发过程，给大学生一条公平的起跑线和科学的激励机制。肯定的机会对大学生成长而言是眼前利益，也是激发大学生成长动力的最直接因素。无论是通过物质的、精神的或物质精神并重的奖励方式，还是通过口头的、书面的，会上的或会下的形式，外界肯定的言行都会对大学生的成长造成不同程度的影响，这些利益机会的实现，都会推动大学生成长动力的形成。

充分的发展机会指学生在校学习期间，除了接受基本的教育机会外，还需要参与一些个性化的学习和训练活动，如参与校内外比赛、共建交流、实践等。参与这些活动，往往在较短的时间里，要求学生学习大量的相关知识，接触不同的人与事，获得大量信息，处理各种以往没有处理过的问题，使自身得到前所未有的锻炼。在活动过程中提升自身素质，获得自信，产生新的需求和利益。

社会的肯定是大学生社会性一面得以实现的重要条件，来自社会的尊重和肯定是大学生精神利益实现的较高境界。物质利益的满足与精神利益的实现，是对人格的肯定、个体行为认可的重要形式。社会肯定是自我实现的重要目标追求，也是大学生成长动力形成和发展的动力源泉。

第三节　价值追求的多元性

一、价值观特点

当代大学生的价值观表现出了多元性、多层次性和多变性等特点。多元性是由当前社会发展环境决定的，改革开放以后，中国的社会环境受西方文化思潮和市场经济的影响，很多重大的政治经济问题本身都需要思考研究，加上全球化背景下各种西方思潮的涌入，本土的传统文化根深蒂固，中国社会的发展面临着意识形态领域的碰撞与冲击。大学生对世界的发展最为敏感，求异思维、心理叛逆等因素，都会使他们在价值观选择问题上容易接受非马克思主义思想的影响，加之大学生自身价值理性思维往往不成熟等原因，都可能造成部分大学生价值取向的多元混杂。

多层次、多角度性。指就当代大学生的价值观属性方面而言有着不同的说法，如观念说、标准说、行为准则说、目标说、贡献说、指南说、态度说、个性品质说、不可理解说等。在其目标方面又有个人性目标、社会性目标和超然性目标等不同方面。① 价值观的这些属性和目标在每位个体的思想觉悟、信仰、人生价值追求以及道德、文化和心理素质等条件不同的情况下，直接导致他们的世界观、人生观的不同和价值观分明的层次性。有的大学生追求为社会、为人类谋幸福，有的大学生单纯追求个人价值的实现，也有的大学

① 辛志勇，金盛华. 大学生的价值观概念与价值观结构［J］. 高等教育研究，2006（2）.

生在追求个人价值的实现的前提下为社会发展服务，当然现实中也不乏没有任何信仰和追求的大学生存在，这部分大学生认为价值观与自己无关，成为一切超然物外的我行我素者。

多变性。指当代大学生的价值观随着周围环境的变化而不断变化。“大学生价值观的多变性是指，大学生价值观在时空上处于一种发展的不稳定状态。正是在这种快速多变的过程中，大学生们一次次地完成了对旧的价值观的否定和对新的价值观的认同，并逐步实现对正确价值观的渐进认识。”①大学生价值观的多变性，一方面源自经济快速发展过程中各种诱惑及其社会环境；另一方面源于中国高等教育模式及社会环境培养出来的大学生独立能力较差的事实。这种价值观的不稳定，既在社会发展变化中变化，又在社会变化中逐步进行调节。当个体的调节能力、调节方式与当时的社会环境适应时，其价值观便相对稳定，反之则价值观复杂多变。

二、价值追求

当代大学生的价值追求与其相应的价值观有关。“当前大学生价值观中存在着舒适的物质生活、兴奋的生活、幸福、快乐和自尊以及雄心壮志的、勇敢的和诚实的等个人取向内容占优势的可能性。其中自尊和雄心壮志的逻辑意义较为特殊。”②价值观的这种状况是在大学生调节个体利益和集体利益矛盾的过程中逐步形成的，在反映大学生思想急剧变化和日趋成熟的社会性一面的同时，也反映了他们人生态度矛盾纠结的一面。社会上流行的实用主义价值取向，使大学生在个体与社会的辩证发展追求方面实现困难，出现了对现实的、短期利益的追求。这些追求具体表现在：

个体舒适优越的物质生活。当今中国社会，社会主义市场经济制度的推行在调动人们的积极性、主动性，激发社会活力，推进社会生产力发展的同时，对人们的价值取向的形成也产生了重大影响。对于个人物质享受的追求成为当下人们的价值追求，导致了功利主义、享乐主义、拜金主义盛行。这种社会环境会导致大学生注重和追求舒适优越的物质生活，成为虚荣心的源头，个人欲望的不断攀升则会直接影响到大学生价值观的质变，对他们的成长造成重要影响。

快乐、幸福和兴奋的生活感觉。良好的物质条件，独生子女的生活环境，

---

① 李宪伦．大学生价值观“三多”现象成因评析［J］．教育与职业，2006（12 中）．

② 窦刚，黄希庭．当代大学生自比型价值观数据的潜在结构［J］．心理科学，2006，29（6）．

长辈关爱有加的成长氛围，使大学生习惯于快乐、幸福和兴奋的生活体验，不愿承担太大的压力。并且还希望能得到外界的褒奖性的评价，如诚实、勇敢等这些在传统观念中被公认的赞誉语词等，以不停地寻求生活中的那份兴奋感。

美好的理想。在未来的生活中他们希望拥有一份理想的职业或事业，成为一个在当前主流社会意识中被大家公认的有成就的人，如拥有一定的财富，拥有自己喜欢的房子、车子、爱人等，希望自己能够成为一个有自尊和受人尊敬的人。他们的理想已经从远大逐步走近现实，在现实中并不平庸，希望有机会为社会做一点儿力所能及的工作。

建立在需求基础上的当代大学生的价值追求带有明显的群体特点和成才导向，然而，由于环境的变化，大学生在成长过程中面临着各种各样的问题，特别是价值取向方面的问题，往往会使他们在利益追求的长期与短期、个体与社会发展的辩证统一，以及个体价值追求的科学性方面，都有不合理甚至是错误的地方，直接影响大学生成长动力的形成和发展。

大学生成长动力的形成和发展，要求家庭、学校和社会必须加强对大学生成长动力的教育和引导，特别是价值取向上加强沟通和交流。要把“人的自由而全面发展”这一人类发展的终极追求作为大学生成长动力教育的核心话题，在教育过程中促进各利益相关方充分整合有利因素，消除和减少消极影响，为大学生成长合力的形成最大限度地创造条件。

第六章

家庭、学校与社会的外因合力

个体成长动力的产生和发展，是内外因动力相互作用的结果，其中，内因是决定性因素，外因是必不可少的条件。需求是人的本能，从最基本的生物人的生存需求，到社会人的交往、联系和发展需求，再到人的自我价值实现需求，这些需求层次的变化，都是人的内因在外因作用下的产物。外因在满足个体需求的过程中通过内因的转化，不断促成个体成长动力的形成和发展。大学生的成长教育是一个多主体共同参与的过程，家庭、学校和社会是大学生成长动力形成关系最密切的环境要素，这些外因通过教育对大学生施加影响，在教育过程中不断转化、提升个体的内在需求，并在这一过程中形成推动大学生成长的外因整合动力，直接影响着大学生成长动力的形成和发展。潘懋元先生认为教育的概念有广义和狭义之分，其中，“广义的教育包括一切能增进人们的知识、技能，影响人们的思想意识和道德品质的活动。广义的教育可能是自觉的有组织的，也可能是自发偶然的活动。一般用以指学校教育以外的家庭和社会的终身教育活动”①。而“狭义的教育，主要是指有目的、有计划、有组织，一般有一定场所的学校教育”②。如果以这一定义为标准，则大学生的成长动力教育应该属于广义教育。

第一节　家庭亲情感化力

家庭与大学生是一个亲情、利益的共同体。在大学生成长动力的外力来源中，亲情是第一来源，也是核心来源。建立在这一利益共同体之上的，是学校和社会对大学生成长动力在“量”与“质”方面的进一步巩固。因此，

---

① 潘懋元．新编高等教育学［M］．北京：北京师范大学出版社，2002：1．

② 潘懋元．新编高等教育学［M］．北京：北京师范大学出版社，2002：1．

家庭在大学生成长教育中的亲情感化，是推动大学生个体成长的重要力量，应该引起全社会的普遍关注。

全社会应该根据家庭教育的特点，关注家庭教育的氛围营造，建立家庭教育的评价体系和评价机制，并以实事求是的态度进行家庭教育立法，确保大学生成长利益的实现。充分认识大学生成长动力教育问题，“根源在家庭，反映在学校，危害在社会”①的实际，不断调整家庭教育在大学生成长教育过程中的方式方法，以合理的亲情引导激发大学生的成长动力。

首先，家庭提供给大学生的不仅是满足其物质需要，还有对其精神上的支持、鼓励，以及血缘关系带来的信任、利益和共同的价值目标。因此，在大学生成长教育问题上，家庭成员应该做好榜样。要教育大学生把个体的成长与社会发展结合起来，在成长过程中培养自己的善行和良好的意志品质，关注社会发展，形成良好的专业素养和实践能力。要关注大学生个性发展，个性是大学生追求个体自由而全面发展的前提和基础。“事实上，无论怎样来描述当今大学生的‘自我发展’，他们与家庭的联系是无法割舍的。这一方面是由血缘关系决定的，另外也是由经济发展阶段决定的，没有经济的独立性，不可能有思想的独立性。这还与现今的教育体制有关，我们的基础教育主要还是培养‘听话’‘顺从’的学生，‘个性’‘独立性’发展的土壤还不丰厚。”②家庭教育要充分把握大学生个性成长不成熟，和对家庭教育的信任、信赖的现存状态，引导他们向着正确的方向成长。

其次，在家庭教育过程中，要努力形成交流、对话和互爱的氛围，在交流和对话的过程中关注大学生的成长动向。充分认识家庭教育在大学生成长过程中的地位，要随着大学生个体知识、能力变化提供相应的教育和引领，在一如既往的相互尊重的前提下，教会他们进行自我教育。同时通过家庭成员与大学生之间的互爱，让大学生学会理解、通融和包容，培养大学生对家庭的责任感，进而扩大到对社会的责任感和历史使命感。

再次，家庭对大学生的培养应该时刻突出大学生的主体地位。针对大学生的年龄和知识的特点，把思考、判断和选择的机会留给他们，促进他们在生活和学习中学会自立、自主和自强，在不断提升自主能力的基础上，实现大学生的自我教育。尊重大学生成长的主体性地位，还表现在尊重个体差异，只有尊重差异才能促进大学生在成长问题上进行科学的自我定位，找到真实

① 熊少严．关于家庭教育立法问题的若干思考［J］．教育学术月刊，2010（4）．

② 曲建武．把学校教育与家庭教育紧密结合起来［J］．高校理论战线，2010（9）．

的自我。

最后，建立家庭教育评价体系和评价机制。“若从教育社会学的角度来考察，家庭教育既指在家庭中进行的教育，又指家庭环境因素所产生的教育功能。前者指的是受教育者在家庭中所受到的由其家庭成员（不论长幼，但主要是指父母）施予的自觉或非自觉的、经验性的或有意识的、有形的或无形的等多种水平上的影响；后者则指家庭诸环境因素（包括家庭的社会背景和生活方式）对受教育者产生的‘隐性’影响。”① 这一观点揭示了家庭生活对家庭成员的显性和隐性的影响，大学生作为家庭中的年轻人，他们自家庭教育所获益的程度最为明显。

因此，有必要针对家庭在大学生成长过程中的教育和引导功能，建立家庭教育评价体系和评价机制，旨在为家庭教育提供一种价值和舆论导向，以及思维和方法的指导。同时，“制订家庭教育的评价指标体系，这不仅是建立家庭教育科学理论的需要，也是建立和发展包括家庭教育、社会教育、学校教育在内的大教育科学理论的必由之路”②。在家庭教育的评价指标体系的基础上，通过社会舆论的力量建立相应的家庭教育的评价系统，必要时还可以通过法律的形式，促进家庭教育在大学生成长过程中更好地发挥作用。

当然，家庭在大学生的成长教育问题方面，也呈现出各种不同情形，这与每个家庭的具体情况有着密切的关系。家庭文化背景，包括父母的受教育程度、父母的学习习惯；家庭经济背景，包括家庭收入状况、父母职业、现有财产状况、工作的辛苦程度；家庭期望，包括父母对子女个体职业能力、未来事业发展的预期和展望等；家庭和睦程度，包括家庭和谐氛围、家庭内互爱程度、交流对话的深度；家庭完整程度，包括家庭成员多少、家庭成员构成、核心家庭是否完整等。这些要素都对大学生的个体成长造成一定程度的影响。同时，家庭是否知道如何尽义务、是否该尽义务、是否有能力尽义务等也不一而足，都需要我们在大学生的成长教育过程中认真思考、合理把握。

① 马和民，等. 教育社会学研究［M］. 上海：上海教育出版社，1998：445.

② 骆风. 论建立我国家庭教育的评价指标体系［J］. 学术研究，2005（6）.

第二节　学校教育塑造力

“我国的教育目的，明确规定是为社会主义现代化建设培养全面发展的社会主义事业的建设者和接班人。”① 在这一方向指导下，学校教育面临的是怎样培养人的问题。在学校教育过程中，大学生成长动力的实现已经远非专业学习所能解决的问题，而是建立在以专业为基础的个体全面发展过程中的学习。“大学不仅是一种客观的物质存在，更是一种文化存在和精神存在。在一定程度上说，大学的文化存在和精神存在具有超越物质存在的历史价值。”② 因此，在大学教育的过程中，既有来自精神领域的合力，也有来自物质领域的合力，这些合力分别体现在大学精神的感召、文化知识的传承以及人际交往的感染等方面，在这些氛围中，学校实现大学生成长动力的激发和强化，不断引导他们向全面发展的人的方向前进。

一、大学精神感召力

“大学是以探索、追求、捍卫、传播真理和知识为目的，继而自然就负有引导社会价值观，从道德上规范社会行为之使命，对人类素质改善和提高、社会文明发展和进步具有不可替代之重大公共影响力、推动力的教育机构和学术组织，是‘研究和传授科学的殿堂，教育新人成长的世界’，是社会文明的一面旗帜，是人类社会的科学脊梁、道德良心和文明希望。”③ 正是肩负着这些人类社会发展的重任，大学精神成了一种无形的力量。“大学精神和校园文化是大学办学资源中重要的无形资产，是影响大学生成长成才的重要因素。”④ 成功的大学教育应该是大学精神的有效传承、传播，否则大学教育的根本目的实现就成了一句空话。

当代的大学精神应该包括如下几个方面：第一，当代的大学精神应该是一种充满人文关怀的人文精神，这种精神能充分体现在当代中国“以人为本”的发展追求中。纽曼在《大学的理想》一书中认为：“理智的训练以及大学教育的真正而且充分的目的不是学问或学识，而是建立在知识基础上的思想或

① 潘懋元．新编高等教育学［M］．北京：北京师范大学出版社，2002：72．
② 唐耀华．论大学精神的价值判断和价值导向［J］．学术论坛，2006（10）．
③ 眭依凡．高等教育强国：大学的使命与责任［J］．教育发展研究，2009（23）．
④ 张建国．大学精神视角下的校园文化建设［J］．教育研究，2010（3）．

理智。”① 这里的“思想”不仅指建立在人们充分的知识积累基础上的人类智慧，还应该指人们追求和关注人类发展的价值取向，这种取向要求当代的大学在办学过程中应该把“以人为本”作为其目标追求。第二，大学精神是一种充满对真理追求的科学精神。科学精神是一种对未知世界勇敢的探索精神，它勇于挑战传统，敢于突破原有的思维方式，善于发现问题，并能在前人已有的基础上不断开拓创新。科学精神应该是在“以人为本”价值理念下对待科学的认知态度和科学的方法论。科学精神以追求崇尚科学、科学真理和真善美的科学境界作为其精神推动力与价值追求。第三，大学精神是一种追求学术独立和学术自由的精神。大学精神应该是一个追求自由精神、提倡学术独立的场所。学术独立与学术自由应该是一种相辅相成的关系，学术独立是建立在独立人格基础上的独立思考和独立判断，而学术自由应该是在坚持个体与社会辩证统一发展基础上的自由，学术的发展应始终坚持为人本身服务的理念。第四，大学精神应该是一种开放与包容的精神，和平、发展、合作是时代发展的潮流，大学精神作为时代文明的重要标志，需要全面地融入时代发展，以海纳百川的胸怀兼收并蓄古今中外各种发展成果，在服务于时代发展的过程中不断丰富自身内涵。第五，大学精神是一种鲜明的批判与创新精神。大学精神之大最终要表现在它的批判与创新精神上，大学是社会发展的重要发动机，它对社会发展的推动作用不仅在于其善于适应现有的政治、经济、文化的运行环境，而且善于运用已有的政治、经济、文化的发展成果，在传承过程中勇于并善于批判和超越，实现大学服务社会的功能，推动个体和社会的和谐有序发展。

大学生的成长需要浓郁的校园文化氛围，而校园文化的核心与灵魂便是大学精神，校园文化与大学精神在发展过程中相辅相成，推动着学校的发展和大学生的成长。“大学精神是校园文化的灵魂与核心，校园文化是大学精神的载体，是大学精神的具体化和表现形式。缺少大学精神的支撑，校园文化是低层次的，没有了校园文化的依托，大学精神就失去了生长的土壤。在校园文化建设中，追寻的就是要蕴含现代大学独特的精神气质，并融合中国传统的厚重博大的民族文化精神，具有和谐大气、凝重高雅、青春活力的特殊内质的精神文化价值。”②

“因为有了科学精神，大学才成为没有出身门第之分、唯以知识论高低的

① ［英］纽曼．大学的理想［M］．何曙荣，等，译．杭州：浙江教育出版社，2001：97.
② 张建国．大学精神视角下的校园文化建设［J］．教育研究，2010（3）.

特殊社会领域；因为科学精神，才塑造了大学卓尔不群、特立独行的精神气质；因为科学精神，才使大学成为具有学究气息的基础研究的重镇，从而始终占据理论话语的中心位置。”[①] 大学精神作为一种有着丰富内涵的人类精神，在这个全球化发展的时代，愈发应该成为当代大学生追求的对象，在这种博大精深的人类文明成果面前，大学生的灵魂深处一定会受到深深的震撼，并在这样的环境感召下不断将大学精神转化为自身成长的动力。

二、知识传承穿透力

在人们用知识传承人类文明成果的过程中，学会了学习、消化、批判、超越和创新。知识的传播不仅体现了人类文明的持续发展，还能体现人类社会中人与人之间深切的人文关怀，这种关怀是通过知识的时空穿透力实现的。而这种穿透力会带给大学生对知识的渴求，和对人类终极关怀的期盼。

“大学的理念是一个‘知识性社会’，它的功能则在发展知识、追求真理。”[②] 知识是大学生成长的基本需求，是推动大学生成长的重要载体，有了知识这个平台，大家才会在已有的知识基础上建立共同话题，共同踏上真理的探寻之路。“知识之所以高贵，之所以有价值，之所以值得追求，其原因不在于它的后果，而是因为它包含着一种科学或哲学的胚芽。”[③] 大学生对生活知识需求的复杂性，决定了他们必须不断学习完善，把外在的压力转化为自身成长的动力，以适应社会发展。

三、人际交往感染力

大学生价值观的导向作用决定了其动力方向，对知识的需求和渴望是大学生成长的核心内容。然而，最终决定着他们能否真正具有“思想和理智”的是人与人之间的交往。因为人际交往是大学生实现知识学习、碰撞和实践的基本形式。大学生的人际交往包括师生之间、同龄群体之间的交往，当然还包括大学生与家庭、社会的交往。

师生交往是一个双向的过程，通过师生交往教师完成传道、授业、解惑的教育过程。师生交往是大学生学习知识、交流学习成长心得的必然途径。在师生双向互动中，实现知识的传播和思想的碰撞，发现成长过程中的问题。

---

① 阎光才．识读大学——组织文化的视角［M］．北京：教育科学出版社，2002：262．

② 金耀基．大学的理念［M］．上海：生活·读书·新知三联书店，2001：173．

③ 徐辉．一种内涵深刻的古典大学观［J］．高等教育研究，1992（4）．

师生交往是实现教育者和受教育者的双主体地位，并充分发挥大学生主观能动性的良好形式。

大学生同龄群体之间的相互交往，是他们社会关系的重要组成部分，这种交往是他们最放松的学习、成长方式。在同龄群体中间他们可以交流共同感兴趣的话题，参与共同的活动，商讨同龄群体遭遇共同问题的有效对策。同龄群体交往是大学生智慧产生的源头活水，是他们走向社会、适应社会发展的第一步，也是他们建立人际交往自信、为未来的发展创造条件的重要基础。家庭的交往则可以更好地增进亲情，社会的交往则让大学生在各个方面更加成熟。

人际交往是马克思主义关于人的社会性发展的必然结果，可以指导大学生在有限的交际范围内不断丰富和发展自身交往的内涵。学校应该在关注良好的校园人际关系形成方面多做文章，重点关注加强大学生的师生交往和同学之间的同龄群体交往，合理引导大学生与家庭、社会的交往，并在这一过程中加强与家庭的联系、与社会发展步伐的协调。

大学生成长动力的形成和发展特点要求学校在教育引导过程中，无论是哪一种合力，都要以大学生正确的世界观、人生观和价值观形成作为总的指导思想，并且把大学生个体发展与社会发展统一起来，充分体现大学生在社会发展过程中的主体地位，调动他们的主观能动性。把人的自由而全面发展的目标作为大学生成长的价值追求，不断推动他们成长动力的形成及个体的健康成长。

第三节　社会发展整合力

社会是大学生成长的巨型环境系统，也是大学生成长教育的核心主体之一，其在大学生成长过程中的作用是全方位的。社会发展带给大学生的整合动力主要体现社会主导价值观的传播、先进生产力的开拓和先进文化的感染等方面。

一、社会主导价值观的传播动力

大学生是学习和运用时代先进文化的典型代表，他们有知识、有活力，并且在学习和生活中受到了良好的主导价值观教育。时代要求大学生成为马克思主义意识形态的忠实捍卫者，始终要清醒认识到马克思主义是我们立党立国的根本指导思想，是新时代中国特色社会主义意识形态的核心和灵魂。

脱离了马克思主义的指导，就意味着我们的事业发展会迷失方向，中华民族伟大复兴的中国梦就会成为空中楼阁。大学生要在改革开放的巨大成就中，体验社会主义制度的优越性，在伟大中国梦实现的征程中，客观认识发展中的问题。

要教育大学生认清新时代中国特色社会主义建设和发展面临的复杂形势，在社会主义核心价值观的教育、传播过程中，努力寻求新思路、新途径和新方法，以合乎时代发展要求的正能量，来整合广大人民群众中的各种力量，最大限度地形成推动大学生成长的合力。实践证明，当代大学生作为新世纪前后成长起来的一代，他们在学习和生活中，已充分了解、感受到了马克思主义在指导中国特色社会主义实践中的重要作用，他们往往具有超越常人的理解，更能把握主导价值观对于中国未来发展的意义。他们一般都具备理解、接纳社会主义核心价值观的能力，而且会在社会主义核心价值观的教育、实践中做践行主导价值观的表率。对于国家、民族、社会和人类发展的责任感、使命感会促使他们做出自己应有的贡献，并在这一过程中不断形成自身成长的动力。

二、先进生产力的开拓动力

生产力是马克思主义社会发展动力理论中推动社会发展的决定性因素。中国特色社会主义进入新时代，“我国社会生产力水平总体上显著提高，社会生产能力在很多方面进入世界前列，更加突出的问题是发展不平衡不充分，这已经成为满足人民日益增长的美好生活需要的主要制约因素”①。虽然，改革开放以来取得了伟大成就，社会发展的主要矛盾也发生了重大变化，但社会主义初级阶段的国情没有变，需要我们有更强烈的发展生产力的意识，在马克思主义理论指导下更科学、更精准地推动生产力发展。习近平指出：“解放和发展社会生产力，是社会主义的本质要求。我们要激发全社会创造力和发展活力，努力实现更高质量、更有效率、更加公平、更可持续的发展！”②

“生产力的发展是人类社会发展的最终决定力量”③，生产力发展了，人类社会才能不断实现社会形态从低级向高级的转化和演变。大学生最能适应生产力的发展要求，他们在经过密集的知识学习和素质能力的训练后，通过

---

① 习近平．决胜全面建成小康社会　夺取新时代中国特色社会主义伟大胜利——在中国共产党第十九次全国代表大会上的报告［M］．北京：人民出版社，2017：11.

② 习近平．决胜全面建成小康社会　夺取新时代中国特色社会主义伟大胜利——在中国共产党第十九次全国代表大会上的报告［M］．北京：人民出版社，2017：35.

③ 十六大以来重要文献选编（上）［G］．北京：中央文献出版社，2005：483.

自身积极消化，转化为自己的素养与能力，为先进生产力的开拓奠定了基础。大学生的特殊身份和他们的知识能力，决定了他们对时代发展的使命感和责任感。在当今科学技术突飞猛进的时代，缩小同世界先进国家的发展差距，是他们义不容辞的责任。在全球发展的竞争格局中，充分发挥大学生的作用是社会发展要求，也是大学生自身的成长要求。大学生只有在生产力的不断开拓实践中积极参与，才能学有所用，体现人生价值。

三、先进文化的感染动力

社会主义核心价值观是中华民族探索国家富强、人民幸福道路征程中重要的精神产品，其内涵纵贯古今。作为中国共产党执政的重要上层建筑，社会主义核心价值观，是新时代中国特色社会主义建设和发展的先进文化，其形成、发展和教育是意识形态领域里的一件大事，事关优秀传统文化的传承发展，关系广大大学生对新时代中国特色社会主义的理解，更关系国家科教兴国和人才强国战略的实施。

中国传统文化对大学生成长具有激励功能。“教育的核心之所在是唤醒学生的生命感、价值感、唤醒学生的人格心灵。”①传统文化教育有利于唤醒大学生的文化意识，促进他们的文化自觉。“爱国、敬业、诚信、友善”等思想是五千年中华文明智慧的结晶，是培养和陶冶民族精神、提高民族素质的巨大精神力量。传统文化教育有利于完善大学生的认知结构，不断净化他们的心灵，激发他们的民族自尊心、自信心、自豪感和不断进行文化创造的激情，促进他们个性品质良性发展。而“自由、平等、民主、法治”是对美好社会的描述，反映着新时代中国特色社会主义的基本属性，在吸收了古今中外的社会治理思想基础上，形成了社会治理层面的核心价值追求。“富强、民主、文明、和谐”则是国家现代化的建设目标，则是民族伟大复兴的中国梦实现的价值追求，对其他层次的价值观具有统领作用。

社会主义核心价值观，是新的历史时期激发大学生成长热情、主观能动性和社会担当的重要精神食粮。大学生作为当代中国主流文化的中坚力量，他们在继承优秀传统文化、发展时代文化的大环境中，不断发挥善于吸收、敢于大胆批判和勇于创新创造的群体优势。同时，时代发展也是推动他们在履行社会责任过程中，时刻把握时代脉搏、顺应历史潮流和时代发展的要求，形成推动他们成长的不竭动力。

---

① 吴康宁．课堂教学社会学［M］．南京：南京师范大学出版社，1999：207.

第七章

内外因的价值目标合力

“马克思主义关于人的学说，是研究人的发展以及对人进行教育的学说；马克思主义关于人的全面发展学说，是社会主义教育方针、教育目的制定的理论基础和方法论指导。”① 马克思主义动力论视阈中的大学生成长是历史合力的结果，这股合力有来自家庭、学校和社会的外因教育合力，有来自追求自身内在需求的满足合力，这两者结合在辩证统一发展过程中，共同推动大学生成长。

第一节 个体与社会的辩证统一发展合力

个体发展动力与社会发展动力的辩证统一是马克思主义动力论的内在逻辑，个体“只有在集体中才可能有个人自由”②。马克思和恩格斯在《共产党宣言》中描绘的“每个人的自由发展是一切人自由发展的条件”③ 的美好社会，需要当代大学生在追求这样的社会发展过程中不断实现个体发展。当然，自由与全面发展也是辩证统一的两个方面，两者互为前提，在人的发展过程中互相促进，共同发展。

一、个体发展的基础功能

马克思主义关于“每个人的自由发展是一切人自由发展的条件”的论述中，人的自由发展有着深刻的内涵。首先，表现为这一命题始终把个人的发展作为社会和国家发展的前提，与马克思主义本身追求的人与社会辩证统一

① 潘懋元. 新编高等教育学［M］. 北京：北京师范大学出版社，2002：1.
② 马克思恩格斯全集（第3卷）［M］. 北京：人民出版社，1960：84.
③ 马克思恩格斯选集（第1卷）［M］. 北京：人民出版社，1995：294.

发展的目标有着理论上的一致性。马克思和恩格斯在《德意志意识形态》一文中明确指出，“我们的出发点是从事实际活动的人”①，整个理论所关注的始终是“从现实的，有生命的个人本身出发”②，而人的自由发展便成为马克思主义追求的人类终极关怀。其次，马克思主义理论关注人的自由个性的形成。一方面表现在其对人的发展的个体差异性追求，因为人需要的多样性和能力的差异性决定了人性的差异；另一方面，个体的发展要体现个体发展意愿及其主体地位的实现，这种发展更能体现个体的自主人格，并在发展过程中不断形成自身的发展动力来完善个体人格。再次，“每个人的自由发展是一切人自由发展的条件”意义上的人的自由发展，是每位个体在自由发展过程中相互促进、互为前提的发展，也只有这样，每个人的全面发展才可能实现。“所谓人的全面发展，是人以一种全面的方式，也就是说，作为一个完整的人，占有自己的全面的本质”③，这种全面发展“包括人的需要的满足、能力的提高、社会关系的丰富、自由个性的发挥、主体性的充分发展等丰富的内容”④。每个人都能自由发展，且他们必然从自身的要求出发“全面占有自己的本质”，并使之成为其他人自由发展的条件。

作为一个有理想、有知识、有思想的群体，大学生处于社会发展的前沿，其自由发展的条件是衡量一个社会发展文明程度的重要标杆。作为生活中现实的、有生命的、有鲜活个性的未来社会主义事业的建设者和接班人，大学生追求个性成长，注重个体差异性，希望通过差异为自己找到更合适的成长空间，寻求他们需要的成长资源。在大学生成长过程中，外界环境给他们的成长带来各种各样的影响，来自物质和精神领域的各种刺激会成为他们成长的外在动力。同时，他们希望其个性发展追求体现他们的个体意愿、成长意志和主体地位。这些往往更能形成他们个体成长的内在动力。

因此，在推动大学生追求自由个性发展的过程中，必须合理运用学校内外各种合理的物质或精神刺激，通过相应的教育引导，并通过他们的大脑转化为他们的内在需求。根据大学生自尊、自强、自立的个性发展特点和善于展望未来的实际，可以得知，社会发展美好前景的强大刺激，是他们成长动力生成和发展的重要因素。这就要求人们除了要关注个体发展之外，还要关

---

① 马克思恩格斯选集（第1卷）[M]. 北京：人民出版社，1995：73.

② 马克思恩格斯选集（第1卷）[M]. 北京：人民出版社，1995：73.

③ 马克思恩格斯全集（第42卷）[M]. 北京：人民出版社，1979：123.

④ 蔡鸿新. 论人的全面发展对创新高校思想政治教育的指导意义 [J]. 思想教育研究，2010（9）.

注个体发展与社会发展的关系，只有这种辩证关系实现了，个体自由发展才能成为可能。

二、集体对个人自由的重要性

在个体成长和发展的过程中，社会是其生存的环境，在个体自由与社会发展的关系方面，马克思和恩格斯强调："只有在集体中才可能有个人自由。"① 这里的"集体"与"社会"是同一个意思，"这里所说的'集体'并非社会学或心理学意义上的小型社会群体，而是哲学意义上的社会"②。在个体与社会的关系问题上，"不是个人自由必须服从于社会，而是社会必须按照个人自由这一发展目标进行改造"③。马克思主义对个人自由发展的这种认知来自文艺复兴时代的积极革命成果，阶级社会里的"集体"，在马克思主义看来只是统治和支配个体的锁链。"从前各个个人所结成的那种虚构的集体，总是作为某种独立的东西而使自己与各个个人对立起来；由于这种集体是一个阶级反对另一个阶级的联合，因此，对于被支配的阶级说来，它不仅是完全虚幻的集体，而且是新的桎梏。"④ 只有"在真实的集体的条件下，各个个人在自己的联合中并通过这种联合获得自由"⑤。这种联合需要在全体无产者的集体中才能实现，"在控制了自己的生存条件和社会全体成员的生存条件的革命无产者的集体中，情况就完全不同了。在这个集体中个人是作为个人参加的。它是个人的这样一种联合（自然是以当时已经发达的生产力为基础的），这种联合把个人的自由发展和运动的条件置于他们的控制之下"⑥。

三、理性实践的价值

当代大学生所处的社会是关注个体成长的社会，每个人都是社会的主人，每个人都是自己命运的主宰者，只有在这样的社会里，大学生才有机会接收到真正按照他们个体发展目标进行塑造的教育。他们生活的集体才是以他们的利益为中心的真实集体。过去，由于教条主义的影响或缺乏发展的眼光，人们往往会错误理解马克思主义的个人与集体关系，过分关注集体利益，忽

---

① 马克思恩格斯全集（第3卷）[M]. 北京：人民出版社，1960：84.
② 唐坤. 马克思主义关于人的自由发展思想再解读 [J]. 江汉论坛，2006（12）.
③ 唐坤. 马克思主义关于人的自由发展思想再解读 [J]. 江汉论坛，2006（12）.
④ 马克思恩格斯全集（第3卷）[M]. 北京：人民出版社，1960：84.
⑤ 马克思恩格斯全集（第3卷）[M]. 北京：人民出版社，1960：84.
⑥ 马克思恩格斯全集（第3卷）[M]. 北京：人民出版社，1960：84-85.

视个体利益和个体自由，甚至还有否定个体自由的极端情况。那种把个人的利益和个体自由，与个人主义和自由主义联系起来，必然把当前大学生生存的社会主义社会环境变成他们排斥的“虚幻的集体”，人为地使社会主义的制度价值教育陷入困境，去追求虚荣、人为的制度理想，用人为的办法去维护特殊时代发展需要的高度集权的平均主义和封闭保守状态，忽视当下人的生存感受，把本来可能激活的人的成长动力消耗殆尽，背离马克思主义原本意义上的社会主义或共产主义的真正理想状态。在外界刺激通过大学生大脑进行转化的过程中，大学生自身的知识、能力会对外界刺激的合理性进行分析、判断，并进而决定是否接纳。脱离大学生成长实际的非理性教育实践，甚至是虚假的东西，最终必然为时代所遗弃。

当然，马克思主义意义上的“集体”或“社会”对人的成长动力的激发状态是有时空限制的。在当下社会产品还不够丰富的前提下，集体能为个体提供的发展条件在许多方面还不成熟，需要大学生对时代发展的局限性有清晰的认识。同时，在新时代中国特色社会主义建设和发展进程中，当集体的合理要求需要得到个体支持的时候，每个人都需要做出努力和牺牲，理性地看待个体利益与集体利益、眼前利益与长远利益的关系，为未来个体更好的发展创造条件。只有这样，我们才可能迈进“以每个人的全面而自由的发展为基本原则的社会形式”① 的共产主义社会，成为“自由人联合体”② 中的一员，实现自身的自由而全面的发展。

第二节　自由个性及独立人格形成的目标合力

自由个性与独立人格是个体成长所追求的重要目标品质，两者在大学生成长过程中相辅相成，不可分割。当然，马克思主义理论意义上的自由个性形成需要在物质生产力极大丰富的前提下才可能实现，这是其与独立人格形成条件的不同之处。对自由个性和独立人格的追求不仅是大学生成长发展的目标，也是全社会发展追求的目标。个体与社会对自由个性、独立人格的共同目标追求是推动大学生成长内、外因合力形成和发展的源泉。

① 马克思恩格斯全集（第23卷）[M]. 北京：人民出版社，1972：649.

② 马克思恩格斯全集（第23卷）[M]. 北京：人民出版社，1972：95.

一、社会的生产力发展追求

人的自由个性形成是个体发展的最高状态，是人类社会孜孜以求的共同理想。然而，人的自由个性的形成和发展受到社会生产力发展水平的限制，是一个从不自由到自由状态发展的漫长追求过程。人类追求自由个性的实现要经历三种形态，即人的依赖阶段、物的依赖阶段、人的自由而全面发展阶段。当前的社会发展无论是生产力水平，还是人的整体素质发展水平，都离人的自由个性形成有较大差距，在通往未来理想的自由个性形成的道路上，生产力发展的基本要求将成为不断推动大学生成长的外在动力。

“人的依赖阶段”是因为此时人类的生产能力水平极端低下，为了维持生存，人们不得不在有限的范围内相依为命。此时的社会关系简单，个人所属的“集体”正是他们可以进行自我控制的“集体”，只不过这种集体的生产力水平低下，此时的个体还处于个性意识缺乏阶段，因此，人的自由个性发展缓慢。

“物的依赖阶段”是建立在生产力有了一定的发展，但还不能实行按需分配的发展阶段。这一阶段人的发展出现两种趋势，即一部分个体由于摆脱了人身依附关系，成为平等、独立的个体，通过商品生产和交换不断提高自身的生活质量，实现了一定程度上个性的自由发展；另一部分人则成为社会分工和大规模工业化生产的“工具”，处于被奴役的状态之中，个体在这种环境中失去作为正常人的个性发展的机会，甚至个性会因为商品经济的发展而丧失或泯灭。马克思和恩格斯在《共产党宣言》中指出：“在资产阶级社会里，资本具有独立性和个性，而活动着的个人却没有独立性和个性。”① 因此，虽然在物的依赖阶段人的个性得到了巨大发展，但受客观条件的制约，人的自由个性的形成是不可能实现的。

“人的自由而全面发展阶段”是指社会产品极大丰富，人类摆脱了生存竞争压力的共产主义阶段，这一阶段的生产力高度发达，物质产品实现了按需分配。“建立在个人全面发展和他们共同的社会生产能力成为他们的社会财富这一基础上的自由个性。”② 在这样一种社会发展状态下，生产关系不再作为异己力量的支持者，人们生活在“集体”中可以自己控制自己的自由，并形成自己的自由个性，这种自由个性是建立在人与人、人与社会、人与自然的多

① 马克思恩格斯全集（第46卷）（上）［M］. 北京：人民出版社，1979：485.
② 马克思恩格斯全集（第46卷）（上）［M］. 北京：人民出版社，1979：4.

重和谐之中的。

自由美好的未来共产主义社会是人类追求的终极目标，然而，共产主义社会对生产力发展水平和人的素质发展要求，决定了人的自由发展需要经历漫长的过程。身处当前“物的依赖阶段”的当代大学生，必须明白当前的物质生产力水平与理想状态的差距。同时，还要充分认识中国特色社会主义社会制度的优越性，因为平等、自由的发展机会是自由个性形成的重要基础。中国特色社会主义建设和发展取得的巨大成就，为我们在一定程度上形成自由个性提供了物质条件。并且，社会主义制度的优越性蕴含着生产力的巨大发展潜力，是我们不断树立信心的重要精神基础。在认清现实发展水平与所追求目标之间差距的同时，坚定信念，用社会主义制度的优越性整合各种力量推动经济全面发展，在新时代中国特色社会主义发展道路上团结奋进，为人的自由个性的形成积极创造条件。

大学生肩负新时代中国特色社会主义的建设和发展使命。新形势下，人的自由个性的形成和发展，对社会生产力不断提出新的要求，大力解放和发展生产力、不断攀登科学技术高峰成了大学生的当然使命。认真学习，努力工作，化压力为自身成长动力，不断提高自身的综合素质，是时代发展对大学生的客观要求。同时，大学生也在为发展中国特色社会主义做贡献的过程中推动自身进步，为自身自由个性的形成和发展创造条件。

诚然，当代大学生肩负的使命非常艰巨，经济全球化的发展格局、生产力发展水平、人的素质与现代化发展的差距以及改革开放过程中出现的问题，都是大学生成长和发展面临的严峻挑战。面对时代发展新要求，大学生对社会的责任感和使命感都需要他们认真学习，向着自己的理想目标迈进。

二、个体独立人格养成需求

独立人格是指大学生在成长过程中需要具备的个体独立性、自主性和创造性的人格特点。要求大学生在大学精神的熏陶下，不依赖、不迷信、不屈服于权威，形成追求、探索真理的精神和独立的判断能力，建立理性的、科学的幸福观。在这种精神指引下，大学生需要认真学习、勤于思考、善于批判、勇于实践和创新，以理性的精神控制自身的情绪和意志力，把自身发展与社会发展紧密结合起来，不断促进自身全面发展。独立人格养成不仅是对大学生成长的要求，也是他们内在动力产生的重要来源。

拥有独立人格是大学生精神追求的美好境界，然而，来自家庭、社会和学校等社会环境的各种因素影响并非完全理性，它要求大学生必须不断地用批判的眼光审视道德的价值标准，对现有的道德价值进行理性思考，逐步形成相对科学的道德评价标准。同时，独立人格养成要求大学生放弃一切偏见，以求真务实的精神洞察事物的本来面目，放弃一切僵化和教条，不断达到自我独立的境界，去评判、思考问题。具备独立人格的大学生应该懂得如何处理集体与个体的关系，长远利益与眼前利益的关系，以及人与人的利益关系，不应该以牺牲别人的利益来满足自我的欲望。生活中时刻能感受到自身的存在，并尊重他人的存在。独立人格养成还要求大学生拥有宽广的胸怀，严于律己，宽以待人，不斤斤计较生活的得失，在诱惑面前能保持清醒和镇定，在矛盾中能看清问题本质，善于把握人生方向。

大学精神的最终目的，就是为了在知识积累的基础上形成人的思想或智慧，思想和智慧的形成与发展需要建立在个体拥有独立人格的基础上。“我们的全部尊严就在于独立思想和独立人格。”①在新时代中国特色社会主义建设过程中，独立人格培养是公民教育的前提。“公民教育应当是以公民的本质特征为基础和核心而建立起来的教育目标体系，它必须满足三个基本条件：以公民的独立人格为前提，以权利与义务的统一为基础，以合法性为底线。”②大学生作为公民中的重要组成部分，他们的成长迫切需要独立人格教育。因为“独立人格是公民的核心内涵与基本品质”③。并且，“公民的独立人格，确证了公民作为具有内在价值与尊严的权利主体的存在，确保了公民可以按照独立自主的方式追求和创造属于自己的可能生活”④。

当代社会中，公民的这种独立人格教育需求正在持续酝酿，并且其实现条件不断走向成熟。正如鲁洁先生所言：“回顾20年中国社会变革的事实，不能不看到的一个最根本的变化就是市场经济的兴起……市场经济孕育了新的人与人的关系，它为现代独立人格的发展开拓出了新的空间，这也是当代道德教育所面临的可能空间，在这样的空间中为道德教育培养出一代具有独立人格的公民，形成这种人格各种内在道德属性，诸如自主、自由、民主、平等、公正等品质，提供了它的选择的可能。”⑤ 这种选择是大学生个性解放和独立人格养成的社会环境基础，使大学生的独立人格追求成为一种可行性

① 王啸．教育之魂魄在于培养独立人格［J］．江苏教育（教育管理版），2010（5）．

② 李萍，钟明华．公民教育——传统德育的历史性转型［J］．教育研究，2002（10）．

③ 王啸．公民教育：意义与取向［J］．教育研究与实验，2010（1）．

④ 王啸．公民教育：意义与取向［J］．教育研究与实验，2010（1）．

⑤ 鲁洁．转型期中国（大陆）道德教育所面临的选择［C］．“21世纪价值教育与公民教育国际学术研讨会”交流论文，2000．

目标。

独立人格是大学生形成系统的自我认知和健全自我的重要品质，是大学生做出理性价值选择，投入地学习枯燥、艰涩的学术知识，不断探索未知领域，避免成长过程中迷惘、退缩甚至心理混乱、行为失度的重要条件。良好的独立人格的养成可以促使大学生更加自信和自立。康德曾指出："这个权利使一个公民生活在社会中并继续生活下去，并不是由于别人的专横意志，而是由于他本人的权利以及作为这个共同体成员的权利。因此，一个公民的人格的所有权，除他自己而外，别人是不能代表的。"① 大学生的独立人格需要在外界环境的支持下，自身不断努力才可能形成。

人类社会发展的自我解放追求，决定了这一进程必须把实现个性解放和独立作为其出发点和落脚点。中国的现代化首要的是人的现代化，大学生作为现代化进程中的佼佼者，他们的个性独立直接关系到中国现代化进程和国家、民族的未来。在个性成长过程中，独立性是健全人格不可或缺的心理品质，是形成健康自我的核心要素和重要推动力量。

---

① 康德. 法的形而上学原理［M］. 沈叔平，译. 北京：商务印书馆，1991：140－141.

第八章

大学生成长动力的发生

研究大学生成长动力问题，考察大学生成长动力的发生机制，需要充分考虑系统和环境两方面因素的影响，需要从社会性与个体性两方面着手，探究社会性与个体性教育对大学生的影响，为大学生的成长营造良好的氛围。

第一节　主导意识形态的价值引领

当代大学生一直在社会主义的意识形态里成长，社会主义的意识形态在他们的头脑里已深深扎根。但随着世界多极化、经济全球化发展进程的不断加速，来自意识形态领域里多种文明的斗争与冲突不断加剧，社会主义社会的主流意识形态教育面临着前所未有的压力。主流意识形态教育的问题是关系国家、民族发展的重大问题，关系到当代大学生的成长环境建设和他们成长动力的形成。因此，必须厘清大学生成长与意识形态的关系，并从主流意识形态的研究入手，探索当代大学生成长教育的合理路径，寻求意识形态教育对于成长动力发生发展的有益要素，为大学生成长服务。

一、马克思主义意识形态的基本观点

“意识形态”一词最早由法国哲学家特拉西提出。经过黑格尔、费尔巴哈和马克思、恩格斯等人的批判，并在原来的基础上不断发展丰富，逐步为人们所认知。“总起来看，把马克思的意识形态要领理解为否定性的概念，可以说是抓住了马克思意识形态概念的根本倾向。在马克思和恩格斯看来，意识形态本质上是编造幻想、掩蔽现实关系的力量，是对现实社会的颠倒的、神秘的反映。当然，马克思和恩格斯偶尔也以描述性的口吻谈到意识形态，但从他们思想的整个背景上来看，他们始终是把意识形态当作否定性概念来对

待的。”[①] 马克思和恩格斯关于意识形态的概念，是建立在对资本主义社会意识形态理解基础之上的，在马克思对意识形态的理解中，更关注的是资本主义剥削的本质和其隐蔽的阶级矛盾，以及由此产生的资产阶级的“虚假的意识形态”，并用理论成果教育广大的无产阶级，作为批判的武器展开与资产阶级的斗争，争取无产阶级的解放。

马克思主义的意识形态理论是马克思主义唯物史观的重要组成部分，其存在的基本目的就是要解决思维与存在的关系问题，其解决问题的思维方式是从人类社会有机体的整体结构出发。“按照唯物史观，意识形态是系统地、自觉地反映社会经济形态和政治制度的思想体系，是特定阶级或社会集团根本利益的自觉体现。在任何社会中，与经济基础相适应的上层建筑主要由政治上层建筑和观念上层建筑构成。”[②] 俞吾金先生在其《意识形态论》一书中指出：“‘意识形态’是一个总体性的概念，是由各种‘意识形式’——哲学、宗教、伦理、政治、法律等构成的有机整体。事实上，马克思和恩格斯正是按照这样的方式来理解意识形态和意识形式之间的关系的。”[③]

马克思和恩格斯对意识形态的认知有一个过程，表现在起初认为意识形态不独立，到后来认为意识形态相对独立，并对经济基础和生产方式产生反作用。1839 年 7 月 14 日，恩格斯在致梅林的信中给意识形态下了一个定义，认为：“意识形态是由所谓的思想家通过意识、但是通过虚假的意识完成的过程。推动他的真正动力始终是他所不知道的，否则这就不是意识形态的过程了。因此，他想象出虚假的或表面的动力。因为这是思维过程，所以它的内容和形式都是他从纯粹的思维中——不是从他自己的思维中，就是从他的先辈的思维中引出的。他只和思想材料打交道，他毫不迟疑地认为这种材料是由思维产生的，而不去进一步研究这些材料的较远的、不从属于思维的根源。而且他认为这是不言而喻的，因为在他看来，一切行动既然都以思维为中介，最终似乎都以思想为基础。”[④] 在早年的恩格斯看来，意识形态是不具备其独立性的，只是附属于其他事物的发展过程，并且有一定的虚假性。而在后来，恩格斯则明显表明了其意识形态有独立性且对事物的发展有独立作用的观点。1888 年，恩格斯在《路德维希·费尔巴哈和德国古典哲学的终结》一文中，特别强调了政治对哲学、宗教等意识形态的影响：“社会创立一个机关来保护

① 俞吾金．意识形态论［M］．北京：人民出版社，2009：131．
② 余源培．论意识形态研究中的四个基本问题［J］．河北学刊，2010（1）．
③ 俞吾金．意识形态论［M］．北京：人民出版社，2009：129．
④ 马克思恩格斯选集（第 4 卷）［M］．北京：人民出版社，1995：726．

自己的共同利益，免遭内部和外部的侵犯。这种机关就是国家政权。……但是，国家一旦成为对社会来说是独立的力量，马上就产生了另外的意识形态。”① 1890年8月恩格斯在给康·施米特的信中写道：“物质生存方式虽然是始因，但是这并不排斥思想领域也反过来对这些物质生存方式起作用，然而是第二性的作用。”② 并且，意识形态还会对经济发展产生反作用，“政治、法、哲学、宗教、文学、艺术等的发展是以经济发展为基础的。但是，它们又都互相作用并对经济基础发生作用。并非只有经济状况才是原因，才是积极的，其余一切不过是消极的结果。这是在归根到底总是得到实现的经济必然性的基础上的互相作用。”③

马克思主义意识形态认为，经济基础决定上层建筑，无论是上层建筑中的政治上层建筑还是观念上层建筑都受制于特定的生产关系，这种制约表现在上层建筑体现的是统治阶级的意志，并在人们的生产生活中居于统治地位。意识形态对经济基础有相应的反作用。关于与意识及存在的关系方面，在马克思和恩格斯看来，意识形态既属于社会存在和社会意识，但同时又不属于它们，是两者中介的角色。正是因为意识形态的这一特点，马克思主义当初的意识形态理论都是来自对资本主义及其制度的批判，这种批判更多地把资本主义的意识形态看成是“虚幻”或“虚假”的意识形态，恩格斯指出：“意识形态是由所谓的思想家通过意识、但是通过虚假的意识完成的过程。推动他的真正动力始终是他所不知道的，否则这就不是意识形态的过程了。因此，他想象出虚假的或表面的动力。”④ 这种对意识形态的批判的目的就是为了揭示资产阶级意识形态本身的欺骗性和虚幻性的本质。马克思主义意识形态通过对资产阶级意识形态的批判，逐步为世人提出了具有科学性的意识形态，这种意识形态通过他们的历史唯物主义、辩证唯物主义以及共产主义、科学社会主义等理论为人类指明了一条光明大道，并且号召广大的工人群众用这一理论来武装自己，为争取自身和全人类的解放而不懈努力。在人类通往共产主义的理想社会和争取“人的自由而全面发展”的道路上，马克思主义的意识形态理论将一直指给我们正确的方向。马克思主义意识形态的这些思想只会在这条道上不断丰富和完善自身的内涵，而不会在全球化时代终结。

① 马克思恩格斯选集（第4卷）[M]. 北京：人民出版社，1995：253.
② 马克思恩格斯选集（第4卷）[M]. 北京：人民出版社，1995：691.
③ 马克思恩格斯选集（第4卷）[M]. 北京：人民出版社，1995：732.
④ 马克思恩格斯选集（第4卷）[M]. 北京：人民出版社，1995：726.

二、当代中国意识形态现状

作为解决各个特定时代问题的锐利武器，马克思主义意识形态理论在其创始人那里就已显示出了其不朽的理论魅力。在对意识形态的本质、功能和特点进行阐述时马克思指出："统治阶级的思想在每一时代都是占统治地位的思想。这就是说，一个阶级社会上占统治地位的物质力量，同时也是社会上占统治地位的精神力量。"① 当代中国是广大人民群众当家做主的社会主义国家，新时代中国特色社会主义意识形态以马克思主义为指导，代表着中国最广大人民的利益，是推进中华民族伟大复兴的中国梦实现的精神支柱。

中国当代意识形态发展经历了以毛泽东、邓小平、江泽民、胡锦涛和习近平等为核心的几代领导集体的共同努力，经历了从革命斗争时期、中华人民共和国成立时期的意识形态到社会主义意识形态，再到中国特色社会主义、新时代中国特色社会主义意识形态建设和发展的过程。毛泽东同志以唯物史观为指导，突出强调了对意识形态的阶级性问题的研究，确立起无产阶级和社会主义意识形态的主导地位，对意识形态的凝聚、维护、批判和导向等功能与作用也有了充分的认识。邓小平同志从社会主义发展的战略高度提出社会主义的发展是意识形态发展至关重要的问题，并就此提出了坚持四项基本原则、"以经济建设为中心"等发展理念，为社会主义意识形态建设提供了可行的经济基础上的准备。通过加强精神文明建设与意识形态建设的互动，来加强两者的建设和发展，创造性地发展了社会主义意识形态的发展路径和思维方式。江泽民同志则特别强调将"三个代表"重要思想融入社会主义意识形态建设，用先进文化的发展理念来建设社会主义意识形态，在挖掘传统文化功能的同时，巩固马克思主义意识形态理论的指导地位。以胡锦涛同志为代表的领导集体在总结整合历代意识形态理论之后，以科学发展观统领中国当代意识形态，坚持用历史唯物主义的立场和观点分析、看待问题，应对多元、多极、多变的全球发展格局，追求和平发展的国际、国内环境。在意识形态建设过程中始终坚持马克思主义意识形态理论的指导地位，注重以一主多元的思想作为指导，在发展主导价值体系的同时，包容接纳其他意识形态的生存和发展。突出发展的地位和科学性要求，关注人与自然的关系，关注"以人为本"，突出人在发展过程中的主体地位。在突出改革创新的同时强调继承优秀传统文化的重要性，使中国特色社会主义的意识形态，在时代精神

① 马克思恩格斯选集（第1卷）[M]. 北京：人民出版社，1995：98.

和民族精神打造方面兼收并蓄。

在当代中国的主流意识形态中，“党的十八大以来，习近平同志立足中国实际、着眼民族复兴、致力人类进步，一步一个脚印推动着党的意识形态创新。其系列重要讲话精神和治国理政新理念新思想新战略都是党意识形态创新的体现，为新形势下加强党的思想建设、理论建设和文化建设提供了根本遵循和方法论指导。”[①] 坚持以民族复兴的中国梦引领下的意识形态创新，并形成凝聚全社会共同理想的理论体系。在加强以文化自信为核心的文化建设过程中，推进形成全民族的文化自觉，把构建“人类命运共同体”作为党的意识形态创新的价值共识，并推向全世界，通过“一带一路”倡议、上海合作组织会议、金砖会议等向全世界传播，谱写新时代中国特色社会主义新篇章，在新发展理念指导下探索新的谋篇布局之道。

但中国的意识形态创新之路并不平坦，“习近平同志指出，能否做好意识形态工作，事关党的前途命运，事关国家长治久安，事关民族凝聚力和向心力。进入新时代，意识形态工作面临许多新情况新问题新要求，不断增强社会主义意识形态凝聚力和引领力意义重大”[②]。我们必须认识到，意识形态领域斗争形势依然严峻复杂，马克思主义指导地位在多样思潮冲击下面临挑战，社会主义核心价值观在价值多元的大背景下引领作用和整合力下降，特别是在利己主义、拜金主义和极端个人主义等价值观念的影响下，主导意识形态的功能不断消解。中国整体实力的日益发展威胁到西方国家利益的实现，并对其价值观形成挑战，带来隐藏的蓄意破坏概率增加。信息化时代网民的整体网络素养与网络化时代的要求还存在较大差距的现实，则使意识形态安全问题愈益突出。

马克思主义的意识形态批判思想认为，“当代意识形态的冲突主要是马克思主义、自由主义和保守主义这三种理论势力的冲突。最为尖锐的冲突是马克思主义意识形态与自由主义意识形态的冲突，这种冲突关系到对社会发展与历史进程的不同认识和现实道路的选择。在当代意识形态的冲突和较量中，一方面必须坚持马克思主义的世界观和方法论，另一方面又要注意意识形态冲突方式的时代变化，善于在对话中获得并把握话语权。掌握意识形态较量主导权的关键是我们必须坚持‘中国特色’这一价值取向。这一理念表明，

---

① 秦哲，丰志刚．习近平同志的治国理政思想与党的意识形态创新［J］．红旗文稿，2017（5）．

② 姜辉．不断增强社会主义意识形态凝聚力引领力［EB/OL］．（2018－02－22）［2018－07－16］．人民网：http：//tj. people. com. cn/GB/n2/2018/0222/c375366-31268396. html.

一切是非曲直、一切价值评价，都必须以是否有利于中国的社会主义现代化为尺度”①。新时代中国特色社会主义的发展无疑必须把住意识形态这一关，它将决定中华民族和中国的命运。

三、意识形态对大学生成长的影响

中华民族伟大复兴的中国梦和社会主义核心价值观，是中国特色社会主义的主导意识形态，引领新时代中国特色社会主义建设和发展过程中的各种思潮。这些主导意识形态的发展、传播和落实都需要人民群众的积极投入，大学生作为人民群众中的一个特殊群体，不仅是重要的受众群体，需要认真地学习、消化主导意识形态，还承担着主导意识形态的传播任务。

“思想政治教育是实施社会意识形态要求的重要工具之一，意识形态的功能大致规定了思想政治教育的工作目标和主要任务，乃至思想政治教育的属性和价值实现。同时，思想政治教育这种社会实践活动属性与特征的变化，也势必对实现社会意识形态功能要求产生一定的反作用。”② 中华人民共和国成立以来，特别是改革开放四十年来的发展，用中国特色社会主义的成功实践，教育了广大学生，让他们认识到只有中国共产党才能救中国，只有社会主义才能发展中国。

事物的发展总是双向的，“改革开放以来，随着我国社会主义市场经济的建立，中国经历了从传统社会形态向现代工业社会形态转变，从现代工业社会向现代信息社会转变，从封闭或半封闭社会向开放的现代文明社会转变的过程。这种社会转型是一次中国社会结构的大调整，由此，人们的思想观念、价值观念、生活方式、思维方式都发生了很大变化”③。中国特色社会主义的发展，极大地推动了人们的思想观念、价值观念及思维方式的转变，必然会引起处于全球发展格局中的中国社会新一轮的社会变革。“每一次大的社会变革，都会伴随有价值观的调整和震荡，正处于社会黩武期的中国也不例外。随着市场经济的发展、对外开放的扩大和改革的深入，市场经济的消极因素和西方腐朽思想观念对高校学生的影响也日益突出。市场经济是双刃剑，自由竞争和等价交换的原则有利于大学生确立平等、竞争、效率和创新意识，

---

① 侯惠勤. 马克思的意识形态批判及其当代价值［J］. 马克思主义研究，2006（2）.

② 邱柏生. 论意识形态功能及其与思想政治教育价值的关系［J］. 学校党建与思想教育，2007（10）.

③ 江潭瑜. 如何在全球化过程中坚持和创新马克思主义意识形态教育［J］. 新视野，2007（6）.

但也易于将等价交换和利益驱动原则泛化到其他领域。”① 这种泛化正是我们的思想政治教育需要关注和抵制的东西。

大学生肩负着国家发展和民族振兴的使命，他们总是关心时代的前沿思想，生活在新社会中的这一特殊群体，已深深地融入中国特色社会主义的意识形态之中，对祖国、人民和共产党有着浓厚的感情，但现实生活中诸如公平、正义、腐败、环保等关系国家、民族、甚至人类未来可持续发展的问题，也深为他们所关注。现代西方高度发达的经济，资本主义长期发展积累的人类文明，正被一部分别有用心的人作为向发展中国家推销其价值观的工具。加上中国快速发展过程中各种问题的积累，特别是各种不公平、不合理现象的出现，直接冲击着他们对社会主义的信念。世界复杂的发展格局，利益群体分化趋势仍在延续，网络文化的异军突起，都给意识形态教育带来巨大的压力。如何为大学生提供一个理想的发展环境，成为大学生成长教育过程中一个复杂的社会问题。

四、坚定的信念与成长合力形成

坚定的信念是中华民族成就伟业的法宝。理想信念是人们对未来的追求和向往，远大的理想一旦形成，就会成为人们事业发展的直接动机和持久精神动力。中华民族五千年的发展史，正是一代代仁人志士用他们孜孜不倦的求索精神，用“鞠躬尽瘁，死而后已”和“富贵不能淫，贫贱不能移，威武不能屈”的理想信念，打造出了不屈不挠的民族精神。

列宁带领俄国实现了社会主义从理论到实践的梦想，直到欧洲、亚洲的部分国家先后跨入社会主义国家行列，社会主义经历了在不同类型国家的实践。中国共产党成立以后，带领中国人民，以坚定的共产主义信仰和必胜的信念战胜了一个又一个困难，取得了一个又一个胜利，用事实向人们证实了坚定的信念对于成功的重要性。在中国特色社会主义的建设和发展过程中，马克思主义的理论指导、共产主义信仰和社会主义道路选择永远是中国共产党人强大的精神支柱，只有坚持这一信念不动摇，并把它贯彻到我们的事业中去，我们的事业才有希望。在新时代中国特色社会主义建设和发展过程中，只有坚持坚定的信念，才能真正把每一位大学生培养成为“一个高尚的人，一个纯粹的人，一个有道德的人，一个脱离了低级趣味的人，有益于人民的人”②。

① 江潭瑜. 如何在全球化过程中坚持和创新马克思主义意识形态教育［J］. 新视野，2007（6）.
② 毛泽东文集（第2卷）［M］. 北京：人民出版社，1993：660.

坚定的信念，是应对当前多元、多极、多变形势的重要保证。21世纪是全球发展的世纪，“和平与发展仍然是时代主题。世界多极化、经济全球化、社会信息化、文化多样化深入发展，全球治理体系和国际秩序变革加速推进，各国相互联系和依存日益加深，国际力量对比更趋平衡，和平发展大势不可逆转。同时，世界面临的不稳定性不确定性突出，世界经济增长动能不足，贫富分化日益严重，地区热点问题此起彼伏，恐怖主义、网络安全、重大传染性疾病、气候变化等非传统安全威胁持续蔓延，人类面临许多共同挑战”①。我们必须看到，经济全球化的步伐不断加快，世界多极、利益多元的发展格局逐步形成，信息化水平不断提升带来的西方意识形态的强势渗透，渠道更广、速度更快、影响更大。同时来自各种敌对势力、恐怖势力的西化、分化都给中国未来发展带来巨大压力。资本主义长久以来积累的各方面优势，都对社会主义国家带来巨大冲击。世界经济失衡加剧，金融市场动荡，一系列关系着日常生产、生活的不稳定因素困扰着国际、国内社会，世界经济发展前景令人担忧。军备竞赛加剧，地区冲突升温。在巨大的困难面前，我们必须居安思危，做好应对各种挑战的准备。

坚定的信念，是应对新时代中国特色社会主义道路探索过程中存在问题的关键。改革开放四十年以来，中国从一个落后国家即将迈入中等发达国家的行列，中国特色社会主义建设和发展取得了巨大的成就，但我们必须清醒地看到，“发展不平衡不充分的一些突出问题尚未解决，发展质量和效益还不高，创新能力不够强，实体经济水平有待提高，生态环境保护任重道远；民生领域还有不少短板，脱贫攻坚任务艰巨，城乡区域发展和收入分配差距依然较大，群众在就业、教育、医疗、居住、养老等方面面临不少难题；社会文明水平尚需提高；社会矛盾和问题交织叠加，全面依法治国任务依然繁重，国家治理体系和治理能力有待加强；意识形态领域斗争依然复杂，国家安全面临新情况；一些改革部署和重大政策措施需要进一步落实；党的建设方面还存在不少薄弱环节。这些问题，必须着力加以解决”②。在应对这些问题的同时，我们党的建设也面临着新课题、新考验。党的十九大报告指出，要“明确中国特色社会主义最本质的特征是中国共产党领导，中国特色社会主义制度的最大优势是中国共产党领导，党是最高政治领导力量，提出新时代党

---

① 习近平．决胜全面建成小康社会 夺取新时代中国特色社会主义伟大胜利——在中国共产党第十九次全国代表大会上的报告［M］．北京：人民出版社，2018：58.

② 习近平．决胜全面建成小康社会 夺取新时代中国特色社会主义伟大胜利——在中国共产党第十九次全国代表大会上的报告［M］．北京：人民出版社，2018：9.

的建设总要求，突出政治建设在党的建设中的重要地位”①。无论是国际、国内发展中的问题，还是党组织存在的问题，都需要对新时代中国特色社会主义有坚定的信念。只有这样，我们才能以科学的态度，创新的精神，解放思想、实事求是的工作作风，一如既往地坚持走中国特色社会主义道路，走全面深化改革、全面扩大开放之路，把“以人为本”的发展理念落到实处。

当代大学生的成长是全社会关注的焦点，在影响大学生成长的因素中，思想教育无疑是决定一切的因素。毛泽东同志指出：“掌握思想领导是掌握一切领导的第一位。”② 对大学生的人生观、价值观以及思维方式的教育，是大学生成长教育非常重要的一环。宏观的发展环境本身就是很好的教育载体，它要求当代大学生必须坚持坚定正确的发展方向，充分认识中国特色社会主义对于国家、民族生存和发展的重大意义，对我们个人发展前途和命运的重大意义。事实上，在中国特色社会主义的发展史上，大学生的成长一直是理性的态度。“当代大学生生长在我国改革开放和社会主义市场经济快速发展时期，与此同时，他们也接受着各种思想的熏陶和国内外各种思潮的影响。他们不再是冲动和盲从的一代，他们善于思考，崇尚理性，赞赏自主，有政治追求和信仰。”③ 这种理性对于大学生分析处理问题有着极为重要的价值，同时，这种理性也为他们思考人生，对人生进行合理规划，理性地分配自己的时间、精力储备了重要的成长品质。在大学生这些良好的品质形成过程中，坚定的人生信念成了他们的精神支柱，他们的信心和信念是中华民族立于不败之地的重要基础。

第二节　成长教育的与时俱进

大学生成长受到社会各方面的正面有效的教育影响，这种影响来自家庭、学校、社会等诸多方面。但复杂的意识形态格局，多功能的环境氛围，以及鱼龙混杂的信息传播，给判断力不足的大学生成长方向带来了很大的负面干扰。如何在新形势下有效保护大学生的成长教育权益，关系到一代人的成长，更关系到国家和民族的未来。

---

① 习近平．决胜全面建成小康社会　夺取新时代中国特色社会主义伟大胜利——在中国共产党第十九次全国代表大会上的报告［M］．北京：人民出版社，2018：20.

② 毛泽东文集（第2卷）［M］．北京：人民出版社，1993：435.

③ 赵迎欢，等．“当代大学生特点及环境影响”研究报告［J］．思想理论教育导刊，2010（1）.

一、手段上的信息化

信息化是以计算机为主的智能化工具为代表的新生产力，打破了以往分散、孤立和杂乱的生产方式，进入规模化、网络化、组织化、逻辑化的信息生产、传播和智能生产阶段，推进人类社会走进全新的工具时代，改变了人们的生产、工作、学习、交往和思考方式。人类不仅可以借助工具进行生产，更重要的是可以借助这些工具进行可能的思考，助推人的创新、创意和创造能力的发展。并且随着技术的不断发展，信息化的人工智能手段可以不断扩大工具功能，代替人的部分劳动，成为推动人类社会和个体发展深刻变革的重要力量。信息化可以在能量持续的情况下，持续保持工作状态，突破人的生物体本身的局限。虽然必须认识到，人本身会借助工具向着更高的目标迈进，其“智能化”程度是机器或工具永远无法超越的，但机器和工具已成为时代发展无法回避的存在。

思想政治教育作为一种人类活动，其进入信息化时代是自然的，也是必需的。“大学生思想政治教育方法信息化是指将信息理念和信息技术渗透进教育部门和教学部门的各种认识方法和实践方法中，促进信息技术在大学生思想政治教育方法、教学方法中得到推广和运用，以增强大学生思想政治教育方法的聚焦性、针对性和有效性的过程。”① 在推进高校思想政治教育进程中，信息化思维以及对其工具的应用已是搜集信息、传播思想和开展实践的基本方法论。这一工作必须充分认识到信息化对大学生成长、发展的深刻影响，学习、娱乐、网购、人际交往、创新创业等无不与之关联。因此，要充分把握大学生成长成才对网络的高度依赖这一特点，整合大学生生活过程中碎片化时间，推动大学生自主学习习惯的养成。同时，也要通过信息化手段，针对大学生知识学习和能力训练的多进路特点，开展相应的教育引导，既要提高信息化手段在人才培养过程中的作用，还要把意识形态教育、核心价值观内容渗透其中，培养他们具备拒腐防变的能力，筑牢人才培养底线之坝，为大学生群体的成长成才服务。

随着信息化这一生产生活方式影响的不断深化，家庭、学校和社会等外因教育主体，也在教育引导、管理服务和其他实践方面采取了相应的配套手段，努力为大学生成长和实现各自的利益服务。通过校园内的各种信息传播系统，如网站、QQ 群、微信群、贴吧、论坛等，实现了学校与学生之间的沟

① 程仕波．大学生思想政治教育方法信息化的路径探析［J］．黑龙江高教研究，2017（7）．

通和互动。高校纷纷推出的一卡通系统不仅是服务上方便了学生、老师，而且在学生的消费习惯、生活习惯、学习习惯等诸多方面为学校的管理和服务提供了依据。而校园网从互联网到移动互联网上推出的教务系统、学生系统、实践系统、新闻系统、服务系统等不同模块的教育管理和服务功能，则是推动学校日常管理网络化、逻辑化的重要基础。包括学校的监控系统等都构成了高校管理服务从宏观到微观的思想政治教育工作体系，为学生的成长服务提供网络化的体验环境。而家庭为大学生提供的硬件如以手机、电脑为主的信息化工具，则是根据大学生的实际需求和家庭对子女成长的理解实现的。

在社会提供的信息化系统中，大学生这一群体无疑是最大的受益群体，当然社会信息也具有正反两方面的效应，是高校思想政治教育最关心的话题之一。“新媒体在既有技术条件下，提升时空的便捷性，突破信息传递的瓶颈，确保受众信息的通达。可以说，这些变化因素是社会进步的外在表现形式，是媒介工具理性不断提升的直观感受，是大学生思想政治教育工作创新优化的新机遇。”① 在追求生产力发展的各方共同努力下，社会教育主体提供的信息化系统，则在声、光、电、磁等功能方面更加强大，具备更大的选择性，为大学生接纳大量信息和动手实践提供了物质保障，满足了大学生对新事物的好奇和积极参与的特点。但正因为信息化在媒介手段上具有诱人之处，这也成为思想政治教育的面临的巨大挑战。

二、内容上的多样化

全球化的发展态势和信息化的发展手段，为大学生成长提供了足够的空间，在内容上显示为三个方面。

成长方向教育。世界观、价值观、人生观、道德观、政治观、文明观等的教育，是大学生成长教育的第一主题，新时代中国特色社会主义道路探索是当代大学生成长共同努力的方向，社会主义核心价值观是指导大学生成长的行动指南。在东西文化激荡、传统与现代碰撞的现代文明社会里，成长方向教育对大学生成长具有重要意义，对中国特色社会主义的道路自信、理论自信、制度自信和文化自信，是把握大学生成长教育方向的重要前提。

时势教育。时势教育具有较强的政策性、针对性、现实性，是马克思主义理论与当前现实结合的特点，形势政策课是对大学生进行时势教育的重要

① 陈志勇. 新媒体时代大学生思想政治教育工作的变化及对策 [J]. 思想理论教育导刊，2015 (10).

途径。时势教育是与国际国内发展现状紧密联系的课程，信息量大，课程容量大，时效性强，是让大学生了解、感知国际国内形势和国家方针政策，认清发展形势和大局，以及全球化背景下高等人才培养方向的重要课程。它可以使大学生在复杂的形势面前保持开阔的视野和清醒的头脑，透过现象看本质；它是提高大学生思想政治素质，实现国家人才战略的重要抓手；它要求理论与实践并重，知识与意识形态并重，历史与现代交融。

个性品质教育。认清个人、集体、国家三者的辩证统一关系，根本上具有一致性，个人利益应该以国家和集体利益实现为前提。注重科学精神和人文精神的结合，“一个受过高等教育的人，不论他学的专业是什么，都应该在哲学、语言、文学、艺术、历史等领域有较丰富的知识，有较正确的世界观和人生观，有高尚的思想情操和对社会的责任感”①。人文教育的功能缺失是当今思想政治教育面临的一个巨大挑战，是一代人世界观、人生观和价值观成长的缺憾，促进科学与人文教育的融合，刻不容缓。

加强心理素质培养，应对价值冲突、发展压力，缓解生存、生活矛盾，做好心理疏导，不仅是解决大学生成长过程中所遇各种问题的需要，也是激发他们成长动力的机会。同时，要认清思想政治教育不能等同于知识教育，但思想政治教育是知识教育的一部分的事实，是大学生成长过程的先导。这种先导不仅体现在其对大学生成长方向上的引导，还有在微观上如何实践的问题。值得欣慰的是，在知识传播、专业教育等实践过程中加强思想政治教育已为人们所关注，并在大学生的教育引导过程中逐步实施，对这些载体或途径的全方位参与，将使高校人才培养在激发大学生成长动力的系统性建设方面生发出更大力量。

三、方法上的实践化走向

（一）传统教育方法的功能问题

思想政治教育是一项实践性极强的教育，但受传统观念的影响，思想政治教育往往还停留在过去，其形式和方法往往与现代的生活方式、生存环境存在偏差，难以适应现代思想政治教育实践的需要。传统的教育方法存在的问题主要表现在以下几个方面：

说理教育，难以使受教育者内化学习内容。把思想政治教育作为一种知

① 潘懋元. 多学科观点的高等教育研究［M］. 上海：上海教育出版社，2001：9.

识和理论的传播，通过说理的方式达到教育的目的。但现实生活中往往会因为教育者与受教育者缺乏共同的环境体验，教育者按他自身成长的环境理解“理”，而受教育者只能按他们的生存体验接收教育者的信息，但难以转化，在内化不顺利的情况下就难以外化为个体行动。

比较教育，需要更多的附加条件。这一教育方法充分运用了人们认知事物的比较分析办法，但这一方法仅能用于两事物以上或同一事物在发展先后有比较必要等要求情况下，在某些情况下需要受教育者具备较强的比较、推理、鉴别能力。

榜样教育，这种方法需要借助一定的形象来实现，并且往往需要做某种形式的加工，或需要做某种美化，去掉一些负面的元素来实现。实际上只是对教育者主体需求的教育内容，在某些人身上做相应截取，但往往与实际难以全面吻合，需要做形象上的完善或弥补。榜样教育在人才培养实践中，从本质上忽视了受教育者的地位实现及其现实交流，往往关注的只是单向传递信息，在交往及实效方面还存在诸多问题。

强化教育，在以群体为对象的思想政治教育科学面前，受众往往会产生逆反心理。这一教育方法有正向强化和反向强化两种，是运用多种手段对受教育施加特定影响，以达到在某方面巩固或削弱受教育者的思想观念或行为的教育方法。但这种方法往往难以顾及受教育者作为主体在教育过程中的地位及其主观能动性的发挥，难以为受教育者接受，容易产生逆反心理，使教育走向反面，产生消极作用。

（二）思想政治教育的实践化走向

显然，以上各种方法在思想政治教育过程中，作为基本的教育方法都有其特定作用，但在对受教育者的主体地位和作用方面关注不够，甚至是漠视，主观上造成主体的主动或被动缺位，教育会因为缺少实践而难以体验到场景、情感体验以及交流互动等作用。教育过程中受教育者的角色转换实现困难，只关心内容传播的教育方法，从主观上僵化、异化了教育本身。随着现代科学技术的发展以及人们对教育理解的不断深入，思想政治教育的实践化转向成为无法逆转的潮流。这里选取其中几种关系密切者略做分析。

思想政治教育的实践化倾向是由其自身的实践性特征决定的，“作为一种客观的、普遍存在的社会历史实践活动，思想政治教育伴随着人类生产力、生产关系、社会组织形式以及人类认识的发展而产生，与人类的社会实践活动密不可分。……实践性是思想政治教育的根本特性，其他特性皆由其推演而来"[①]。思想政治教育明确的目的性、高度的渗透性和鲜明的时代性无不彰显其实践性特征。

因此，思想政治教育从微观上融入生活既是这一科学的特征，又是实施要求。"日常生活是思想政治教育的居所，思想政治教育以日常生活为始源。"[②] 思想政治教育必须坚持理论联系实际，只有坚持了这一点，才能不断发现问题，提升解决问题的能力和水平，以与时俱进的态度和勇气应对时代发展过程中的问题，在实践中不断创新、完善。

正因为思想政治教育的实践性特点，其在教育方法上的综合性要求很高，既要求学生有接受教育的环境，还有参与实践的过程，受教育过程中引导以及接受教育后的反思和行为的外化。因此，作为关注实践的情境感染教育法、实践教育法、交往教育法等思想政治教育方法，无论哪一种都有或多或少的不足，因人、因事而异是思想政治教育过程中必须关注的原则，但尊重对象，以对象为核心应该是我们守住的底线。

第三节　外因主体的倾情投入

家庭教育、学校教育、社会教育以及学生的自我教育共同构成完整的教育体系，家庭、社会、学校既是社会先进文化的重要载体，更是其传承、传播者，它们构成了大学生成长的外因教育环境。在独生子女时代，经济全球化及信息化时代的社会大背景下，外国教育环境的作用愈显其重要性。马克思在《关于费尔巴哈提纲》一文中指出："关于环境和教育起改变作用的唯物主义学说忘记了：环境是由人来改变的，而教育者本人一定是受教育的。"[③] 马克思在指出环境对于教育的重要性之外，还指出了人在改变教育环境中的能动作用，其实质也是告诉人们，必须把环境改造作为教育的重要环节来抓。

一、家庭教育的亲情支撑

家庭教育是发生在家庭生活过程中的，主要指父母对子女有意识或无意识地施加教育和影响。在独生子女时代越来越突出的今天，家庭对孩子的期

---

① 蒋德勤，侯保龙．高校思想政治教育实践育人创新路径［J］．思想理论教育导刊，2016（2）．

② 王学俭，刘珂．融入日常生活：思想政治教育的微观建构［J］．思想教育研究，2015（2）．

③ 马克思恩格斯选集（第1卷）［M］．北京：人民出版社，1995：55．

望值越来越高，家庭教育在整个教育中的地位也越发凸显。

（一）厘清问题型家庭教育

“家庭教育是人类教育实践活动的主要形式，是家庭之间终生、持续不断地相互教育和影响的过程。”① 因为大学生处于有较强认知能力的特殊成长阶段，其家庭教育涉及的内容很广，大致包括价值观和人生观教育、伦理道德教育、社会适应能力教育、身心健康教育、审美情趣教育、法制教育等。现实版的家庭教育并非都令人满意，其误区表现在家长虽然为子女准备了各种各样的预案，投入了大量的物力、财力，但效果却并不一定令人满意。家庭教育的误区主要表现在以下几个方面：

粗暴型家庭教育。这一类型的教育表现为父母双方或一方个性较强，受传统教育观念的影响，不是把孩子当作具有独立人格的个体，而是把孩子当作自己的私有财产。在教育问题上为了显示出家长权威，往往对孩子施以打骂、体罚，或者强令孩子做某事。在父母的这种强势教育面前，子女往往要么唯唯诺诺，要么具有强烈的逆反意识，这导致家庭教育过程伴随着强烈冲突。这种类型的教育往往使学生产生厌学情绪，在学习或成长的过程中，为了应付家庭的粗暴，采取对立或撒谎的方式逃避。或不愿意与人沟通，性格懦弱。

溺爱型家庭教育。即在家庭教育过程中，以孩子的喜好为标准，不加判断地予以满足，缺少教育的原则，姑息迁就。为了显示对子女的疼爱，或为了让他们有足够的时间学习，包办子女的所有事情，导致子女缺乏责任感，任性、自私和依赖，且很容易导致子女在成长过程中产生自信心不足的问题。在成长的过程中强调以自我为中心，与别人难以相处。

放任型家庭教育。在现实生活中，家庭教育无目标，无要求，对子女成长过程中的问题不闻不问的情况时有发生。这种教育方式往往会使学生在成长的过程中，产生失落感，对生活没有信心，对自身没有自制力。

期望值过高型家庭教育。这一类型的家庭教育往往脱离子女本身知识、能力实际，只把子女当作自己生命的延续，凭空对子女赋予过高的期望，导致子女因其实际情况与父母的期望值差距太大而对成长失去信心。

（二）认清家庭教育在高校人才培养中的地位

家庭教育随着独生子女问题的凸显而越发严重。基础教育的培养和发展

---

① 闫玉．大学生家庭教育研究［J］．教育与职业，2006（9 下）．

模式及高等教育的发展现状，与未来职业化的距离使得大学教育越来越离不开家庭教育的配合。

首先，应试教育的影响，重成绩轻能力的传统应试教育模式培养的人越来越不适应社会对人才培养的要求，学校教育对每位个体成长的关注不够全面，针对性较差，需要家庭融入进来一起关注大学生的个性发展。

其次，高等教育的教育体系需要家庭的融入才能完整。人的利益观念总把家庭的教育方式当作是关爱自己成长的有益教育，对家庭教育的信任程度相对较高。家庭成员的人生观、价值观会对大学生的成长产生较有效的影响。

再次，高等教育面临的教育困境有相当一部分需要家庭的配合，要放弃学校教育是万能的想法。现在的大学生是在家长的关注和鼓励中长大的，虽然他们已迈入高等学府，但情感上的依赖仍然需要家庭投入，仅靠学校是远远不能实现的。现代人都希望得到别人的关注，但随着教育大众化之后，受生源情况复杂、师生比缩小等因素影响，学生的关注率降低与渴望沟通、认同的现实形成强烈反差，家庭的投入是他们实现这一愿望的最好办法。

最后，只有家庭教育介入大学生的成长教育过程中，学校与家庭的沟通才能加强，在双方配合和协调下，更好地了解学生成长实际，实现主体在角色教育过程中的优势互补。

二、社会教育的丰富源泉

这里的社会教育是指学校教育和家庭教育之外的狭义社会教育，指在学生成长过程中，接受到来自社会发展过程中各方面因素的影响。社会教育以其极强的渗透性和面广量大而直接对大学生的成长造成影响。社会的良性运转，可以对学校教育和家庭教育发挥极好的辅助作用。而在社会转型和社会变革过程中，负面的因素则会对人的教育产生负面影响。

信息化时代的社会教育，已经远不是大学生生活的实体范围这一狭小空间，而是身处生活的实体范围内，接受着各种现代化手段所带来的信息。社会教育除了通过大学生生活的实体空间对他们施加影响外，这一空间还为他们提供了与身边人交往的条件，让他们在参与的过程中学会交往，并在这一生活状态下磨炼心智。信息化则远远拓展了他们实体空间生活的狭小环境，只要是人们能想到的事情，大部分都可以通过互联网来实现。只是在这种教育的整体发展格局下，良性的因素传播慢，不良的因素传播快，需要大学生在接受教育过程中予以辨析。

社会教育有其巨大的主体和信息的数量优势，对人的成长施加各种影响，在大学生成长的过程中发挥着不可替代的作用。目前我国正通过法律法规等形式来推进社会教育的规范化、正常化工作。通过市民学校、家长学校、科技学校、健康学校等社会教育形式强化社会教育的意识。同时，通过加强社会教育的人员配备，提高社会教育人员的水准等方法来加强社会教育的力量。在多元、多极、多变的全球发展格局下，社会教育与信息化正对家庭教育和学校教育形成前所未有的包围之势，在突显社会发展成果的同时，也给大学生的成长教育带来巨大的压力。

三、学校教育的系统化育

相对于社会教育的网络虚拟形式与社区松散模式而言，学校是大学生接受系统化教育的重要场所，具体表现在长期以来家庭、社会和个体对学校教育的依赖，个体在学校接受的知识教育，形成的人际关系和成长评价。

（一）长期以来人们对学校地位和作用的默认

长期以来学校教育在人们的心目中形成了良好的印象，并且随着学校功能的不断完善，家庭、社会和个体对学校在人才培养方面的作用与地位已达成共识，并对其形成了某种意义上的依赖。在新的历史条件下，社会分工不断细化，家庭作为社会细胞，需要承担的责任太多，对美好生活向往的生存压力逐步加大，家庭在子女教育方面时间、精力的投入要求越来越高，而在子女教育问题上，大部分家庭难以应对新时期大学生的成长问题。对于大学生而言，学校里的师生、生生、生校的关系具有相对稳定性，是一种可以信赖的、潜移默化的人才培养系统。而社会则希望通过学校这一特定空间对学生进行系统的、强化的教育，通过学校教育推动学生在知识、能力和价值观方面的全方位成长，同时也通过学校教育灌输或传播社会的主流价值观，按国家和民族发展的未来需求与当下实际培养相应的人才。

（二）学校教育是大学生系统学习知识的有效途径

学生作为学校的主人，是学校发展关注的核心和焦点，在“以学生为中心”的发展理念带动下，高校在人才培养过程中充分体现了大学生的主体地位。教学过程中的主体、介质和客体只是一个被动的结构，实际的教育过程则是以内容为介质开展的师生之间的互动和教学相长的过程，这种互动以学生对知识的掌握和人格行为的内化与外化为价值追求，学生必须充分体现其主体性。大学在知识传播过程中不断创新，教学方法不断优化，教学行为不断规范，对个体学习的评价越来越科学。学校在优化教育功能、推进办学的过程中，为大学生学习和成长提供了更好的时空环境，为其系统地学习科学文化知识和人格完善创造了条件。

（三）学校是实施有效引导和教育的关键场所

大学是产生思想的地方，也是保证国家和民族人才培养方向和目标实现的重要场域。“大学是把各种进步活动进行融合，并使之成为有效促进社会进步的工具的主要媒介。当然，它们不是唯一的媒介，但是今天的事实是，进步的国家通常就是那些大学空前繁荣的国家。”① 面对怀特海的这番话，我们是否可以从中悟到点什么？作为发展中大国，我们的教育资源肯定不少，但如何使我们的教育资源整合变强却是一个很值得反思的问题。一个国家的强大单纯依靠学校是不可能的，学校只是系统中的一个环节，但这个环节却会决定其他环节的优劣。学校教育在大学生成长方面的影响是决定性的，从长远的角度看，对国家的未来也会产生决定性的影响。

大学教育传播的文化知识需要学生在学习过程中主动消化吸收，同时，学习过程中实现从知识到能力的转化，则是大学生人格成长的重要条件。知识的积累、价值观的选择以及人格的完善，都需大学生在成长过程中不断增强自身的主观能动性。其中，知识的学习及其转化只是人才培养的平台和载体，而学校教育作为人才培养的重要机构，其在人类文明成果的传承和创新方面承担着重要责任，可以为大学生的成长带来新的原动力，是大学生动力持续的重要保证。

（四）学校教育具有良好的成长评估系统

对学校地位和作用的认同、依赖，知识的系统学习，价值观念的传播等，是建立在学校人才培养机制的系统实施基础上的。通过学校特定的体制机制实施，推动人才培养机制形成，直到带动学校发展。这其中，良好的评估体系体制机制是实施的重要保证，它包括评价内容、评价方式、评价机制以及奖惩等一系列内容。师生通过各自的成长和发展实践为人才培养评价体系提供标准，在教育实施过程中前置，通过不断的衡量和目标实现来调整、优化与完善。评估体系形式、内容和方法有其共性标准，也有其个性化要求。虽然整体上难以为每位个体成员或每个团队提供个性化服务，但又是沿着这个方向在设计和努力，以有形规范提供和无形理念实施的方式融入整个人才培养进程，是大学生成长动力实现的根本保证。

① 怀特海．教育的目的［M］．庄莲平，王立中，译注．上海：文汇出版社，2012：131.

第四节　时代期望的正面激励

大学生是社会的未来和希望，是新时代中国特色社会主义人才战略实现的重要内容，对他们进行主导价值观的教育，是实现中华民族伟大复兴的根本要求，是社会主义和谐社会建设的重要环节。

一、继承优秀传统文化

2000 多年前，儒家思想创始人孔子把“和”视为为人处世的重要标准，提出“礼之用，和为贵”，认为礼的作用中和睦是最重要的。他提出“君子和而不同，小人同而不和”与“己所不欲，勿施于人”等包含着和谐理念的命题，深刻阐述了“和”的核心思想以及善待自己更要善待他人的道理。传统文化坚持认为，人与人要“和”而不同，求同存异，包容开放，在“不同”中求“和”才是最高的境界。孟子说，“天时不如地利，地利不如人和”。这就是说，要成就任何事情，最重要的是人与人之间的和睦与合作。另一大思想流派道家也提倡“天人合一”的思想，提倡不仅人与人要和谐相处，而且人与自然界也要友好相处，人类要善待自然，在尊重与保护自然的基础上谋生存，求发展。和合、包容、天人合一等思想，正是当代科学发展所倡导的和谐、“以人为本”、关注生态思想的集中体现。

中华民族五千年的发展，在生生不息的繁衍中传承了灿烂悠久的文明，创造了许多人类史上的奇迹。中国优秀的传统文化是五千年中华文明智慧的结晶，是培养和陶冶民族精神，提高民族素质的巨大的精神力量。优秀的传统文化是中华民族文化的根基，是兼收并蓄其他文化的载体和基础。在当代大学教育过程中，传统文化教育有利于唤醒大学生的文化意识，促进他们的文化自觉，更好地促进社会主义核心价值的教育和传播。“教育的核心之所在是唤醒学生的生命感、价值感、唤醒学生的人格心灵。”[①] 同时，在教育的过程中，传统文化的教育有利于完善大学生的认知结构，不断净化他们的心灵，激发他们的民族自信心、自豪感和文化创造的激情，促进他们个性品质良性发展。

在世界高速发展的今天，科学技术的发展成了新时代的象征，但中国优

① 吴康宁．课堂教学社会学［M］．南京：南京师范大学出版社，1999：207．

秀的传统文化以其博大和神奇而光芒夺目。“中华文化是中华民族生生不息、团结奋进的不竭动力。要全面认识祖国传统文化，取其精华，去其糟粕，使之与当代社会相适应、与现代文明相协调，保持民族性，体现时代性。”① 大学生作为当代中国主流文化的中坚力量，继承优秀的传统文化是历史赋予当代人的使命，也是当代中国赋予大学生的使命，在要求社会和谐的大环境中，大学生要努力培养自己的自强不息、艰苦朴素、包容合作、大胆批判和创新创造的精神。用新时代的标准，担任好传承者的角色，做好优秀传统文化的继承和发展工作。

二、开拓先进生产力

人是促进生产力发展的决定性因素，世界和中国的发展都见证了马克思这句话的深刻内涵和价值。中国的生产力发展、科学技术进步无不体现了人的积极作用。大学生独特的年龄优势、体力和知识特征，决定了他们在未来发展中的优势地位和使命。十九大报告对当前社会发展主要矛盾做了准确定位，认为“中国特色社会主义进入新时代，我国社会主要矛盾已经转化为人民日益增长的美好生活需要和不平衡不充分的发展之间的矛盾……我国社会生产力水平总体上显著提高，社会生产能力在很多方面进入世界前列，更加突出的问题是发展不平衡不充分，这已经成为满足人民日益增长的美好生活需要的主要制约因素”②。这一主要矛盾要求大学生必须清醒认识到中国现在发展的现状，认识到国情与我们坚持党的基本路线的关系，认识到我们处于发展中大国的地位及其使命，进而把握自身在推动人的全面发展和社会全面进步过程中的使命与任务。

习近平新时代中国特色社会主义思想要求我们必须时刻以马克思主义理论为指导，在加快科技进步的基础上推动生产力的发展，努力推进自主创新，不断提高国家的国际竞争力和抗风险能力。在加强科教兴国战略和人才强国战略进程中，充分认识到“我国基础科学研究短板依然突出，企业对基础研究重视不够，重大原创性成果缺乏，底层基础技术、基础工艺能力不足，工业母机、高端芯片、基础软硬件、开发平台、基本算法、基础元器件、基础

① 十七大以来重要文献选编［G］. 北京：人民出版社，2009：27.

② 习近平. 决胜全面建成小康社会 夺取新时代中国特色社会主义伟大胜利——在中国共产党第十九次全国代表大会上的报告［M］. 北京：人民出版社，2017：11.

材料等瓶颈仍然突出，关键核心技术受制于人的局面没有得到根本性改变”①。进一步深化改革、继续扩大开放的思维，在不断创新、持续推进供给侧改革进程中加强经济结构调整、转变经济发展方式。提高管理水平，优化资源配置，进一步解放生产力，为新时代中国特色社会主义的发展提供坚实的物质基础是新一代大学生沉甸甸的责任。

先进的生产力总是通过先进的文化予以体现，并通过教育的方式传递。高等教育作为一个特殊的载体，传递着经历了一代代人实践和积淀下来的先进文化。大学生是先进文化的受益者，需要通过密集的知识学习和素质能力的训练，在成长中逐步掌握先进文化和创造新生产力的能力。

三、传播社会主导价值观

马克思主义是我们立党立国的根本指导思想，是中国当代意识形态的核心和灵魂，脱离了马克思主义的指导，就意味着我们事业发展会迷失方向，时代需要当代大学生成为马克思主义意识形态的忠实捍卫者。国际敌对势力的西化、分化，以及非马克思主义和反马克思主义思潮同马克思主义争夺阵地的斗争一直在持续，时刻都在考验着我们中国特色社会主义事业的建设和发展能力。如何在新条件下继续坚持改革开放、创新发展，不断发展生产力，体现社会主义的制度优势，并从正面引导广大人民群众最大限度地形成发展生产力、推动社会前进的合力，是我们必须面对的严肃问题。

社会主义核心价值观，饱含以习近平为核心的新一代领导集体的智慧，是马克思主义中国化的最新理论成果，当代中国马克思主义的重要组成部分。当代大学生是在中国特色社会主义大环境中长大，改革开放的成果惠及他们生活的每一个领域。家庭、学校、社会等教育主体环境在改革开放过程中的变化，让他们充分了解了中国化马克思主义理论在实践中的价值、社会主义初级阶段的生产力发展实际与社会主义制度的优越性。因此，对于社会主义核心价值观，当代大学生有着超越于常人的理解，他们更能把握主导价值观的实质，捍卫马克思主义在意识形态的主导地位。

大学生有较高的知识水平，接受意识形态教育的机会较多，他们应该自然地挑起践行和传播主导价值观的任务。大学生正处在世界观、人生观和价

---

① 习近平. 在中国科学院第十九次院士大会、中国工程院第十四次院士大会上的讲话 [EB/OL]. (2018-05-28) [2018-08-20]. 新华网：http://www.xinhuanet.com/2018-05/28/c_1122901308.htm.

值观形成时期，是接受传统文化与现代文明的最好时期，并有能力推动两者有机结合。在创造和传播精神文明的过程中，他们最有希望成长为具有崇高理想、爱国主义精神和创新精神的人，最有希望成长为有良好的法律意识、责任意识和奉献意识的人，他们这一精神的养成，无疑会对新时代中国特色社会主义的建设和发展起到重要的示范作用。

中国特色社会主义文化是人类历史上一种崭新的文化成果，是人类优秀文化成果的重要组成部分。新一代大学生最有机会接触到这些民族与世界相交叉，传统与现代相融合的文化，通过自身的消化吸收转化成自己需要的知识，并在此基础上创造出更能适应时代发展需要的先进文化。这种消化、吸收和转化的过程，是一种积极的适应、批判和反思的过程，只有这样，才能“区分先进与落后、科学与腐朽、有益和有害，积极吸收先进、科学、有益的东西，坚决抵制落后、腐朽、有害的东西，谨防西方国家通过文化交流、经贸往来进行思想渗透，谨防某些一度消灭的文化丑陋现象在新的条件下死灰复燃。这也是当代大学生必须履行的神圣使命”①。

四、践行科学精神

“科学精神是人类在求真过程中所体现出的实践理性。”科学精神是人们在长期的科学实践活动中形成的共同信念、价值标准和行为规范的总称。② 一方面它约束科学家的行为，是科学家在科学领域内取得成功的保证；另一方面它又逐渐渗入大众的意识深层。科学精神应包括几个方面的基本特征：探索、理性、求实、求真、实证、民主、开放。“科学精神是科学技术的灵魂。在探索自然、改造世界的长期实践中，人类不断推进科技进步和创新，不仅从物质层面改变了世界，而且在精神层面深刻影响了人类社会文明发展。历史表明，每一次科技革命的发生和发展都伴随着科学精神的发扬光大，科学精神又为科学进步和创新提供强大精神动力。”③ 科学精神作为时代精神的重要组成部分，成为社会主义核心价值观的重要内涵，不仅会对大学生的成长产生巨大的刺激作用，而且会无形中激励大学生在成长中接纳、传承和发展。

不容否认，我国大学生的科学精神培养方面还存在着各种各样的问题。一方面，在我国的高等教育体制，特别是在高考指挥棒的影响下，学生必须

① 左鹏. “三个代表”与当代大学生的历史使命 [J]. 思想政治教育研究，2004 (2).

② 郭慧志，徐婕. 科学精神的界定与传导 [J]. 科学技术与辩证法，2007 (10).

③ 胡锦涛. 在中国科学院第十五次院士大会、中国工程院第十次院士大会上的讲话 [M]. 北京：人民出版社，2010：13.

认可一切与考试相关的内容，中学教育的一切活动也都要围绕高考进行。竞争压力下的死记硬背代替科学思考，一刀切的培养模式代替个性化的人才培养，学校人才培养的质量被升学率代替，学生的主、客一体的角色被单一化成单纯的受教育客体，忽视甚至取消学生的主体地位。灌输式知识教育方式占主导地位，学生的主动性、积极性和创造性难以发挥，给科学精神的培育带来极大危害。

另一方面，随着改革开放的深入，经济成了衡量一切发展的中心问题以后，实用主义思潮泛滥，人们缺乏追求真理的耐心、信心和勇气，与时间赛跑追求的是经济效率，而不是求真、求实精神养成。即使是从事高科技事业，相当一部分人也是因为追求高回报，而非出于对真理的追求，给科学精神的培养带来了许多负面影响，科学精神培育面临诸多困难。

物极必反的道理告诉人们，正是过去和现在大学生科学精神培养的现状，使我们意识到了问题的严重性。首先是来自大学生外因环境中的呼声，要求重视大学生科学精神的培养。其次是大学生群体在接受大量信息的过程中，发现问题以及分析问题、解决问题的能力也在不断增强。大学生虽然很多方面还很不成熟，但对于时代发展主导方向的认知非常清晰。再其次是社会同样意识到了科学精神的培养对于国家富强和民族振兴的战略意义。习近平同志在中国科学院第十九次院士大会、中国工程院第十四次院士大会上的讲话指出："希望广大院士关心和爱护青年人才，把发现、培养青年人才作为一项重要责任，为青年人才施展才干提供更多机会和更大舞台。各级党委和政府要以识才的慧眼、爱才的诚意、用才的胆识、容才的雅量、聚才的良方，放手使用优秀青年人才，为青年人才成才铺路搭桥，让他们成为有思想、有情怀、有责任、有担当的社会主义建设者和接班人。"① 从战略的高度为青年人才的科学精神培育创造条件，这其中大学生是当仁不让的核心群体。

① 习近平. 在中国科学院第十九次院士大会、中国工程院第十四次院士大会上的讲话 [EB/OL]. (2018-05-28) [2018-07-20]. 新华网：http://www.xinhuanet.com/2018-05/28/c_1122901308.htm.

第四部分　问题及解决

世界多极化、经济全球化、社会信息化、文化多元化的复杂发展格局，导致了大学生信仰迷惘、成长异化和动力迁移，功利主义的价值取向和精英化情结带来了当下人才培养的尴尬。正确的导向、理性的认同、态势的激发和利益的激励等机制构建是大学生成长动力教育的重要方法论。理想信念、民族精神和时代精神、社会主义核心价值观共同构成的价值引领体系；学校教育、政策制度和教育主体关系的环境激发体系；科学知识、主体创新创造能力、教学相长及自我管理能力构成的知识能力牵引体系；以及家庭、学校和社会共同体，同龄群体共同体、差异化共同体与分类教育共同构成的成长共同体互动体系等构成了大学生成长动力教育体系。机制与体系的构建是大学生成长动力发生、维持和发展的基本要求。

第九章

大学生成长动力现状及其成因

毋庸置疑，大学生成长动力现状与当前的社会环境是密不可分的，但事实上并非像人们想象中那样动力不足或缺失，其实质是动力发生了迁移。我们必须从当下大学生的成长实际出发，客观地分析、把握大学生成长过程中的问题，并有针对性地探讨解决问题的途径和方法。

第一节 宏观背景

全球化、信息化、市场化的社会发展环境，特别是科技高度发展和移动互联网的信息传播，为大学生成长提供了各种有利条件，同时也带来诸多挑战。

一、多元价值与主导价值

经济发展、文化多元为人类的不断开放、对话、交流与合作提供了丰富的内容，资本的大量集中，极大地推进了生产方式变革、科技进步和人的素质全面提高。来自不同国家的政治、经济、文化和意识形态的交流与对话，为大学生的成长教育提供了新鲜内容，在活跃大学生思想，增强他们认识、接纳新事物能力的同时，也要求他们必须把握好时代脉搏，为吸收更多知识信息和把握发展机遇创造条件。

全球化为大学生意识形态教育提供了多角度的范例，这是一个不同文化意识形态之间政治、经济、文化等相互斗争、融合的过程。经济全球化跨越民族、国家的空间限制，以资本运行推动全球发展，为高校意识形态教育提供了现实背景，在增进了不同意识形态之间互动的同时，也给高校的意识形态安全带来了巨大的挑战。改革开放以来，全球范围内的交流与合作，不断冲破大学生已有观念，不断适应并追寻全球发展空间，成为大学生成长新的时空环境。

全球化为巩固马克思主义意识形态在中国的核心地位准备了条件。马克思主义理论作为一种开放的系统理论，在全球政治、经济、文化与生态领域的建设和发展方面发挥着积极作用。马克思主义理论从人的自由而全面发展、个体发展与社会发展的辩证统一，以及对全人类的高度关注等方面，充分显示了其理论体系的博大，而其基本原理超越时空的视野决定了其时代价值和真理性。“马克思和恩格斯的著作是特定时空的经典文本，写作年代是不变的。但他们的生命价值和他们的思想能超越自己的时代，在于他们著作中所包含的基本原理。”“马克思主义的当代价值，从根本上说就是马克思主义基本原理的当代价值，即它的真理性和有效性。”① 马克思主义理论指导下的中国特色社会主义理论的不断发展，集中体现了马克思主义世界观和方法论的科学地位，也为加强当代大学生主导意识形态教育指明了方向。

二、科技发展与科技创新

科技是社会生产力发展水平的决定性标志，推动着人类社会物质和精神文明不断向前发展。“在探索自然、改造世界的长期实践中，人类不断推进科技进步和创新，不仅从物质层面改变了世界，而且在精神层面深刻影响人类社会文明发展。”② 经济全球化在其不断推进过程中，以其强大的资本优势带动着信息化的发展，推动全球科学技术进步，促进全球生产力的发展。

中国改革开放四十年来，不断吸收外国先进的科学技术和管理经验，并积极进行自我创新。在推动科学技术发展问题上不断进行体制机制的改革创新，推动科学研究，推进科学前沿技术与产业融合创新，不断突破制约国家发展的重大科学问题和关键技术问题。“信息、生命、制造、能源、空间、海洋等的原创突破为前沿技术、颠覆性技术提供了更多创新源泉，学科之间、科学和技术之间、技术之间、自然科学和人文社会科学之间日益呈现交叉融合趋势，科学技术从来没有像今天这样深刻影响着国家前途命运，从来没有像今天这样深刻影响着人民生活福祉。”③ 未来中国将在能源资源开发利用、

① 陈先达. 论马克思主义基本原理及其当代价值［J］. 马克思主义研究，2009（3）.

② 胡锦涛. 在中国科学院第十五次院士大会、中国工程院第十次院士大会上的讲话［M］. 北京：人民出版社，2010：13.

③ 习近平. 在中国科学院第十九次院士大会、中国工程院第十四次院士大会上的讲话［EB/OL］.（2018－05－28）［2018－07－20］. 新华网：http：//www. xinhuanet. com/politics/2018-05/28/c_1122901308. htm.

新材料和先进制造、信息网络、现代农业、健康、生态环境保护、空间和海洋、国家安全和公共安全等科学技术方面不断进行开拓性的研究。这些都为当代大学生在科学技术发展的大舞台上充分发挥自己的聪明才智提供了广阔空间。

在未来中国的科技发展方面，习近平指出："要强化战略导向和目标引导，强化科技创新体系能力，加快构筑支撑高端引领的先发优势，加强对关系根本和全局的科学问题的研究部署，在关键领域、卡脖子的地方下大功夫，集合精锐力量，做出战略性安排，尽早取得突破，力争实现我国整体科技水平从跟跑向并行、领跑的战略性转变，在重要科技领域成为领跑者，在新兴前沿交叉领域成为开拓者，创造更多竞争优势。要把满足人民对美好生活的向往作为科技创新的落脚点，把惠民、利民、富民、改善民生作为科技创新的重要方向。"① 这些科技方面的要求和举措一方面将极大地推动科学技术的发展，另一方面也将不断改善广大人民群众的物质文化生活水平。这一过程中，大学生是理所当然的受益者，生产力水平的提高将为他们成长提供坚实的物质保障和广阔的发展空间。

三、信息传播与信息获取

信息化是全球发展时代的典型特征，它推动了大学生成长教育的内容、方法和手段创新。经济全球化借助科学技术和信息产业的全面发展而不断向前推进，马克思主义意识形态教育要实现进教材、进课堂、进脑袋的目标，就必须与现代教育手段紧密联系。一方面，在教材的编写方面，要注重纸质教材与电子书一起发展，要充分借助移动互联网在教育过程中的便捷、快速的优势，传播大学生成长需要的内容，便于大学生随时学习、交流与实践，拓展学习和提升的渠道。另一方面，教育的手段和方法还需要与大学生的接受方式接轨。"经济全球化进程中信息的网络化、数字化、全球伦理、全球意识、科技伦理以及马克思主义体系的创新和发展成果，都为高校思想政治教育理念创新提供丰富的思想内容。"② 实践证明，多媒体的教育教学方式更利于人的感官多方位投入和学习效率的提高，为更好地增强大学生成长教育有效性，充分调动广大学生的主动性和积极性，激发创造性，以及思想政治教

---

① 习近平. 在中国科学院第十九次院士大会、中国工程院第十四次院士大会上的讲话［EB/OL］.（2018－05－28）［2018－07－20］. 新华网：http：//www.xinhuanet.com/politics/2018-05/28/c_1122901308.htm.

② 陈强. 经济全球化：高校思想政治教育的新视野［J］. 学校党建与思想教育，2010（4）.

育“与时俱进的现实性”[①] 提供了可能。

信息化为改善大学生成长交流手段提供了契机。一方面，信息可以通过高度压缩的方式记录人类发展的脚步；另一方面，人类文明可以通过网络传播。高校思想政治教育工作可以通过网络整合全社会的教育力量，这一方式改变了以往师生同时在场的教育形式，师生可以在一定条件下，按照自己的生活节奏安排互动，便于个体的时空资源合理分配。教育工作中烦琐的日常事务可以通过这种方式实现沟通，既提高工作效率，又避免了信息传递不到位的麻烦。一些平时规模较大的群体性活动，如教学效果调查、心理健康问题调查、思想问题以及大家对日常活动的需求、教育方式方法合理性等方面，都可以通过虚拟的形式进行，既时尚，又避免同时在场的麻烦，大大提高了工作效率。

针对教育过程中涉及的一些隐私问题则可以通过互联网匿名交流，如心理方面的问题，或不愿暴露身份的进言者，以及需要表达的思想、意见或心声，大学生都可以通过网络的虚拟形式来实现交流。通过这种方式，校方可以获得更真实的教学反馈。因此，学校可以通过在校园网上开设 BBS、微博、聊天室、贴吧或微信群、QQ 群等形式，征集大学生对学校管理的新政策、新思路的意见和建议，尊重大学生对学校管理和发展的知情权，推进民主决策和科学决策，加快依法治校、民主治校的进程。

全球化、信息化可以加快大学生向职业人的转化进程。学生因其在校的特殊身份，他们无法与外面的世界进行更多的深层次接触，互联网的时空穿透力为在校大学生了解社会、参与社会实践提供了很好的平台。互联网信息的叙事式描述，是对大学生学习需求和价值取向的考验，需要他们有坚强的自制力。而对于那些有害的黄、赌、毒、黑等类信息，以及关系国家安全的意识形态渗透、分裂势力、反动势力和恐怖势力等，则需要他们有较强的鉴别和抵制能力，在学习和生活中充分运用好互联网和现代传媒，使自身在成长和发展过程中不断成熟。

信息化带来的是新媒体软件和平台的不断更新，抖音、快手、直播、微视等伴随着经济发展正逐步深入，后续还会不停地有新的传播形式出现，对于大学生而言，这些都会成为新的信息来源或传播方式，作为载体，其与互联网只是形式的差异，内容面临同样的问题。而部分网络平台虽然在载体与

① 张传辉，王晓玲. 经济全球化背景下大学生马克思主义意识形态教育的若干思考［J］. 前沿，2010（3）.

平台创新方面有突破，如网贷，短时间里的问题层出不穷，其发展还有待不断规范和完善。“互联网 +”的创业形式，在借助互联网的同时，也滋生了大学生互联网创业的问题。所有这些形式都是信息化时代的创新发展，对大学生而言，创新机遇、创新发展提供了广阔空间，对其意志和能力考验也是时时、处处都在，对某些人的影响甚至是刻骨铭心的。

第二节　成长动力困境

当代大学生成长的复杂环境，特别是价值多元带来的成长方向迷惘、过程异化、时间精力分配不合理等问题，使大学生成长动力的形成和发展面临诸多问题。

一、信仰迷惘

“信仰是人们对其认定体现着最高生活价值的对象始终不移的信赖和执着不渝的追求。作为一种终极价值目标，信仰是人类精神生命的最终依托，是时代发展的精神动力。”① 当代一些大学生信仰的坚定性不足，究其原因是接受的传统教育促成他们对信仰的判断处于徘徊阶段。即既不想放弃原有信仰，又想抓住生活中能对自己发展带来益处的现实信仰。从这一点上说来，大学生的信仰具有多样性和不稳定性。

在大学生的信仰方面，“大部分学者则认为大学生有着明确的信仰，信仰的主流是积极健康的，但也呈现出了理性化与非理性化并存、主流性与多样性并存、崇高性与世俗性并存的特点”②。经过多年的灌输、渗透和教育引导，大学生对马克思主义信仰的深层内化已经成为他们判断事物的重要标准。并且，现实无法抹杀当代大学生发自内心的对民族的责任感和使命感，抗洪救灾、汶川地震、北京奥运会、上海世博会等重大活动中大学生体现出来的民族精神便是最好的证明。对人类终极关怀忧心忡忡，对国家民族发展的忧虑，正是因为他们有来自内化的信仰。至于他们的信仰迷惘，首先是因为价值上难做选择，其次是因为感情上难以割舍。我们应该关注如何在大学生身上形成一股对人类终极关怀的风气，以利于其维护自身信仰和个性尊严。

① 梅萍，林晓．当前我国大学生信仰问题研究述评［J］．现代大学教育，2009（6）．
② 梅萍，林晓．当前我国大学生信仰问题研究述评［J］．现代大学教育，2009（6）．

需要引起我们关注的是，近年来高校除了自我中心主义、实用主义、消费主义、工具主义等思潮对大学生生活造成诸多影响之外，有一小部分大学生走向了信仰宗教，无论他们信仰基督教、佛教，还是原本的民族宗教，都有其教育的积极因素，但这种现象值得全社会关注和深思。大学生的迷惘状态是在传统与现代的矛盾冲击下产生的，他们的行为正是为了维护自身利益，以致在马克思主义的主导价值观与当前各种价值观之间难以做出选择。理想与现实的冲突使大学生的成长面临着成长异化、职业生涯规划和执行的困境、动力迁移等诸多问题。

当然，我们必须看到，西方的信仰危机是基于对已有文化的自觉反思，建立在对人的存在完整性自觉追求的一元价值尺度基础上，大多发生在多元选择之前；而中国的信仰危机是在主体并未实现自我反省、自我批判、自我超越的意识之前，就已面对选择的多元困境，以致出现价值失落和迷茫。大学生信仰"'危机派'强调的是大学生对原有的良好而固定的信仰的怀疑、动摇乃至全面的抛弃，转而走向了与国家主导信仰的背离，这种背离既受制于社会环境的变迁，更受制于个人价值取向的偏离"①。我们必须关注大学生目前信仰的不稳定状态，因为一种信仰的形成和发展需要很长时间，并且要内化为个体需要才能实现。"青年大学生信仰的形成是一个从具体到抽象，从眼前到长远，需要实践来反复确认的长期过程。"② 实践证明，目前大学生的信仰迷惘还处于一种对峙和临时状态，是对"危机派"理论的有力回应。当下，我们需要以民族伟大复兴的中国梦为指导，积极推进社会主义核心价值观的教育和引导，全力推进新时代中国特色社会主义的建设步伐，为大学生成长提供从理论到实践的现实证明，使他们从理想到现实中都能找到他们期待的"锚地"，巩固马克思主义在思想政治教育领域、信仰领域的地位。

二、成长异化

成长异化是指当代大学生在运用各种学习方式和手段推动自身发展的过程中，因其价值取向问题而使自己被学习方式和手段异化，教育者不再从人的自由而全面发展角度去思考教育的目的、内容和方法，受教育者也不再从个体真正的成长需求去接受教育，而只是从当前的利益出发，从现实需要出发。这种背景下的人成了知识的奴隶，而知识则成了控制人的手段。成长异

---

① 梅林晓．当前我国大学生信仰问题研究述评［J］．现代大学教育，2009（6）．

② 刘娜．关于青年大学生信仰教育生活化的思考［J］．教学与研究，2009（11）．

化是历史发展的一种必然现象，透过这种现实我们应该看到成长异化背后教育和人们生存环境的异化，以及价值多元环境下大学生生存能力欠缺带来的复合性问题。

（一）人对教育的异化

异化一方面指人对教育的异化，另一方面指教育对人的异化。马克思在《1844 年经济学哲学手稿》中指出："工人在劳动中消耗的力量越多，他亲手创造出来反对自身的、异己的对象世界的力量就越强大，他自身、他的内部世界就越贫乏，归他所有的东西就越少。"[①] 按马克思的三大社会形态理论的标准，我们目前所处的还是"物的依赖关系"的时代，人的独立还必须建立在物的依赖基础上。当前社会发展特征决定了社会生产力还不能完全满足广大人民群众的需要，劳动只是人们谋生的一种手段，还不能成为人的第一需要。对物的依赖性决定了人们必须不断通过付出劳动去交换更多的社会产品来满足自己多样性的需要，不断激发自己对目前这份工作持续不断的动力。教育主体在对待教育这种劳动问题上表现出来的态度，其实是劳动异化在教育领域的现实反映。"现阶段教育异化实质上是劳动异化在现阶段的延伸和继续。"[②] 教育者的工作只是为了更好地谋生而不是其生活的一种价值追求，这种对待教育的态度造成了他们在教育过程中的教育目的、教育内容、教育方法、教育手段等都会带上很明显的功利主义色彩，会对大学生的成长带来很大的负面影响。

（二）教育对人的异化

从受教育者角度而言，他们接受教育，增强自身的知识和能力，主要指向了获取财富。人们为了在市场经济的环境里获得更大的利益，必须接受教育。在接受教育的过程中增长知识和才干，换取能够证明自己实力和水平的文凭，为将来顺利走向职场创造条件，本是人们成长的正常轨迹。但现实生活中，我们不难发现一种现象，即接受教育本身已经不是为了改变人的素质现状，而是被看作是未来牟利的手段。教育对人的异化导致大学生的学习目的、学习态度和学习方法相应地产生了偏差，使教育偏离了教育的本质，走向误区。

（三）成长异化的表现

大学生成长异化带来的直接后果，就是成长过程中追求直接的短期个体

---

① 马克思恩格斯选集（第 1 卷）［M］. 北京：人民出版社，1995：41.

② 苏东霞. 略论教育异化［J］. 教育探索，2006（10）.

利益，以成长的弯路或牺牲他们未来美好的发展前景为代价。在现实生活中，大学生的成长异化现象比较普遍，这里列举一些表现：如偏科现象，即只对所谓的实用学科用心去学，而对“不重要”的学科则投入很少的时间和精力。现在社会、学校等各级各类机构都在关心的诸如英语四、六级考试，计算机等级考试，普通话考试，求职技能考试，等等，考证的目的不是为了学习，而是为了拥有一张证书。在评奖评优的过程中，非常关注评比的结果，不仅在意精神奖励，同时希望拥有物质奖励、哪怕是虚荣的东西。考研的目的不是为了更好地学习知识和深造，而只是为了一张研究生的毕业证书，或者未来可以炫耀一下学历。再如学生干部中的权利欲，导致了这部分大学生对有限资源的占有，欲望异化了成长。一部分想入党或已入党的学生，不是源自心目中的信仰，而只是为了同样证明自己各方面的实力，或者为未来增加求职时的竞争砝码。当然，还有各种各样的异化现象，不一而足。

教育与人的双向异化的症状与马克思主义的异化理论在内涵上具有一致性，这一现象的产生是资本主义劳动异化现象在社会主义初级阶段的延伸，符合人类历史发展的客观规律，是历史发展阶段的必然产物。教育的双方把教育本身当作实现他们利益平台的做法，违背了教育本身的规律。

教育应该使人不断突破自我，唤起人们灵魂深处的自觉并激发人们对于成长的觉悟，不断地修正其世界观、人生观和价值观。一旦离开了这些，教育带给人们的永远只是身外的负担，很难成为人们生活的一部分。即使能迎合现实学到一点东西，那也只是零星的生活碎片，很难对大学生的成长产生深远而长久的影响。

三、动力迁移

动力迁移是指在当代大学生成长动力缺失的发展表象下，成长并非没有动力，而是出于个体自身价值取向、外界的信息化发展、兴趣爱好和短期利益追求等原因，把传统思维中该用于个人学习方面的动力转移到其他方面。动力迁移一方面是个体价值迷惘造成的努力方向不明确，导致个体的部分时间、精力转移到其他方面。另一方面，信息化发展外因的强大吸引力及其对大学生生活方式的影响，造成大学生在成长过程中把大量的时间、精力花费用于享用和消费各种信息，带来学习状态与非学习状态两种生活方式，在时间分配上欠合理。当然兴趣爱好、短期利益追求的时间和精力的非理性分配也是造成动力不足或缺失表现的重要原因。无论是内因的个体价值取向、兴趣爱好、短期利益追求，还是外因的以信息化为核心的环境发展，动力迁移造成的只是两种生活状态，即在时间、精力分配比例上的变化，以及这种分配比例的合理化程度、时间效率高低，而不是成长动力的缺失。大学生的动力迁移现象是时代发展的必然结果，这种现象与时代的发展和人才培养评价紧密联系。当代大学生成长动力迁移表现是多方面的，主要表现在以下几个方面：

（一）专业学习时间、精力投入不足

现代化的生活方式因为有了现代传媒手段而变得丰富多彩，但这种生活方式的变化对于大学生而言，除了带给他们生活上的享受之外，也直接导致了他们在专业类学术知识学习过程中时间和精力投入不足。来自移动互联网的各种信息、游戏、视频和网上购物等大量占用了他们的时间，甚至超过了他们学习、参加学生组织活动的时间，加上逛街、约会、聚会和兼职等时间消费，其用于专业学习的时间就非常有限。

（二）求真精神缺失

多元的价值取向往往会造成成长取向的多元化，成长过程中时间、精力无法集中，呈现出大学生价值迷惘的现实。信仰迷惘和价值取向不清晰的状态下，信息化的快速发展和对新鲜事物本能的兴趣都促使大学生把大量的时间、精力都投入互联网或相应的现代化传播工具上，甚至连学习也被搬到互联网上。个体在成长过程中相对于社会发展的弱势，以及由此引发的个体对互联网等现代传媒的兴趣，使大学生被异化成为现代化的工具。生活中的学习状态与非学习状态在时间和精力分配上的不合理状态，使互联网逐步演变成大学生生活的主要内容，学习被互联网式的生活方式同化。学习生活化造成了大学生对学习和生活的投入方式逐步相似，他们甚至不希望学习占用他们太多的时间，在学习的难易程度方面也希望像在互联网上闲逛一样容易。大学生学习生活化的学习状态与科学精神要求的差距，导致他们对生活缺乏目标，社会责任感不足，个体难以投入地追求人生目标。学习生活化带来的求真精神不足是大学生时间和精力的不合理分配的重要原因，成长缺乏恒心、毅力，成长动力激发困难。

（三）忽视成长现实

拜金主义、实用主义的发展环境带来的是互联网传播环境相应的有害思潮泛滥。互联网上的虚拟教育环境，无形中给大学生一个天真的想象空间，认为美好的事情将来都会在自己身上发生，豪宅、名车、俊男靓女等一系列与拜金主义、实用主义相关的内容成天占据他们的大脑，对生活理想化状态的想象使他们往往不愿意再在现实中做过多努力，成天回味互联网给他们营造的白日梦氛围。在这种状态下，他们不愿意在学习上投入过多的时间和精力，也不愿意对自身的成长和发展制定规划。或即使给自己规划一个美好的未来，在现实生活中，他们也不会去努力，只是把它作为明天可以自然实现的美好幻想。当然，大学生同样不乏在意自己未来发展，并在成长过程中不断努力的群体，但他们不能一步一个脚印去落实自己的人生规划，而是把希望寄托于未来的自然实现。大学生的这种生活状态直接导致了他们在时间和精力分配上随心所欲，对生活现实缺乏深刻认知，在成长方面因为回避困难或矛盾而陷入成长动力形成的困境。

应该强调的是，大学生成长动力迁移只有时间、精力分配的科学化问题，而不是动力缺失。我们不应把当下与精英化时代大学生的成长时间、精力分配状况做比较，因为两个时代影响动力形成和发展的因素产生了很大变化，其中最重要的是全球化和信息化发展环境的变化。在大学生动力迁移的问题上，我们要有发展的、辩证的眼光。即使是精英化时代的大学生成长给我们留下无限美好的回忆，但那已属于历史，当前的全球化和信息化是我们无法回避的现实，我们只能在尊重现实的基础上开展工作。针对大学生成长动力迁移的发展状况，我们有必要在大学生的时间、精力分配上做深入的分析研究。同时，还需要在观念上和育人的评价方式上不断反思。以便更好地从现象回到本质，发现问题的症结。

四、规划困境

大学生的职业生涯规划从实践方面看，大致可以分为学习型、能力型、跟风型、无规划型等类型。在学习型职业生涯规划里又可以分为学习能力强且规划能力强、学习能力强但规划能力一般、学习能力强但规划能力弱或学习强但没有规划意识。在能力型职业生涯规划里又可分为能力强且规划能力强、能力强但规划能力一般、能力强但规划能力不足。而跟风型职业生涯规划里每位个体的规划能力强弱程度各不相同。无论是哪一种类型，他们的职业生涯规划都面临着执行是否有力，是否有能力定期调整。从大学生的职业生涯规划现状可以发现，缺乏规划意识、规划执行不力或不知道如何规划等是共性问题。大学生的职业生涯规划现实状况总体不理想，使得规划与现实相互制约，陷入恶性循环，直接影响着大学生成长动力的产生和发展，困扰着家庭、学校、社会直至个人。总结大学生职业生涯规划困境，其成因大致可以分为以下几个方面：

（一）价值判断模糊

大学生存在的信仰迷惘带来抉择困难。在其成长的黄金时间里做出“是”或“非”的选择，对他们而言有可能会影响他们一辈子的发展。选择主导价值观、放弃其他信仰，对他们而言意味着要付出一定的代价，这是发展过程中一个不争的事实，也是他们难以取舍的重要原因。但放弃主导价值观而选择其他信仰，对他们而言是一种痛苦。毕竟经过这么长时期的主导价值观的教育，内化在心底里已经与社会主导方向保持一致的信仰受到冲击和挑战，而且社会的主导价值评价明显被大众在心底里认可，这些都会使他们陷入迷惘境地。在理性与现实两种选择的困境中，他们往往既不选择“是”，也不选择“非”，而是停留在漠视或逃避状态，出现人生方向选择的摇摆不定状态，这种状态会使大学生在成长过程中懈怠。即使有一部分大学生在规划、执行和调整等各方面都做得很好，他们的发展也容易处于这种“混沌”状态，无法实现个体成长的最优化，个体成长动力很难最大限度形成。

（二）规划能力不足

造成大学生成长规划能力不足的因素是复杂的。首先，大学生缺乏生活体验，难以勾画自己的人生。理论与实践严重脱节，使得大学生没有生活体验的成长规划变成纸上谈兵。其次，缺乏生活体验还会带来大学生成长过程中的责任感不足，或者责任感的践行不足，这种不足造成他们缺乏危机感和时间观念，承担家庭和社会发展重担的意识不足，个人职业生涯规划难以排进个人成长的时间表，生活中找不到自信。再次，职业生涯规划是一个新鲜事物，是一门理论与实践相结合的“课程”，国内引入高等教育的时间并不长，专门学习、训练的机会较少，无论从理论上，还是实践上对大学生的成长而言都是挑战。同时，从高校办学各方面的资源来看，大学生职业生涯规划教育的师资力量、水平、责任心等问题都在影响大学生职业生涯规划的教育进程，导致他们难以进行合理的规划。

（三）执行困难

造成大学生职业生涯规划执行困难的原因有多种。第一，价值方向不明带来的成长方向多元，时间、精力分散，在执行过程中面临多重选择，难以在价值取向上体现规划给个体发展带来的优势。第二，规划不足引发相应的执行能力不足。第三，价值多元带来的评价多元、执行不力。价值多元造成大学生职业生涯规划的执行困惑和行为选择困难。第四，规划缺乏合理的定期调整。外因环境和个体条件的动态发展特征决定了规划调整要求，现实中缺乏执行和调整不足，使得大学生职业生涯规划会随着时间的推移与个人发展逾发难以匹配，功能式微。第五，缺乏专业化、全程化的指导是大学生职业生涯规划执行困难无法回避的外因，学校的职业生涯规划教育和引导面临着诸多困难，其中最重要的问题便是专业化水平与全程化教育指导的力量不足，这成为大学教育难以逾越的时代之痛。

第三节　困境成因

在快速发展的大环境中，社会教育的多元价值取向、学校的办学困境、家庭的精英情结、宏观环境的功利性思维等都给个体成长发展带来巨大的压力，造就了大学生成长动力的生成困境。

一、社会的功利主义价值取向

中国特色社会主义市场经济起步晚，没有现成的模式可依，决定了其在全球发展格局中必然面临体制和模式选择的问题。对于大学生成长而言，面临着市场经济与道德水平发展的矛盾，这一矛盾与意识形态一起构成影响大学生成长和发展的社会环境，直接影响着大学生成长动力的形成和发展。

（一）价值观的功利主义取向

价值观的功利主义取向主要表现在拜金主义、享乐主义和个人主义等方面。全球化、信息化和市场化带来相应的社会问题，是人类文明从工业资本主义逐步迈入以知识、信息为主的全球化、信息化时代后，经济发展从实体经济逐步转向知识经济、信息经济、注意力经济、体验经济等形态。随着全球发展不断推进，信息传播和网络发展的趋势越来越复杂，社会发展的功利主义取向远非个体或组织所能驾驭，往往会成为功利主义倾向人群的代言工具，成为直接把西方发达国家政治、经济和文化的各种相关意识形态带入中国的直接手段。

“市场经济并不是真正的道德经济，它不仅在物质生产的意义上，而且在道德的意义上都只是一个历史性存在，它绝不是我们最终选择的理想经济体制。”① 来自西方意识形态和市场经济的伦理问题直接冲击人们的生活，多元

---

① 刘可风．经济伦理冲突与经济伦理学困境［J］．道德与文明，2009（4）．

价值观以及部分人为了牟取个体利益而不惜采取的黄、赌、毒等手段通过互联网传播，这些牟取不正当个人私利的行为，正是充分运用了信息化、网络化的高效和快捷特点，以及中国特色社会主义市场经济的不完备的发展环境，给判断力相对不足的当代大学生的成长教育带来了严峻挑战。

（二）科学技术负面影响

在全球化发展过程中，发达国家在利用其资本、先进的科学技术和管理理念推动发展中国家和第三世界国家发展的过程中，也对其进行了显性或隐性的掠夺，直接导致了第三世界国家的依附式发展和区域发展的不平衡，以及饥饿与贫困、战争与灾难、生态恶化、能源危机等一系列的发展问题。中国作为发展中国家，无法阻挡全球发展的步伐。科技理性、工具理性本是资本主义经济发展的典型特征，但经济发展的必然规律，决定了当前的中国特色社会主义市场经济体制，暂时还无法控制这一特征的产生和发展，是人们必须面对的严峻现实。

科学技术和生产力的发展，客观上推动了人类文明进步和人的素质全面提升。然而“科学技术像一把双刃剑，一方面丰富了人类的物质生活，但另一方面出现了人与人之间相互离异，道德荒废，情感严重失落。对于人类自身来说，科学技术成了一种新型的社会统治力量……”① 科学技术作为彰显人类本质的重要成果，其发展初衷是为了不断发展生产力，从而实现人本身的解放，但是人们过多地依赖于科学的实证，忽视了人文价值在社会发展过程中的作用，往往使人成为科学技术统治的工具。

大学生成长在与科学技术最接近的前沿，是科学技术的后备军和享用者，他们时刻都在关注科学技术的发展。然而，经济全球化和市场经济发展格局下科学技术发展的价值追求与理性的科学精神难以一致的现实，最终使他们手足无措。

（三）就业困境

大学生就业是衡量一个社会发展水准的重要指标，也是大学生最直接的眼前利益。当前大学生就业过程中存在的就业刚性需求不足、需求的结构性矛盾以及政策执行不力等问题直接影响着大学生成长利益的实现，也是给大学生带来成长危机感和不安全感的重要因素。大学生就业困境表现在以下几个方面：

---

① 王喜云．从科学技术的发展看道德教育［J］．教育理论与实践，2006（6）．

1. 社会发展对人才的刚性需求不足

这种不足表现在以下几个方面：第一，高等教育大众化带来的就业人群绝对数量的扩大是根本原因。第二，中国的高等教育大众化初衷并非是教育或经济社会发展本身的直接需求，而是为了把高等教育大众化作为拉动国内经济发展的手段。第三，有些单位为了提高本单位层次采取了人才高消费的办法，在同等岗位招聘高层次人才；有的单位则是为了降低成本而降低学历层次或聘请离退休的工作人员，这些都不同程度地挤占了大学生的就业岗位，造成大学生就业难的现状。

2. 就业的结构性矛盾问题突出

就业岗位问题首先表现在社会就业岗位总量不足，且限于目前的社会经济发展水平，高层次人才的需求量相对不足，这种状况直接导致了大学生就业难。其次是就业岗位的区域、产业、行业以及专业需求不平衡，导致结构性不对称带来就业难的现实。结构性不对称主要表现在东部地区人才需求量大，中西部地区虽然发展比较快，但人才需求量有限，且受到区域或行业、产业及专业需求发展水平的限制。再次是“人职匹配”不合理削减了对大学生层次的人才需求。

3. 就业相关政策执行不力

面向基层就业面临诸多问题，如“三支一扶”计划得到了国家较大政策支持，国家在考研、公务员、就业、创业等方面都给予了政策倾斜，也得到了广大毕业生的响应，大学生到岗后能很快适应工作，但还存在着待遇问题和服务期满后就业等问题。大学生村官政策经过十几年的发展，逐步完善，但国家对大学生村官需求旺盛程度不如以前，与“三支一扶”遇到的同样是期满就业、待遇问题，当然还有专业是否对口、能否真正给地方发展带来活力等问题。基层的交通与信息流通的局限性、婚恋问题等都成了制约大学生到基层和西部发展的包袱，影响基层和西部项目的顺利推行。与此同时，国家还通过税收优惠、社会保险补贴等措施鼓励中小企业和非公所有制单位聘用高校毕业生，促进大学生向中小企业流动，但在实际操作过程中，中小企业往往只是毕业生的临时落脚点。

困难大学生就业帮扶有制度，但在实际执行的过程中，政府、学校和用人单位之间无法建立稳妥的用人关系，即使有，也只是在做表层工作，很难真正解决困难大学生群体的就业问题。

另外，在大学生就业的辅助措施方面，因国家政策与地方发展实际难以对接，造成大学生就业陷入手续困境。国家宏观政策要求各地要打破户籍、性别、地域等界限吸纳毕业生，但经济发展水平的不同步使这一政策的落实面临许多困难。

无论是来自全球发展的意识形态问题、市场经济的伦理道德问题、科学技术发展带来的工具理性问题，还是直接影响大学生成长和发展的就业问题都是市场经济体制本身的不完备造成的，是大学生成长困境的重要环境因素，直接导致了大学生成长的多元取向。

二、高校的人才培养尴尬

中国高等教育大众化的发展现实造成了中国高等教育的办学困境，这种困境有的来自教育本身对办学的科学态度，有的则是来自其他领域，它们都从不同角度制约着学校的办学，造成学校在大学生成长方面的教育和引导不力。

（一）管理自主性不够

"由于我国1999年以来的高校扩招动机不纯，并非基于高等教育发展的逻辑，也不是因为经济社会发展对各种人才的大幅增量的需要，而主要是扮演着刺激经济发展的角色。在这种功利主义取向下，我国高等教育大众化过程被简单化为数量目标的追求自然可想而知。"[①] 拉动经济发展的初衷使中国高等教育的大众化起步准备不足，过多地考虑经济发展因素，忽略教育规律本身，导致了高等教育科学化水准不高，高校在自身管理过程中自主性严重不足，学校一方面要提高教育质量；另一方面还要关注经济发展，关注学校的生存和教师的利益实现。这些都使中国高等教育发展背上了过多的包袱。

此外，国家对高等教育干预过多，这种办学背景往往以牺牲办学质量和办学效益为代价。如行政化倾向作为一种影响方式，在许多国家都有其发展的负面痕迹。"高等教育正日益偏离市场和社会的需要，而深深地陷入了有关入学机会和教育公平的政治困境当中。"[②] 除此之外，高等教育大众化还面临着教育之外的各种因素的影响，"今天的教育危机不是问题，而是窘境。……应对21世纪的高等教育危机，离不开应对当前全球化进程中更为广泛的各种危机，也离不开这些危机所不得不对抗的有关差异的难题"[③]。在这些危机中，

---

① 唐德海，郭中华．中国高等教育大众化实践的若干偏宕［J］．黑龙江高教研究，2007（6）．

② 彼得赫尔肖克．高等教育、全球化以及多样化的矛盾性［J］．冯李，译．清华大学教育研究，2010（4）．

③ 彼得赫尔肖克．高等教育、全球化以及多样化的矛盾性［J］．冯李，译．清华大学教育研究，2010（4）．

中国高等教育受政府行政干预较多，带来最鲜明的问题就是高校的办学自主权不足，学校难以按自身特点办学。这些问题的负面影响无疑最终要落在大学生身上，直接影响他们的利益实现和动力的产生、发展。

（二）招生与投入不匹配

中国高等教育大众化的十几年来，招生人数一直在不断增加，然而中国高等教育投入远远不足。截至目前，招生数量的加大与投入的不足依然是困扰高等教育办学的一个瓶颈。事实上，高等教育投入不足作为一个全球的问题，已引起全球的重视。教育质量低劣包括建筑物的年久失修，教师数量不足且缺乏培训，教材和课程过时，技术支持缺乏且不匹配。[①] 中国作为全球发展中的重要一员，其面临的教育投入不足问题，严重阻碍高等教育的改革和发展。

教育投入的不足直接造成了大学生学习需要的硬件如场所、实验器材、教学设备等难以满足。同时，也造成教师队伍素养与时代发展要求不匹配。主要体现在教师教学能力的发展和发挥方面，教师不仅无法教会学生必需的学术类知识，而且难以为学生的发展规划提供合理的意见和建议。当然，缺乏投入的学校更难在其他方面规划学校的整体发展，难以保证师生的成长和发展，最终影响大学生成长利益。

（三）人才培养与市场需求脱节

一直以来，高校专业设置和课程设置不合理、师生适应能力不足等问题，使高校的办学陷入困境。具体表现在：第一，专业设置不合理。第二，已有专业实验实习课程安排不到位，这种不到位表现在实验、实习课时安排与市场对人才规格需求有差距；实验器材、设备老化，与市场主流一线器材、设备不配套；当然，其中不乏教师在实验、实习过程中指导不到位的情况。第三，课程设置不合理。专业课、专业基础课及选修课等课程平台在课程学习比例上不合理，专业课比例不足，特色不明显。理论课程程序化、模式化，课程内容陈旧。对学生实践能力和创新精神培养重视程度不足。第四，学生群体的学习习惯转变困难。日益发展的信息技术在为大学生提供学习上的便利条件的同时，同样要求大学生必须学会主动学习，但大学生往往还会守着老师传授知识或布置任务的观念不愿意改变，对引导式、开放式的教育方式

① 彼得赫尔肖克．高等教育、全球化以及多样化的矛盾性［J］．冯李，译．清华大学教育研究，2010（4）．

接受态度意见不一致。特别是新生刚进校时，面对引导式、开放式的教学方式往往手足无措。他们对学习的理解局限于对书本知识和专业知识的学习，严重影响着他们自身素质的全面发展。

三、家庭教育的精英化情结

学生家长基于对高校教育的信任和信赖，或者由于自身工作较忙等因素，在一定程度上忽视了对子女的再沟通、再教育。“学生成年后作为家庭教育者的重要社会功能被忽视，导致我国成人对私域生活的准备严重不足，造成多种家庭问题和社会问题，而独生子女家庭恰恰急需父母具有良好准备状态，不允许太多的失误。”① 独生子女的现实，要求每个家庭必须关注大学生的成长，在高等教育大众化不断深入、教育资源有限的情况下，良好的家庭教育是学校办学的重要补充力量，家庭教育的配合在当前变得尤为突出。然而，并非每个家庭都能顺利地完成这一任务，在理想与现实面前，家庭教育面临着全球发展时代的价值选择困境、教育方法失当以及精英化情结等诸多问题。

父母自身的价值取向模糊。一直经历着传统价值观教育的父母，虽然他们有着丰富的社会实践经验，容易把握处理事情的尺度，但在现实面前为了寻求更好的生存空间，他们往往会采取模糊和回避的办法应对子女教育问题上的价值选择，以功利的思维对待个体与社会利益、短期与长期利益的矛盾。

现代文明大大提高了家庭教育的期待，然而无法回避的现实是家庭要承载的责任太多，在子女的教育问题上往往选择困难。此外，受传统的“望子成龙”观念和高等教育曾经的“精英情结”影响，进大学就意味着成才的社会观念，以及独生子女的生活现实，使得大学生要承载的家庭期待太多。“在以前孩子较多的年代，孩子所承受的期望是相对分散的，而现在孩子越少，父母的期望就越集中，独生子女承担了父母所有的期望。”② 于是，精英教育时代对大学的美好愿望，依然是家庭追求的理想目标，其中，对学业成绩的追求是家庭关注的首要目标。为了出人头地，首先要在成绩方面超越别人的思想一直以来都为家长所关注。

然而，时代发展对人的能力需求已经远非专业成绩所能替代，学会学习和自我的主动成长显得更为重要。相对于过去，如今如果对现代化手段的运用能力不足，要在未来发展中取得满意的发展结果将是一件很难的事情。学

---

① 侯晶晶．论我国成人的家庭教育能力建构［J］．中国成人教育，2009（19）．

② 熊孝梅．家庭教育与社会变迁［J］．教育评论，2009（6）．

会学习不仅是掌握学习专业知识的方法，同时还应包括学会运用现代化的手段学习。学习能力的考量指标已经从过去单纯的学习方法使用，过渡到当前学习方法与学习手段的有机融合的办法。然而，现实生活中，大学生对现代化手段的驾驭能力并不能让家长放心，迷恋手机、电子游戏、网上购物等方面暴露出来的大学生成长问题一直让很多家庭忧心忡忡。价值选择困惑、现代化手段以及精英化情结久久不能散去，其时代发展影响是不言而喻的，但与此同时，核心家庭的独生子女问题同样需要深入研究和突破。

第十章

大学生成长动力机制

加强大学生成长动力机制研究，是为了更好地协调各构成要素之间的关系，促进各构成要素在相互作用过程中合理高效运行，增强大学生成长动力教育的针对性和实效性。大学生成长动力的良性运行机制形成，需要在马克思主义动力论指导下，借住相关理论和相应的思想政治教育手段共同实现。

第一节　导向机制

大学生成长动力的导向机制，是指在对大学生成长动力产生和发展进行教育引导时，通过马克思主义价值观、传统文化以及科学精神等内容的教育，把大学生的思想行为、道德取向和探索创新精神，引导到有利于大学生成长合力形成和发展的方向上来。大学生成长动力的导向机制具有明显的价值取向和目标取向，具体表现在它把中国特色社会主义建设和发展所需要的人才，作为其目标追求。导向机制在所有发生机制中居于首要地位，它关系到其他机制的相互作用及方向选择，以及能否最终形成推动个体发展的合力、合力能否实现最大化的问题。导向机制功能的实现需要关注以下几个方面。

一、主导价值观引领

（一）发挥方向引领的功能

社会主义核心价值观，包含中华民族和时代发展智慧，是中华民族伟大中国梦实现的重要精神支柱，是马克思主义中国化的最新理论成果，为新时代中国特色社会主义建设和发展提供了巨大的精神力量，指明了未来发展方向。一方面，我们要不断加强社会主义核心价值观的研究，不断丰富和发展其内涵；另一方面，还要注意在大学生中加强教育引导，教育他们在了解、理解和接纳的基础上捍卫、践行与传播社会主义核心价值观，应对复杂的意识形态环境，把他们培养成国家富强和民族复兴的栋梁之材。

大学生凭借他们的生活体会、理论水准和肩负的使命，对于当代中国的主导价值观应该有超越于常人的理解，能把握其精神实质，更有理由主动捍卫马克思主义在意识形态中的主导地位。在大学生成长动力的形成和发展过程中，价值观问题是最关键的要素，只有与社会发展具有相同的价值共识，才能在发展过程中寻求各方力量的支持，不断形成推动他们成长的合力。

（二）发挥传统文化的作用

中华民族的优秀传统文化，是社会主义核心价值观坚实的思想基石。和气、和睦、和平、和谐，中国无处不“和”。中华文明历来追求“天人合一，万物相融，众生和睦”的“太和”境界。中华民族历来就是热爱和平的民族，渴望和平、追求和谐始终是中华民族的精神特征，也一直是中华民族优秀传统文化的精髓。中国传统文化中的“以天下观天下”“四海一家”“天下大同”“天人合一”等优秀思想结晶，以及“包容”“宽容”“和为贵”“己所不欲，勿施于人”等优秀道德准则，崇德、仁义、诚信和尚志等精神激励与“世外桃源”“大同世界”等对美好世界的向往无不体现着中华民族对和睦、和平与共赢的执着追求。传统文化是中华民族发展的血脉，也是文化中的瑰宝，其中蕴含的“和合”文化和道德准则正是新时代中国特色社会主义建设与发展的需要，也正是当代大学生在成长过程中关注的、人类社会发展的重要指导思想。

二、科学精神熏陶

科学精神是人类在求真过程中所体现出的理性精神，是引导大学生成长的重要精神力量。其具体内涵大致包括了客观的依据、理性的怀疑、多元的思考、平权的争论、实践的检验、宽容的激励。① 科学精神包含了积极探索、理性追求、求真务实、民主开放等指导思想。“科学精神是科学技术的灵魂。……科学精神又为科学进步和创新提供强大精神动力。”② 大学生作为科学技术发展的生力军，只有具备了科学精神，才能更好地学习和生活，积极应对瞬息万变的知识时代的发展，才能在学习的过程中不断打破常规，整合各种

---

① 郭慧志，徐婕．科学精神的界定与传导［J］．科学技术与辩证法，2007（10）．

② 胡锦涛．在中国科学院第十五次院士大会、中国工程院第十次院士大会上的讲话［M］．北京：人民出版社，2010：13．

力量进行创新实践。“大学生是科教兴国的潜在主体，只有将科学精神内化为大学生的内在品质，才会使他们成为有创新精神、创新意识和创新能力，掌握现代科学知识的高素质人才。”①

三、学习教育渗透

（一）坚持灌输原则

大学生成长动力的发生和发展需要正确的世界观、人生观与价值观的引导，这种引导主要靠思想政治教育来实现。思想政治教育过程中需要坚持灌输原则，“思想政治教育开展过程中，教育者施加的这种正确的思想政治观点、道德品质和价值观念，也是不可能自发进入受教育者的内心世界的，必须从‘外面’灌输进去，灌输到各层次的受教育者中间去，灌输到受教育者的头脑中。”② 优秀的理论产生之后，只有通过正面灌输的办法，才能使其广泛而深入影响广大人民群众的观念和思维，并在以后的工作生活中，不断接触、了解、深化，直到最终接受并转化为内在需求。大学生虽然通过各种学习机会对马克思主义的世界观和方法论进行了解与学习，但在实际学习生活中，面对多种诱惑和外界刺激，他们往往会在多种社会思潮和价值观念的冲突面前手足无措，甚至随波逐流。列宁在论及灌输问题时指出：“工人本来也不可能有社会民主主义的意识，这种意识只能从外面灌输进去。”③ 虽然现在我们所处的时代与列宁的时代有着质的差异，但灌输理论在特定时空依然没有过时。在中国共产党成立以后的革命、建立新中国、社会主义建设以及中国特色社会主义建设和发展过程中，灌输理论不断地发挥着特有的作用，是中国共产党带领中国人民一次次从胜利走向胜利的重要思想武器。在纷繁复杂的意识形态和价值冲突中，灌输依然是大学生思想政治教育重要的方法。

（二）注重思想渗透

思想渗透可以从两方面展开。一方面是价值观上需要进行渗透。价值选择涉及个体能否科学发展的问题，在大学生已有理论水平还没有提高到一定的水准，或在多种价值观相互冲突中没有形成特定价值取向的时候，有必要在他们生活的环境中进行必要的渗透式思想教育。列宁指出：“德育要渗透于

---

① 潘建红．培养科学精神：大学德育的时代课题［J］．学校党建与思想教育，2005（9）．

② 方文．马克思主义宗教观视阈中的思想政治教育机制研究［D］．苏州大学博士学位论文，2010：92．

③ 列宁选集（第1卷）［M］．北京：人民出版社，1995：24．

全部教育、教学活动中。”[1] 列宁所指的德育正是以马克思主义思想为指导的德育，这种渗透式的教育，同样可以促进大学生在潜移默化中接受马克思主义的价值观教育。另一方面是现代文明的成果渗透。作为时代发展的主流文化，以科学、技术等为主的现代文明元素同样需要渗透到大学生的思想中去，促进他们不断与时代相融合。当然价值选择与现代文明的内涵不同，其渗透进大学生思想的方式也不相同，前者的渗透主要是大学生被动地接纳；后者则是以大学生主动积极接纳式的渗透为主。两种内容的渗透虽然在形式和方法上分别有所不同，但两者在大学生成长过程中的作用却是相辅相成的。没有正确价值方向下接纳的现代文明难以形成最大的合力，而没有现代文明的单纯价值观渗透则会变得空洞无物或跟不上时代。

在大学生成长动力的导向机制中，灌输和渗透是相互作用、相互影响、不断整合的过程。运用这两种方式对大学生进行教育要有针对性，以便分别充分发挥两种方式的作用。

第二节　认同机制

人是“有意识的类存在物”[2]。大学生动力的产生和发展是建立在已有价值观和知识体系基础上的，因此，能否与教育者主体形成共识，取决于大学生主体能否认同他们受到的教育，这种认同可分为理性认同和感性认同两个方面。

一、理性认同

大学生成长动力的理性认同机制，是指教育者在教育引导的过程中以其彻底的理论说服力，引导大学生在已有知识和价值观的基础上达成理性共识，并在此基础上自觉以理论指导自身的实践。人是理性的动物，“在现实生活中，人的理性能力作为一种内在力量引导着人对世界、自身、关系（人与自身的关系、人与他者的关系）的把握和评价。这是当代认同所具有的理性特征得以成立的一个前提性条件”[3]。理性认同需要关注以下两个方面的问题。

---

① 中国大百科全书（教育卷）［M］．北京：中国大百科全书出版社，1985：60.

② 马克思恩格斯全集（第42卷）［M］．北京：人民出版社，1979：96.

③ 王成兵．略论理性与非理性在当代认同中的作用［J］．江淮论坛，2006（6）.

（一）理论的彻底性

大学生有较好的知识基础，在受教育过程中具备对教育内容的判别能力，这要求教育者在教育内容的准备上具备理论上的彻底性。大学生成长动力教育，要求大学生成长必须坚定马克思主义信仰，只有这样，我们的成长动力教育才能在共同的基础上实现对话。“科学正确的思想政治观点、道德品质和价值观念，只有首先在理论上具有说服力，才能被受教育者普遍接受、理解和掌握，进而转化为社会群体的共识，由此达到为人们所自觉遵守和奉行。”①马克思指出：“理论只要说服人，就能掌握群众；而理论只要彻底，就能说服人。所谓彻底，就是抓住事物的根本。”② 在中国特色社会主义建设和发展过程中，中国人民就是始终坚持了马克思主义在价值观教育过程中的核心地位，并且在继承马克思主义思想的过程中不断创新发展，推动其与中国特色社会主义建设和发展的实践相结合，才不断地取得新的成绩和重大突破。运用理性认同理论对大学生进行成长教育，可以形成理论和理性上的共识，最终将其内化为大学生成长的内在需求。

（二）方向引导

身处中国特色社会主义建设和发展环境，经过中小学品德与政治课、大学生思想政治教育理论课的教育和实践，大学生在马克思主义理论和实践方面有了较好的理论基础与认知水平。对他们的教育除了采取灌输的教育方法外，还可以采取方向引导的办法，促使他们在学习中认清马克思主义对他们成长的引领作用。既要充分发挥他们已有知识的作用，又要在他们已有的知识和价值观的基础上充分发挥他们的主观能动性，还要避免大学生在受教育的过程中出现反感情绪，保证教育的持续推进。

理论彻底性与方向引导相互关联，理论彻底性是进行方向引导和把复杂问题简单化的基础，而方向引导则是理论彻底性的目标追求，通过科学的理论体系不断把教育者的思想转化为大学生的自我教育内容，从内容教育走向方向引导。

二、情感认同

“情感是指人对待事物的肯定与否定、满意与不满意、喜爱与厌恶等态度

① 陆树程，方文．思想政治教育机制新论［J］．思想理论教育导刊，2009（3）．
② 马克思恩格斯选集（第1卷）［M］．北京：人民出版社，1995：9．

的内心体验。”① 在思想政治教育过程中，可以通过情感联络的办法，激发大学生的情感共鸣，以情感的力量推动他们健康成长。情感认同需要如下几个方面的条件。

（一）对人的深入了解和信任

大学生的成长教育是引导大学生对教育者主体的为人、学识和教育方式认可，并在此基础上形成教育共识，最终转化为个体成长动力的过程。因为大学生成长动力的情感认同教育主要是人与人之间的沟通、共识和情感共鸣过程，相互之间的了解对有效沟通起相当重要的作用。因此，人与人之间的了解和信任显得非常重要。在大学生的成长过程中，与他们正常接触的主要是家长以及老师、同学，大学生容易了解他们并且产生信任感，大学生与他们相互之间有许多共同语言，在思想教育引导工作中容易形成共识，并在心理上产生共鸣。在对大学生进行教育引导的过程中，作为教育者主体的各方要充分发挥自身被了解和信任的优势，与他们不断加强沟通，增进了解和互信，并在教育过程中把握教育方法对大学生进行合理的引导。

（二）深刻的情感体验

大学生成长动力形成单靠了解和信任是不够的，还必须通过相互之间的人际交往，在人际交往过程中寻求深刻的情感体验，推动他们成长动力的形成。大学生最初的情感体验由血缘和亲情关系决定，这种情感体验最为深切，家庭成员之间的了解和信任最多。家庭情感体验最深是因为大学生在家庭生活中被关注的时间最长，他们与家庭在情感、经济供给上的关系都决定了他与家庭成员之间的交往感受是深切的。家庭教育虽然从长远看来比较理性，但在每一关节点上的教育，其情感成分更多一些。在学校教育过程中，辅导员、班主任和学生助理与大学生接触较多，大学生成长是他们日常工作关注的内容，与学校的这些教育引导人员的接触交流，经常会让大学生产生深刻的情感体验，这很容易转化为大学生成长的动力。大学生这些情感体验的产生需要每一个教育者主体的全身心投入。实践证明，教育者主体的工作只要投入，大学生深刻的情感体验就自然会发生，因为大学生是建立在理性基础上的感性人，他们应该更懂得珍惜现有的一切。

（三）共同的价值基础

情感认同需要有共同价值取向作为认同基础。大学生有一定的理性认知，

① 叶奕乾．普通心理学［M］．上海：华东师范大学出版社，2004：241．

其情感认同的效果是在共同的价值取向基础上产生和发展的，缺乏了价值基础，无论是情感认同的快慢程度、体验，还是认同之后的转化，都会受到不同程度的影响。

理性认同与情感认同同属大学生成长动力发生认同机制的两个方面，需要建立在一定的价值观基础之上，两者在大学生成长动力形成过程中相辅相成，不可分割。情感认同是理性认同的一种表现形式，而理性认同又是情感认同的基础。在大学生成长过程中，家庭、学校与社会的角色特点决定了大学生在教育过程中的侧重点差异，家庭重情感认同，学校则因其教育者在教育过程中岗位不同，其中的理性认同、情感认同成分都兼而有之，而社会因其与学生的距离相对疏远，一般以理性认同为主。

第三节　态势激发机制

思想政治教育的态势激发机制是通过一定的态势，即提供一种物理学中的“场”环境，通过“场”效应来感染学生，使他们在被感染的过程中接受教育，并进而转化为成长的动力。这种场可以是精心设计的主题“场”，也可以是在大学生日常生活中自然形成的生活“场”，它们在大学生成长过程中都能起到一定的激发个体动力发生发展的作用。

一、“场”激发

思想政治教育无论存在于有形的空间，还是存在于无形空间之中，都需要人与人之间的交流互动，我们可以把这种交往活动的情境称作“场”。“场”的形式可以是有形的活动形式，也可以是网上无形的形式，或其他空间的“场”。在主题“场”的安排上，要有人的行动设计安排，并且要利用人的活动在现场营造一定的氛围和气势，这种气势可静可动，可有声可无声。不论采取什么样的形式，最终都要以“场”的效应发挥为准，这种“场”能让参与者感受到亲情、友情和爱的力量，感受到人与人之间的关心、爱护、理解、尊重和信任。

大学生可以从“场”的环境中感受到自身的存在和价值，在活动过程中有强烈的参与体验，实现对自身既往行为的反思。如常规的活动可以采取道德模范的事迹报告会、拓展活动等。对于一些学校平时需要教育，但缺乏专门机会，或者是老生常谈却效果不佳的话题，学校可以借助各种模拟的活动，如模拟联合国、模拟证券市场、模拟人才市场、模拟法庭等，通过活动让大学生发现自身存在的问题，在活动中进行自我管理、自我教育，不断完善自己。

学校还可以抓住重大事件营造某种“场”的教育氛围，如大灾大难之后，组织各种祈福活动体现珍惜生命的主题；奥运会、世博会活动让大学生感受到责任和荣誉所在等。当然，高校还可以借助网络的优势，在网上开展各种专题论坛，可邀请专家与学生对话，或就某些大学生中的热门话题进行专题讨论等。通过各种各样大学生喜闻乐见的活动，让他们参与并融入其中接受教育。家庭里则可通过对于家庭有着重要意义的日子、活动来精心组织活动，进行家庭成员之间的沟通、交流和亲情教育，培养大学生对家庭的责任感和感恩的心态。

二、交流碰撞

交流碰撞有多种多样的形式，集中的交流情形是通过组织活动来进行。作为主题活动的主办方，无论是从活动本身、活动的运行以及活动的初衷，如果再能做一些必需的总结或说明，则效果会更好。一方面，主办方可以利用交流碰撞的机会，更好地向前来参与的人表示友好，说明活动的本意，对活动过程做一些总结。同时还可以采取适当的表扬激励的办法，对表现突出的大学生给予肯定，做一些现场的激励，强化在“场”人的在场意识。另一方面，可以邀请反应强烈的参与者分享一下他们的感受，借助他们的话点题，增强教育的效果。在活动的最后，还可以精心设计一些肢体类或语言类的群体活动，把活动的氛围推向高潮。当然，有些活动不便于总结，可安排一些人在事前做一些煽情的发言、鼓动性的讲话或教育者激励性的互动等，通过他们的言行，来点题或提升活动效果。通过在场人的言行，让大学生感受到他们处于被关心和爱护的环境中，促使他们产生强烈的尊严感、使命感、荣誉感、责任感、幸福感或自信心，在心理上得到深刻的情感体验，在情感共鸣的基础上将情感体验转化为成长的内在需求。

日常生活“场”的营造则不一定把立意提升到太高的高度，可以鼓励学校的基层组织、学生团体直到学生宿舍等举办各种类型或各种层次的活动，通过活动让学生学会自我管理和自我教育。为了让大学生能理性地开展这些活动，学校可以在态势激发机制的指导下，组织一些专题培训，让普通的同学都能参与，在活动中接受教育。学校还可以通过有目的的“场”的设计和组织方式引领大学生开展普及性强的群众性自我教育活动。未来的大学学分制的落实，要求大学生的思想政治教育工作必须多一些类似的体验式的教育，既使学校的教育方式慢慢转向引导工作上来，又使大学生的人生规划从模糊逐步走向清晰。

第四节　利益激励机制

利益激励机制与方向导向机制、认同机制、态势激发机制一样，在大学生成长动力的形成和发展方面产生影响。只不过利益更为人们所关注，因为利益是马克思主义动力论中的核心要素之一。利益本质上是一定的客观对象在满足主体需要时，在各需要主体之间进行分配时形成的社会关系形式。它决定着大学生成长动力发生发展的强度。“利益是个十分广泛的社会范畴，一般来说，凡是满足人们生存和发展需要的客体对象都可称为利益。”① 利益包括物质利益、精神利益和信息利益等。相对而言，大学生最为关注的是利益趋向于公平正义和人文关怀。

一、公平正义

公平与正义紧密相连，利益本身是作为调节思想政治教育有效实施的重要手段，如果不能实现其公平正义原则，则思想政治教育有效性会大打折扣。

“思想政治教育利益的公平原则，就是要求在进行思想政治教育时，公平地对待每一个社会成员或团体，在处理事情时合情合理，不偏袒任何一方。”②大学里虽不像社会那样有很多的物质利益可以分配，但大学生这一群体，他们在校期间更关注精神利益的分配，包括信息利益的分配。哪怕是一次口头表扬都会对他们的成长产生激励作用，更不用说通过其他形式对他们褒奖、认可。况且，从目前社会的主导文化来看，社会的科学发展、和谐社会的构建都需要社会实现分配上的公平正义。大学生对这一机制的关注，更希望他们的利益实现过程中能充分体现公平正义。

二、人文关怀

人文关怀是大学生利益实现的重要表现形式。“人文关怀就是关注人的生

---

① 王继全，陆树程．和谐社会视阈中思想政治教育的利益原则［J］．毛泽东邓小平理论研究，2009（2）．

② 王继全，陆树程．和谐社会视阈中思想政治教育的利益原则［J］．毛泽东邓小平理论研究，2009（2）．

存与发展，既要教育人、引导人、鼓舞人、鞭策人，又要尊重人、理解人、关心人、帮助人。”① 教育是人与人之间的活动，大学生的成长并非单纯靠物质、精神或信息利益的形式来实现的，必须借助教育者的参与，并辅以适当的形式，才能实现其教育功能。“思想政治教育是一种育心、育德、育人的‘文化—心理’活动，是一种与人心灵的沟通。从这个意义上来说，思想政治教育本质上就是一种人文关怀，体现着一种深刻的人文精神。”② 大学生成长动力教育的目的，就是要实现思想政治教育这种深刻的人文关怀精神。在关注大学生利益实现的过程中，还要特别注意不能把利益激励作为最终目的，而是要把物质利益与精神利益、短期利益与长远利益、个人利益与集体利益结合起来，作为促进个体更好成长的手段。

三、利益协调

大学生的成长利益是一个复杂的关系现象，经常处于矛盾之中，难以取舍。大学生成长动力教育面临着同样的问题，个体利益与社会利益的结合是实现个体发展动力最大化的重要保证。物质利益与精神利益相结合，一方面可以合理配置高校有限的办学资源，另一方面可以防止大学生陷入功利性泥潭里不能自拔。在大学生各个方面还不够成熟时，有必要对他们进行关于短期利益与长期利益方面的引导，因为缺乏社会阅历的他们可能会因为眼前利益而忽视个体的长远发展。

邓小平同志在谈到利益问题时指出：“在社会主义制度之下，个人利益要服从集体利益，局部利益要服从整体利益，暂时利益要服从长远利益，或者叫作小局服从大局，小道理服从大道理。我们提倡和实行这些原则，绝不是说可以不注意个人利益，不注意局部利益，不注意暂时利益，而是因为在社会主义制度之下，归根结底，个人利益和集体利益是统一的，局部利益和整体利益是统一的，暂时利益和长远利益是统一的。”③ 坚持处理好利益机制过程中的这几组问题，不仅对当代大学生成长动力的产生和发展有益，而且在参与思想政治教育的家庭、学校和社会各要素之间也可以形成良好的互动关系，是构建大学生成长利益共同体的重要关系基础。

---

① 陈联俊，祝淑媛．大学生意识形态教育中“人文关怀”的理论考量［J］．湖北社会科学，2010（10）．

② 王东莉．思想政治教育人文关怀的内容体系建构［J］．教学与研究，2005（2）．

③ 邓小平文选（第2卷）［M］．北京：人民出版社，1994：175－176．

第十一章

大学生成长动力教育体系构建

大学生成长动力体系的构建，需要充分考虑大学生成长的需求特点，突出大学生成长动力的“动”和“变”的主题，本着引领性、驱动性、持续性、效率性、激励性、合力性和差异性等原则，关注内外因影响要素之间的相互关联，重点突出价值引领、环境激发、知识能力体系牵引、成长共同体构建等要素体系，为摆脱大学生成长动力困境寻求合理的途径和方法。

第一节　价值引领体系

在大学生成长动力教育问题上，必须坚持方向性原则，要把大学生的成长动力教育的价值取向与新时代中国特色社会主义的发展方向统一起来，坚持以中国特色社会主义的“道路自信、理论自信、制度自信、文化自信”引领、推动大学生个体与社会的辩证统一发展，不断激发他们的成长动力。

一、理想与信念

理想信念的要求古已有之，在当代，“理想信念就是人的志向”①。“理想信念是共产党人精神上的‘钙’，理想信念坚定，骨头就硬，没有理想信念，或者理想信念不坚定，精神上就会‘缺钙’，就会得‘软骨病’。”② 理想信念的精神需求来自人们的实践，具有现实可能性，是对未来社会和自身发展的向往与追求，体现着人们鲜明的世界观、人生观、价值观和人的奋斗精神。理想受生产关系影响，具有鲜明的时代性、阶级性。社会的发展，历练了人们把握社会发展规律的能力。人们对理想的认识有一个逐步深化的过程，人们会

① 习近平．谈治国理政［M］．北京：外文出版社，2014：413.
② 习近平．谈治国理政［M］．北京：外文出版社，2014：414.

通过对自我的不断调整丰富自身理想的内涵。

（一）中国特色社会主义道路选择

大学生理想信念教育必须以中国现阶段的发展现状为基础，并须在对此现状有充分认知的基础上实现。“我们党历尽千辛万苦探索出的这条中国特色社会主义道路，已经被历史证明是中华民族走向伟大复兴的唯一正确道路。中国特色社会主义既体现了党的最高纲领和基本纲领的统一，又体现了中国社会历史发展的规律；既符合我们独特的文化传统、独特的历史命运、独特的基本国情，又是名副其实的科学社会主义。”① 社会主义初级阶段是中国现代化建设的重要历史时期，这一时期的发展与西方发达国家明显不同。西方国家的现代化是在工业文明方兴未艾的时候，由传统农业文明向现代工业文明转型的现代化，而中国的现代化是在西方迈向后工业文明之际才逐步向工业文明过渡的现代化。此时，工业文明的种种问题已经为人们所共知，中国打破了人类社会发展由低级阶段向高级阶段逐步过渡的发展格局，在传统农业文明尚存之际便向工业文明和后工业文明过渡，三种文明共存带来的社会发展和伦理道德的问题，使人们充满了对社会发展的信任危机和不安全感。

同时，这一背景下的信仰体系也蕴含了这样的现实：“以人与自然的自在的和原始的合一为内涵的传统农业文明的文化精神、以技术理性和人本精神为内涵的现代工业的文化精神，以及以消解主体性、解构自我、重建人与自然的统一为特征的后现代文明的文化精神在中国的现代化进程中同时出现，并从不同的角度冲撞着、挤压着、困惑着中国民众。”② 大学生在当前的发展状况下，同样会对社会主义未来发展缺乏信心，并对自身发展方向产生了迷惘。引导大学生对社会主义初级阶段落后的社会生产现状、制度优越性以及未来的美好发展前景进行全面科学认知，是解决当前大学生成长困惑的重要手段。

（二）马克思主义信仰追求

马克思主义是科学的理论体系，也是科学的价值观。马克思当年从人类社会的生产劳动这一事实出发探索人类社会的产生和发展历程，在研究过程中运用大量的历史文献和资料，并且研究的范围涉及政治、经济、社会学、哲学、历史、地理以及数理化等各个领域。“正是从人类社会的基本事实出

① 秋石．革命理想高于天——学习习近平同志关于坚定理想信念的重要论述［J］．求是，2013（21）．

② 杜刚，邢巨娟．对信仰重建的哲学思考［J］．理论探索，2006（5）．

发，马克思……创立了其哲学、政治经济学、科学社会主义等庞大的理论体系，发现了人类社会发展的规律，即生产方式矛盾运动规律。”① 通过多方位、多层次的分析人类社会形成和发展的历史，马克思成就了其历史唯物主义、辩证唯物主义理论，形成了为人的自由而全面发展的事业奋斗的价值观。

“实践的观点、生活的观点是马克思主义认识论的基本观点，实践性是马克思主义理论区别于其他理论的显著特征。马克思主义不是书斋里的学问，而是为了改变人民历史命运而创立的，是在人民求解放的实践中形成的，也是在人民求解放的实践中丰富和发展的，为人民认识世界、改造世界提供了强大精神力量。”② 马克思主义作为一种理论体系，其经典作家的科学求证精神和广泛的涉猎精神理应成为大学生成长过程中学习的楷模。而马克思主义作为一种价值观，它关注整个人类社会发展的终极追求，而非某一国家、某一民族或某一社会形态的追求，把人的自由而全面发展作为解放全人类的最终目标。这种自由而全面发展的主体自然包括了大学生这一群体，马克思主义的这种价值观应该成为大学生的科学信仰。

（三）实现中国梦的共同理想

“中国特色社会主义进入新时代，意味着近代以来久经磨难的中华民族迎来了从站起来、富起来到强起来的伟大飞跃，迎来了实现中华民族伟大复兴的光明前景；意味着科学社会主义在二十一世纪的中国焕发出强大生机活力，在世界上高高举起了中国特色社会主义伟大旗帜；意味着中国特色社会主义道路、理论、制度、文化不断发展，拓展了发展中国家走向现代化的途径，给世界上那些既希望加快发展又希望保持自身独立性的国家和民族提供了全新选择，为解决人类问题贡献了中国智慧和中国方案。”③ 中国特色社会主义进入新时代是我国发展新的历史定位，人民日益增长的美好生活需要与社会发展不平衡、不充分成为社会主要矛盾的论断，再次强调了人的主体地位实现和主观能动性发挥的重要性。在中华民族伟大复兴的中国梦实现过程中，除了马克思主义主导价值观外，还有其他多种价值观同时存在，它们都不同程度地影响着大学生的成长和发展，中国梦的共同理想是我们以科学的态度包容、尊重多元价值观存在和发展的重要精神支柱。

---

① 张利华．马克思主义既是科学理论又是科学信仰［J］．理论前沿，2004（16）．

② 习近平．在纪念马克思200周年诞辰大会上的讲话［EB/OL］．(2018－05－28)［2018－07－20］．新华网：http：//www.xinhuanet.com/2018-05/04/c_ 1122783997.htm.

③ 习近平．决胜全面建成小康社会　夺取新时代中国特色社会主义伟大胜利——在中国共产党第十九次全国代表大会上的报告［M］．北京：人民出版社，2017：10.

中国梦的共同理想是我们承前启后，继续夺取中国特色社会主义建设伟大胜利，决胜全面建成小康社会，全面推进现代化强国步伐的方向指南，是团结全国各族人民勠力同心，共创美好生活，奋力实现中华民族伟大复兴，走进世界舞台中央，为人类发展做出更大贡献的强大精神动力。

二、民族精神与时代精神

历史实践证明，任何一个国家或民族的生存、发展、富强，都离不开强大的民族精神作为其精神支撑。“从一定意义上讲，民族精神是民族文化的本质和灵魂，具有统一性和连续性的鲜明特征。伟大的民族精神是中华民族最为浓厚的历史情感的结晶，是古往今来千千万万中国人奋发向上、百折不挠的精神支柱，是中华民族生生不息、薪火相传、不断发展壮大的精神动力。”① 民族精神是“民族得以生生不息地繁衍和发展的活的灵魂与根本动力，也是该民族所创造的文化和文明的内在核心部分”②。在对大学生进行教育和引导的过程中，要注意把优秀的历史传统与当下现实结合起来，既要把握优秀的民族精神在中华民族危难之时曾一度发挥过重要的作用，充分体现其在民族生存和发展过程中的强大感召力，以及中华民族的强大生命力、凝聚力和创造力；又要把握今天的民族精神来凝聚中华民族五千多年的优秀文化传统，形成以爱国主义为核心的勤劳勇敢、团结协作、热爱和平、自强不息等优秀品质于一体的思想品质、价值取向和道德规范，是中华民族优秀的心理特征、文化传统和思想情感等的突出表现。这一精神是中华民族凝聚其他各种思想文化，应对挑战和发展风险、增强民族自尊心、自信心和自豪感的精神支柱。

在对大学生进行爱国主义教育和引导的时候要突出民族精神属于“历史范畴”的特点。在当代中国，爱国主义与社会主义本质上是一致的，建设中国特色社会主义是新时期爱国主义的主题。③ 中国特色社会主义之路是当代大学生成长的当然使命和力量源泉。

把改革创新精神与大学精神紧密结合起来，并贯彻到教育引导过程中。只有改革开放才能发展中国、发展社会主义、发展马克思主义；只有通过改革开放，才能不断冲破一切阻碍经济、社会发展的体制、机制，打破思维上的教条主义、主观主义和形而上学，不断完善社会主义的民主法制，促进社

① 本书编写组．社会主义核心价值体系学习读本［M］．北京：中共党史出版社，2007：145.
② 欧阳康，栗志刚．核心价值体系研究：民族精神视角［J］．江西社会科学，2007（2）.
③ 本书编写组．社会主义核心价值体系学习读本［M］．北京：中共党史出版社，2007：153.

会公平正义，倡导诚信友爱、追求科学与和谐相处等时代精神。

新时代中国特色社会主义依然是崭新的、探索中的事业，没有现成的模式可依，在前进的路上只有不断进行改革和创新才能解放、发展生产力，为全面建成小康社会服务。爱国主义与改革创新作为新时代的主旋律也会在大学生成长过程中不断促进其养成正视传统，并担负国家、民族的建设和发展重任。同时，民族精神、时代精神与大学精神中，批判、独立自主、追求真理等内涵在本质上的一致性将是大学生把握方向，与时代同步发展，不断创造人生价值的重要精神动力。

三、社会主义核心价值观教育实践

社会主义核心价值观不仅涵盖了国家的价值目标，社会的价值取向和公民个人层面的价值准则，系统地对三个层面的价值要求做了概括，而且集中彰显了中华民族传统美德和传统文化发展的时代要求，是新时代中国特色社会主义文化建设和加强社会主义思想道德建设的重要抓手。

在社会主义核心价值观教育和引导过程中，要充分发挥社会主义核心价值观本身具有的指导、引领、整合和创新功能，引领校园文化建设。“社会主义核心价值观是当代中国精神的集中体现，凝结着全体人民共同的价值追求。要……把社会主义核心价值观融入社会发展各方面，转化为人们的情感认同和行为习惯。”① 首先，要坚持以马克思主义指导思想引领和整合多元社会意识，最大限度地把大学生的思想认识统一到新时代中国特色社会主义事业上来，在大学校园内大力开展新时代中国特色社会主义的文化建设，即要培育以社会主义核心价值观为主导的健康有益文化，改造落后文化，抵制消极、腐朽文化，创建既有主导方向，又包容互鉴的生动活泼的校园文化环境，丰富大学生的精神世界。其次，要在大学校园内积极倡导尊重差异、包容多样的和谐文化理念，让和谐校园成为师生的共同追求，最大限度地团结广大师生，充分利用各种思想资源，凝聚和调动一切积极因素，为大学生的成长服务。再次，要在大学校园内营造良好的人文氛围，充分发挥广大大学生的积极性、主动性和创造性。

社会主义核心价值观是国家软实力的象征，是社会主义的本质体现，是需要全社会共同坚持的价值追求，其确立是一个长期、复杂的实践和提炼过

---

① 习近平．决胜全面建成小康社会　夺取新时代中国特色社会主义伟大胜利——在中国共产党第十九次全国代表大会上的报告［M］．北京：人民出版社，2017：42．

程。要通过科学、合理的宣传方法和途径，使之符合人的价值观生成规律。这一过程要充分考虑社会主义核心价值观教育的重心下移，不能按照理想期望随意地拔高；宣传、教育的方法与途径必须在受教育主体的日常学习、工作和生活过程中具有可执行性，仅仅靠灌输难以奏效。特别是在学校教育中，要把有关人生价值、个性发挥、处世待人等贴近现实生活的话题引进课堂。同时，把宣传、号召与启迪、思考的方式方法有机地结合起来，着眼于人们精神需要的差异性事实，把组织者的宣传、引导与接受者的体验、思考，以及参与探讨的方式相结合，使其宣传、教育更加科学。在社会主义核心价值观践行的过程中，始终需要把握大学生这一群体的特点，坚持个体与社会发展、物质生活与精神生活、手段价值与目的价值、自律与他律等相统一的原则。关注大学生成长的过程感受，注重发挥他们个体的主观能动性。

第二节　环境激发体系

无论是制度环境、教育主体关系环境，还是学校的学习生活环境，都在不同层面上对大学生的成长产生影响，这些影响是造成大学生成长外因和内因矛盾的重要原因，需要在大学生成长引导过程中不断优化。

一、学校教育

学校作为大学生成长的重要环境，对大学生成长的外力驱动实现具有重要作用，必须关注大学生的对象性存在，以及这种对象性存在的群体和时代特点。

第一，大学生主体地位的实质是对受教育者是否在场的关注。马克思指出："一个存在物如果在自身之外没有自己的自然界，就不是自然存在物，就不能参加自然界的生活。一个存在物如果在自身之外没有对象，就不是对象性的存在物。一个存在物如果本身不是第三者的对象，就没有任何存在物作为自己的对象，也就是说，它没有对象性的关系，它的存在就不是对象性的存在。"① 一方面，体现个体主体地位是教育过程本身的要求，只有在教育过程中充分体现大学生的主体地位，才能不断调动大学生自我教育的积极性。大学生作为受教育者，他们是教育者生存的自然界中的生命活动对象，认可

① 马克思恩格斯全集（第42卷）[M]. 北京：人民出版社，1979：168.

大学生在教育中的主体地位，也是调动教育者的积极性、主动性和创造性的重要举措。

第二，作为受教育者，大学生在教育过程中的主动性不仅表现在其参与交流、沟通、主动接受教授知识，更重要的是他们还会在充分理解教育者的思想之后，运用他们已有的知识、能力和价值取向反作用于教育者。从这个教育角度看，受教育者不仅仅是教育客体，也是积极认识和主动行为的主体。[①] 大学生在感受、体现他们的主体性存在的同时，实现受教育者与教育者在教育过程中的民主、平等地位，凸显了教育本身的科学化，也遵循了马克思主义所主张的人与人的平等。

第三，大学生作为层次较高的群体，他们的发展关系着国家、民族和人类的未来，对他们的教育引导应该充分体现“以人为本”的思想，把对他们的人格尊重、利益关注，以及成长过程中的关心和爱护纳入理性的发展范围。同时，还要把大学生成长动力形成过程中的短期利益与长期利益相结合，个体利益与国家、集体利益相结合，把人的发展与对自然的保护相结合。在人、社会、自然三者之间建立起辩证统一的理性发展关系，使大学生在传承文明和传播文化过程中，担当起承前启后的重任，把对个体的关怀转移到对人类的终极关怀上来。

第四，学校在凸显教育的驱动作用方面，要落实到学分制等具体措施上。时代的发展越来越需要大学生的个性化发展，这种发展要求学校为大学生的个性成长提供充分的空间。同时，时代的发展也对学校教育不断提出因材施教的要求。因此，学分制作为一种选择性和灵活性较强的教学管理方式，是顺应未来大学发展方向的一种必然趋势。它充分体现了以大学生为主体，注重共性和个性需求差异，突出人才培养的多样性和个性化。[②] 学分制要求为大学生提供相应的自由时间和空间，以便他们在学习和生活中更好地学习与消化已有知识，独立自主地完成成长过程中的各项工作，直到能不断地进行创造性实践。

《国家中长期教育发展改革和发展规划纲要（2010—2020年）》要求，注重因材施教。关注学生不同特点和个性差异，发展每一个学生的优势潜能。推进分层教学、走班制、学分制、导师制等教学管理制度改革。当下，很多学校实行学分制，学分制具有选择性和灵活性的特点，大学生可以合理有效

① 张耀灿. 思想政治教育学原理［M］. 北京：高等教育出版社，2001：169.
② 董刚，李才俊. 学分制下大学生自我管理模式的构建［J］. 学校党建与思想教育，2010（11）.

统筹安排时间和精力。

第五，做好大学期间的学业规划，便于大学生在日常的学习和生活中有效实施。在这方面，高校要充分发挥自身的优势，从师资、软件、硬件等方面为大学生的成长规划提供条件。引导他们弄清成长必须回答的三个基本问题，即“我是谁”“我能干什么”“我该干什么”。促进他们对自身成长进行合理定位，明晰成长和发展任务，并在时间和精力方面进行合理分配。在做好学业规划的同时做好职业规划、生涯规划，学校要把职业生涯教育列入大学生的学业课程中，通过必修课、选修课和课外实践等形式进行教育引导，促进大学生全面、系统地了解职业生涯规划的相关知识，利于他们认清目标，把握好发展方向。在师资的配备方面，要选拔一些有相关专业背景、有责任心和工作能力的教师投入教学和辅导一线，并且师资的选配要打破原有的以辅导员和行政人员为主的模式，确保职业生涯规划指导师资的时间、精力和责任心都能为大学生提供相应指导和服务。

在职业生涯规划指导过程中，注重突出年级、专业和个性成长特点，突出大学生当前的学业规划。在大学生的职业生涯规划的管理方面，要形成一定的体制和机制，定期对大学生的职业生涯规划情况进行了解和交流，在推动他们有效执行规划的同时，不断对各自的规划进行合理调整。针对大学生的职业生涯规划的实际，定期或不定期地开展课外指导服务工作，有针对性地解决大学生职业生涯规划中出现的问题。

二、政策制度

在国民经济和社会发展第十三个五年计划开局之时，国家针对国民经济发展、社会发展、教育发展和人才培养等方面，出台了相应的规划建议或政策纲要，在大学生就业方面也形成了相关的文件，为大学生成长从宏观背景到微观环境，直到未来发展都提供了相应的制度和政策保障，也从政策和制度层面为不断推动大学生成长创造了条件。

《中共中央关于制定国民经济和社会发展第十三个五年规划的建议》在描述我国发展环境的基本特征时指出：“和平与发展的时代主题没有变，世界多极化、经济全球化、文化多样化、社会信息化深入发展，世界经济在深度调整中曲折复苏，新一轮科技革命和产业变革蓄势待发，全球治理体系深刻变革，发展中国家群体力量继续增强，国际力量对比逐步趋向平衡。同时，国际金融危机深层次影响在相当长时期依然存在，全球经济贸易增长乏力，保护主义抬头，地缘政治关系复杂变化，传统安全威胁和非传统安全威胁交织，外部环境不稳定不确定因素增多。”① 该规划要求必须清醒地看到当前发展过程中存在的不平衡、不协调、不可持续的问题。坚持人民主体地位，充分调动人的积极性、主动性和创造性。坚持科学发展，以经济建设为中心，转变经济发展方式，推进结构性改革力度，实现更高质量和更好效率的发展。坚持进一步深化改革，破除一切不利于科学发展的体制机制。加快依法治国进程，坚持统筹国际国内两个大局，全面从严治党，不断提高党的执政能力和水平。大学生作为“十三五”规划实施的生力军，国家发展的宏伟蓝图为他们提供了广阔的发展空间，同时也对他们的成长提出了很高要求，社会发展的宏观趋势会直接推动他们不断完善自己。

《国家中长期教育发展改革和发展规划纲要（2010—2020 年）》中明确规定了高等教育培养高级专门人才、发展科学技术文化和促进社会主义现代化建设的任务。“提高质量是高等教育发展的核心任务，是建设高等教育强国的基本要求。到 2020 年，高等教育结构更加合理，特色更加鲜明，人才培养、科学研究和社会服务整体水平全面提升，建成一批国际知名、有特色、高水平的高等学校，若干所大学达到或接近世界一流大学水平，高等教育国际竞争力显著增强。”② 提高质量、提升办学水平和增强高等教育的竞争力都是高等教育在经济全球化时代发展的必然要求，这一教育发展的纲领性文件从国家宏观角度，对高等教育提出了发展的根本要求，这些目标的实现需要以人的发展为前提。一方面是教师的科研、教学水平的提升，另一方面是人才培养质量的提升。但无论是教师还是人才培养的进步，最后都要回到人才培养本身。外界环境的不断优化可以形成良好的办学氛围，推动形成大学生成长过程中知识、能力需求的势差和合理张力，不断满足大学生全面发展的需要，促进大学生的成长。

《国家中长期人才发展规划纲要（2010—2020 年）》的目标要求：“到 2020 年，我国人才发展的总体目标是：培养和造就规模宏大、结构优化、布局合理、素质优良的人才队伍，确立国家人才竞争比较优势，进入世界人才强国行列，为在 21 世纪中叶基本实现社会主义现代化奠定人才基础。”③ 大学生成长具有明确的目标导向，成长为一个适应时代发展要求的合格人才是时代发展的要求，也是个体成长的目标。《国家中长期人才发展规划纲要

---

① 中共中央关于制定国民经济和社会发展第十三个五年规划的建议［M］. 北京：人民出版社，2016：787－788.

② 国家中长期教育改革和发展规划纲要（2010—2020 年）［M］. 北京：人民出版社，2010：28.

③ 国家中长期人才发展规划纲要（2010—2020 年）［M］. 北京：人民出版社，2010：5.

（2010—2020 年）》从大学生的目标导向上为大学生提供了发展方向，并且也提出了较具体的要求。“尊重劳动、尊重知识、尊重人才、尊重创造，更好实施人才强国战略，坚持党管人才，遵循社会主义市场经济规律和人才成长规律，加快人才发展体制机制改革和创新……统筹推进各类人才队伍建设，为实现全面建设小康社会奋斗目标提供坚强的人才保证和广泛的智力支持。”① 《国家中长期人才发展规划纲要（2010—2020 年）》的精神将成为大学生成长的目标导向动力，为大学生成长营造良好的成才环境，促进他们不断成长。

在高等教育的办学要求上，《中华人民共和国教育法》第六条明确规定：“国家在受教育者中进行爱国主义、集体主义、社会主义的教育，进行理想、道德、纪律、法制、国防和民族团结的教育。”② 这为高等教育提供了明确的办学方向。而在如何贯彻高等教育办学方针的问题上，《中华人民共和国高等教育法》第四条规定：“高等教育必须贯彻国家的教育方针，为社会主义现代化建设服务，与生产劳动相结合，使受教育者成为德、智、体等方面全面发展的社会主义事业的建设者和接班人。”③ 同时，要求高等教育不断提高办学质量，“国家按照社会主义现代化建设和发展社会主义市场经济的需要，根据不同类型、不同层次高等学校的实际，推进高等教育体制改革和高等教育教学改革，优化高等教育结构和资源配置，提高高等教育的质量和效益”④。该法还为大学生在读期间的活动提供了自由空间和法律保障，如《中华人民共和国高等教育法》第十条规定：“国家依法保障高等学校中的科学研究、文学艺术创作和其他文化活动的自由。在高等学校中从事科学研究、文学艺术创作和其他文化活动，应当遵守法律。”⑤ 另外还有相关的法律也对高等教育的相关情况提出了相应的要求，为确保大学生成长的利益实现提供了法律保障。

从国家宏观经济发展计划建议、教育发展纲要、人才发展规划纲要，到国家的教育法、高等教育法等，都从政策和法律的角度对营造大学生的成长环境提出了宏观的要求，国家层面的政策法规是大学生成长利益得以实现的

① 国家中长期人才发展规划纲要（2010—2020 年）[M]. 北京：人民出版社，2010：3.

② 教育部研究室. 中华人民共和国现行高等教育法规汇编 [M]. 北京：人民教育出版社，1993：1.

③ 教育部研究室. 中华人民共和国现行高等教育法规汇编 [M]. 北京：人民教育出版社，1993：22.

④ 教育部研究室. 中华人民共和国现行高等教育法规汇编 [M]. 北京：人民教育出版社，1993：22.

⑤ 教育部研究室. 中华人民共和国现行高等教育法规汇编 [M]. 北京：人民教育出版社，1993：22.

重要保证，这些政策法规将从环境角度，促进大学生成长需求的不断提升和合理张力的形成，为他们成长提供政策制度的外因动力。

三、教育主体关系

大学生成长是一个角色从被动到主动转变的过程，这种主动性的实现需要合理的引导与良好的交往和沟通环境。家庭、学校、社会与大学生主体之间良好的主体关系环境是解决大学生成长问题、寻求科学发展路径的重要前提。

大学生的交往和沟通环境是一个主体际的环境，这一环境是以成长教育内容、材料为媒介的教育者主体与大学生主体的关系，是主体与主体之间的交往实践关系。大学生成长过程中这种教育关系的主体际性是当前高等教育发展的重要特征，也是大学生成长教育过程中良好师生关系形成的重要条件。"进入当代社会以后，人与人之间的关系日益密切，'共在''共生'开始成为人的基本生存和发展方式。因此，为顺应当今时代精神的要求以及社会进步与发展的潮流，当代主体性教育必须从'主体—客体'生产实践观走向'主体—客体—主体'交往实践观，积极引导个体实现自己基本生存和发展方式的根本转变—从建立在'物的依赖性'基础之上的'个体占有性'生存和发展方式到建立在全面发展和自由个性基础之上的'共生性'生存和发展方式，从狭隘的'孤独的个人'到具有国际视野的'世界历史性的个人'。"[①] 这种"主体—客体—主体"的交往方式正是当代大学生成长教育过程中追求的一种师生关系模式，也是师生之间相互尊重、调动各教育主体积极性的重要条件。

"在构成教育活动的诸要素中，教师与学生是两个最基本、最活跃的因素，师生关系决定、制约着其他教育关系的存在和发展。"[②] 需要指出的是，当前以学生为中心的教育发展理念是教育本身追求的发展方向，但在教学活动中，学生与教师的地位应该是平等的，否则，将不利于成长教育工作的开展。在大学生的成长教育实践中，家庭、学校和社会等教育者主体都要求充分体现其在教育中的主导地位，以展示其知识和实践等方面均优于大学生，以此对大学生主体产生影响，促进他们素质的全面提高。对于大学生主体而言，成长和发展的需求促使他们保持一种积极的心态，主动消化吸收学习过

---

① 张天宝. 交往实践观与主体性教育理论研究范式的转换 [J]. 教育研究，2004 (6).

② 潘洪建. 师生关系：发展性主体际交往关系 [J]. 西北师大学报（社会科学版)，2000 (3).

程中所获得的知识，并主动运用到实践中，以不断加深对所获知识的印象，增强运用能力。

教育的主体际关系形成需要教育者主体和大学生主体通过教育这种实践活动，在促进大学生成长动力形成和发展的过程中不断形成与优化。教育主体际关系的形成过程需要各教育者主体与大学生主体的积极投入。“在教育交往中，教师主体和学生主体均能充分、自由地展现自己的丰富性，以各自的全部经验、情感、个性投入教育生活，相互影响、相互交融、相互促进。交流、对话、感染是教育活动发生发展的基本方式。”① 学校教育如此，家庭与社会教育也同样需要这样的教育和投入方式。只有在亲情、友情等多种情感的共同影响与感化下，在平等、自由和创新的独立思考过程中，大学生成长动力才能不断形成和发展。

大学生成长的教育主体关系环境是一个复杂的系统，这一系统在形成过程中很容易因为各自的不同利益诉求而导致外因动力的相互矛盾，导致成长合力的削减。因此，很有必要在大学生成长问题上，推动各教育者主体之间形成价值共识，促进大学生成长动力教育在其引导方向上的一致，为最大限度形成成长合力创造条件。

第三节　知识能力牵引体系

知识能力训练是大学生成长的基本要求，在形成追求科学真理满足求知欲的基础上，实现“博”与“专”的统一、理论与实践相结合、知识学习与智慧增长同步。围绕兴趣爱好、专业领域和职业期望等方面要求进行针对性训练，以此形成大学生成长的牵引动力，是构建大学生知识能力牵引体系的重要手段。

一、科学知识教育

通过大学生科学知识体系的建构，使得他们在学习知识、获取知识、运用知识的矛盾运动中形成动力。这里针对大学生成长特点，认为大学生科学知识体系的构建，需要以学术知识为核心，以价值观知识辨别方向，以生活知识为支持，由此形成促进大学生成长和发展的完善的知识体系。

---

① 潘洪建．师生关系：发展性主体际交往关系［J］．西北师大学报（社会科学版），2000（3）．

（一）探索真理的学术知识

大学是学习探讨学术知识的重要阵地。伯顿·R. 克拉克说："只要高等教育仍然是正规的组织，它就是控制高深知识和方法的社会机构，它的基本材料在很大程度上构成各民族中比较深奥的那部分文化的高深思想和有关技能。知识材料，尤其是高深知识材料，处于任何高等教育的目的和实质的核心。"① 大学在追求高深知识和高深思想的过程中，不断形成教师和学生的独立学术品格。只有具备了大学精神的求真、求实、求新的精髓，才能更好地发展大学的校园文化，培育良好的育人氛围，以理想的状态和环境促进每一位大学生的良性发展。才能通过教师、学生的学习实践活动，不断追求真理、探讨学术。雅斯贝尔斯曾说："大学的理想要靠每一位教师和学生来实践，大学的生命在于教师传授给学生新颖的、合乎自身境遇的思想来唤醒他们的自我意识。"② 对学术知识的全面理解是大学生独立人格形成和发展的重要内容。大学生学习学术知识不仅是为个体生存，而且应该是建立在个体和社会发展需要基础上的。只有对大学的学术知识学习任务有清晰认知，他们的大学生活才会有充足的动力。

针对知识的学习训练，我们必须避免庸俗化、功利化的"投资"观念，需要摒弃完全基于实用知识、工具知识的学习态度。在大学生的知识学习过程中，一方面，学生乃至家长几乎都趋向于就业的功利主义，把所谓的"有用"的知识作为学习的主攻对象，由此失去追求真理、学习科学知识的动力。此时，人不把自己当作活生生的人，而作为待价而沽的商品，追求的目标是在市场上成功地出卖自己，在生活中的学习、工作，就是对自己的投资。③ 这种生活态度，越来越现实，理想却越来越远。

另一方面，在全球化演进中，经济利益意识席卷全球，信息化高度发达，知识的传播和发展速度越来越快，大学传播学术知识随着时代需求的变化而趋向淡化。由于高等教育所具有的传授知识的作用，在现代社会越来越被看作是一种经济投资。当今高等教育特征的变化，突出地表现在人们日益关心的是高等教育发展的规划、数量、收入、产出、绩效、产品的提供能力以及社会的贡献率，而不是其他。④ 教育某种程度上被当作一种产业来投资，大学

① 伯顿·R. 克拉克．高等教育系统——学术组织的跨国研究［M］．王承绪，徐辉，等，译．杭州：浙江大学出版社，1994：11.

② 雅斯贝尔斯．什么是教育［M］．邹进，译．上海：生活·读书·新知三联书店，1991：139.

③ 毛亚庆．高等教育发展的知识解读［J］．教育研究，2006（7）.

④ 毛亚庆．高等教育发展的知识解读［J］．教育研究，2006（7）.

越来越成为传播实用知识的工具。这些年来的人才培养实践已经证实，学生在知识，特别是学术知识学习过程中表现出来的实用主义态度，以及社会对高等教育办学过程中表现出来的重心偏向问题越来越凸显了学术知识学习、学习能力教育引导过程中的庸俗化、功利化倾向，无论是对大学生成长，还是对高等教育本身，都产生了诸多负面影响，急需全社会教育观念的转变和实践的转型。

（二）辨明方向的价值观知识

价值观作为一种价值取向，关系到大学生成长的全过程，在应对纷繁复杂的意识形态文化过程中，社会对个体辨别能力提出了要求，必须以一定的价值观基础知识作为支撑。然而，现实生活中，当代大学生成长受多种因素影响，生活阅历不足，价值观本身并不稳定，大学生迫切需要加强价值观知识的学习和领会。

价值观知识的学习无处不在。大学生关于价值观知识的学习多数情况下都是零碎的、自发的和不成体系的。因此，大学生要不断学习实践价值观知识，构成持续稳定的知识体系。通过价值观知识的学习，促进他们更系统地了解价值观的演变，以及不同社会形态、同一社会形态下不同发展阶段的价值观状况，引导大学生在选择人生发展方向时做出科学判断，为自身成长发展合力的形成最大限度地创造条件。大学生作为未来社会建设和发展的主力军，科学的价值观知识对激发他们成长动力和保持成长动力的持续作用非常必要。

在大学生价值观知识学习和教育过程中，思想政治教育提供了很好的平台。“思想政治教育的合力可以从纵向和横向两个方面考察：所谓纵向合力是指思想政治教育过程的连续性和阶段性的统一，两者既不能前后脱节、更不得前后冲突。”① 思想政治教育合力形成的核心是价值观的影响力，通过价值观的传播来实现其教育目的，一方面，价值观知识是一种力量；另一方面，价值观知识在传播过程中形成的外力可以转化为推动大学生成长的动力。

社会主义核心价值观，从价值目标、价值取向和价值准则等方面对国家层面、社会层面和个人层面的价值观做了规定，是新时代中国特色社会主义建设和发展的重要指导思想，需要大学生牢牢把握其精神内涵，以此构建自身的价值观体系，为自身的成长和发展提供方向性指导。

---

① 王礼湛，陈杰，陆树程．思想政治教育学［M］．杭州：浙江大学出版社，2004：222.

（三）生存必备的生活实践知识

当代大学生的学习生涯，除了学习通识课程、专业课程，应对各种考试、考证以外，还必须有生活实践知识的支撑。除了必须具备网络知识、交往实践、情感管理等方面外，还要具备时尚流行、消费理财、心理常识等知识。必须指出的是，网络已成为大学生不可或缺的生活方式，大学生的学习、生活都与网络紧密相关。时尚流行在经济快速发展、信息快速流通的现代社会已经为很多人所关注，大学生首先要融入时尚，甚至引领时尚。消费理财作为现实和未来生活的一种重要内容，也受到大学生们的普遍关注。信息化时代给人际交往带来了全新的理念，交往方式、交往目的及交往内容等方面都发生了巨大变化。现代大学生心理问题越发突出，需要认识其心理调适、心理咨询和人际交往的需要。实践环节倍受大学生重视，社会需求、就业需要促使他们加强实践环节，主动利用各种机会参与社会生产实践。无论在校园内外，只要条件许可，大学生都应努力克服困难、把握机会，在参与实践的过程中不断丰富自身的生活阅历和适应能力，尽力适应社会需要和时代发展。

现代社会中，人们对现实生活理解和要求越来越高，因此，大学生也会越来越关注生活知识的学习。从社会需要角度来看，大学生必须经历从“被动满足社会需要”到“主动适应社会需要”再到“引领推动社会需要”的三个阶段。[①] 来自大学生成长的内部需求和外部压力都促使他们不断地学习、完善，把外在的压力转化为自身成长的动力，同时，也把自身合理的需要不断转变成推动自身成长的内在动力。

二、创新创造能力培养

人类的进程是继承和创新的结果。创新不仅是大学精神的重要支撑，同时也是大学生个体素质全面提升的重要条件，从创新意识角度出发转变大学生的成长教育观念是时代发展的迫切要求。信息化时代给大学生学习带来根本性的变革，为其自我学习、创造性学习带来了便利。当代大学生应该顺应时代发展的根本要求，充分利用信息化手段，牢牢把握对教师教学内容的学习和思考这一重要环节，加强自身创新能力培养。

创新的前提是学会批判。在学习继承科学知识的基础上，不断养成批判精神，形成“创造性人格”，追求生活的意义。“创造的生活，也就是人所追

① 眭依凡. 高等教育强国：大学的使命与责任［J］. 教育发展研究，2009（23）.

求的有意义的生活。”[①] 创造性人格是我们每个人应该具备的重要品质，大学生更应当具备这一重要条件。“创造，既是内在于人的本性结构之中，为此，我们所说的‘创造性人格’，也是凡人都可企及的人格期待；那种不断追寻和实现更有价值、更加美好生活的取向，也是人人都可能持有的基本生活态度。”[②] 创造性人格的形成，对于大学生创新能力的培养及其创造有意义的生活等都具有重要的价值。

创新意识培养，必须包含着道德养成内涵。创造性是人的一种基本德行存在，“在生活论的视域中，道德是‘成人之道’，人的德行，也就是使人得以成就为人的基本品性。‘创造性’就是这种基本品性中的一种。‘创造性’是人的基本德行，这是生活论道德观的认识。”[③] 创造的一个重要指向是真善美的统一，是“更加美好、更加合理的生活，使人得以在这样生活中成就为人。创造是有价值指向的，创造在伦理上是向善的，道德就内在于创造生活之中”[④]。不符合真善美的创造不是真正意义上的创造。以广博的德育胸怀内化创造性德行，是个体和人类社会面向未来的必然选择，也是人类每个个体都应当担当的历史使命。

通过创造性学习，不断培养创新能力。大学生成长过程存在着内在自觉与外界自发的矛盾，由此他们在自我否定中成长。创新创造需求主要来自自我内在矛盾及其与外因之间形成的强烈反差，由此带给大学生强烈的求知欲和创造欲，激发并形成其成长的强大动力。创新能力建设有利于促进大学生的专业知识学习和主干知识体系的建构，为他们形成创造性思维和进行创造性实践提供理论基础，创造能力建设有利于推动大学生实践能力的发展。创新创造能力教育的内容来自实践，并且需要在实践中不断磨炼才能最终形成、固化到个体能力中去。创新创造能力建设不仅需要大学生有敏锐的察觉能力、机智的反应能力，还需要他们在实践中具备信息采集、处理、加工及其运用等能力，尤其要具备人际交往、交流沟通能力，因为探讨碰撞是创新创造的重要基础，可以推动大学生从教育的客体地位向主体地位转变。

---

① 鲁洁．创造性是人的一种基本德行［J］．教育研究与实验，2007（5）．
② 鲁洁．创造性是人的一种基本德行［J］．教育研究与实验，2007（5）．
③ 鲁洁．创造性是人的一种基本德行［J］．教育研究与实验，2007（5）．
④ 鲁洁．创造性是人的一种基本德行［J］．教育研究与实验，2007（5）．

三、教学相长及其自我成长管理

（一）教学相长

教学相长是教育者与受教育者主体之间关系形成的过程。在教育过程中充分发挥受教育者的自身能动性来不断优化教育效果，不断改变师生在教学过程中的不平等状态。教育者与受教育者之间时刻保持民主、平等的交往方式，可以充分调动大学生在参与过程中的积极性、主动性和创造性，充分体现学生在教育过程中的主体地位，尊重他们的知识现状和主体选择，为他们在教育过程中实现充分交往和愉快学习创造条件。“在教育活动中，不仅教育者是具有主动性、自主性和创造性的人，受教育者同样如此，师生间的关系是主体间的关系。形成、发挥和提高学生的主体性是近现代教育的主题，但其哲学基础和话语逻辑与实践目标明显矛盾。”① 在实践中不断推进教育主体间关系的形成，是促进教学相长、实现大学生自我管理与最大限度地推动大学生成长动力形成和发展的重要环节。

教与学在教师教学与学生学习中相辅相成。教与学的统一，是大学教学实现的重要条件。在大学教学过程中，教学设计是关系学生学习成长的重要因素，要注意贯彻指向持续性原则。教学设计过程的指向持续性原则，就是要把一个已经确定的教学决定持之以恒地贯彻下去，把在分析不同教学因素基础上对教学所做的预设措施，以严谨的顺序相互联系起来，而且注意保持教学设计前后的一致性和持续性。德国教学设计专家指出，坚持教学设计的持续性，可以避免“教学断层现象”②。一个完整的知识体系的学习、实践和思考，对于学生有效学习、创造性学习至关重要。同时，信息化为大学生提供了学习知识的重要平台，由于个性化时代人们对知识的不同兴趣，决定了大学生与教育者之间的代际“成熟差”③ 越来越小。在教学过程中，教育者从学生那里获得很多信息，也是教育者未来教书育人的重要资源。

学校可以通过组织机构及其教学实践安排等方式，帮助学生设计较为清晰的职业目标，使得大学生成长具有清晰的方向感。学生通过师生互动的读书讨论、专题论坛、社会实践、单位实习等活动，在贯通知识学习与专业能

---

① 郝文武．师生主体间性建构的哲学基础和实践策略［J］．北京师范大学学报（社会科学版）2005（4）．

② 杜惠洁．德国教学设计的基本原则［J］．教育发展研究，2009（4）．

③ “成熟差”是高德胜教授在他的专著《道德教育的时代遭遇》（教育科学出版社，2008 年 6 月版）中提出的一个概念，“成熟差”包括生理成熟差和社会成熟差两个方面．

力、贯通自我认知及其社会环境的基础上，依据职业目标实现知识的学习和能力的培养。针对关键问题，帮助学生进行自我能力的评估，了解能力状况，找出差距，制订提升能力的行动计划。

（二）自我成长管理

在知识能力体系建构过程中，不仅需要学校、教师体系化的教育和引导，更需要大学生学会自我管理，走出“他律”藩篱，用“自律”保障学习生活，实现自我管理。自我管理涉及诸多方面，如学习能力的目标管理、学习时间驾驭、闲暇时间管理、情感情绪管理及日常行为管理等。这里针对大学生时间、精力分散的突出问题，重点阐述其驾驭及管理问题。

时间和精力分配是大学生成长动力实现的重要表征。在大学生成长动力生成和维系的各种困境中，时间和精力在各个环节上的分配比例不协调是大学生成长动力迁移的重要标志。特别是大学生本该用于正常的学习时间和精力却被挪作他用，成长效率低下，严重影响个体成长的方向选择和自信心确立。大学生的时间和精力分配管理应形成以下的基本认知：

第一，专业性学术知识学习方面的时间和精力投入相对不足。这一方面的时间和精力投入是大学生成长的基础条件，也是大学生素质全面提高的核心要件。

第二，在大学生成长的各个环节上的时间合理分配是他们提高成长效率的重要基础。个体在成长和发展过程中各种条件的准备有轻重缓急，因此，在不同的领域与不同时段采取不同的时间和精力分配方式显得尤其必要。

第三，理性的时间、精力分配是大学生应对成长和发展压力的重要手段。大学生成长需要应对全球发展的复杂格局以及中国社会发展转型过程中的竞争压力，其心理需要不断调整适应。同时，还需要从实践上不断提升自身的核心竞争力，来解决成长过程中遇到的各种问题。这种核心竞争力的不断增强需要从时间和精力上不断优化，以便在有限的时间和精力范围内取得最大成绩。

大学生的时间和精力分配首先需要正确的价值导向，它决定着大学生对成长教育内容的认可程度，这种认可推动大学生对其成长环节的时间和精力进行合理分配与投入，并在投入的过程中不断提高时间和精力的效率。

（三）学会主动休闲

在时间驾驭方面，休闲占据了大学生的不少时间。我们必须强调，休闲时间及自由时间，对于大学生的自由个性形成和发展有着重要的意义。马克思指出："整个人类的发展，就其超出对人的自然存在直接需要的发展来说，无非是对这种自由时间的运用，并且整个人类发展的前提就是把这种自由时间的运用作为必要的基础。"① 在大学生成长过程中，他们时间效率的低下与他们不合适的休闲观念和休闲方式密切关联，其中被动的、尴尬的休闲方式是造成时间效率低下的重要原因之一。我们要通过知识能力培养和环境的营造，变被动休闲为主动休闲。主动休闲的关键在于，对自己学习生活进行合理规划，并在严格执行规划的前提下安排时间。

第四节　成长共同体互动体系

大学生成长是教育主体利益诉求实现的重要形式，家庭、学校和社会各教育者主体在大学生成长的教育引导过程中，都分别从各自角度对大学生的成长施加影响。从当前大学生成长动力形成和发展的情况来看，各教育者主体对大学生的教育引导，以及其各自利益诉求，并未在大学生成长过程中形成理性合力。大学生的成长动力教育亟待在各主体间寻求价值上的共识，来构建大学生的成长利益共同体。

一、家庭、学校和社会共同体

家庭是对大学生成长亲情力量影响较大的教育主体，社会对家庭的教育引导随着时代的发展要求越来越高，人们对家庭教育的认识不断深入和拓展。② 今天的家庭对大学生个体的影响越来越大，已经是促进大学生全面发展的重要场所。然而，家庭教育能力发展，与大学生成长速度及大学生期望的教育引导需求并不能完全匹配，家庭的教育引导往往因为家庭文化贫瘠而乏力，跟不上时代的发展和大学生成长的需要。

"家庭文化是人们在家庭生活中创造的精神产品，它可分为家庭物质文化、家庭制度文化和家庭观念文化等。"③ 家庭文化的现状，决定了未来的家庭文化建设必须"树立积极向上的人生态度，追求高尚的精神境界，向往理想人格；推崇仁爱原则，倡导人伦价值，强调和谐的人际关系和每个人的权

① 马克思恩格斯全集（第47卷）[M]. 北京：人民出版社，1979：216.

② "中国家庭教育发展论坛"综述 [J]. 教育研究，2004（8）.

③ "中国家庭教育发展论坛"综述 [J]. 教育研究，2004（8）.

利、义务；注重道德践行，提倡努力进取等”①。在这样的家庭文化氛围中，充分利用家庭亲情的特殊因素和家的温馨带给大学生成长的力量。从大学生的成长和发展来看，家庭教育的成功需要建立在学习型家庭的基础上，通过家庭成员的不断学习提高，实现家庭和家庭成员之间的相互影响，提升家庭教育在大学生成长教育过程中的地位。

学校在大学生成长过程中是最具塑造力的教育主体。“大学是人生的平台，大学是汇集理想、产生理想、实现理想的家园。”② 大学不仅承载着大学生成长成才的教育引导重任，同时，还承载着家庭和社会的重托，是个体成长成才的理想家园。“大学有许多功能和价值，但是大学最重要的功能和价值应该是它的公共性，包括它作为社会道德的楷模，成为公共利益的代表、人类理想的寄托，以及精神与文化的家园。”③ 大学生的世界观、人生观和价值观的养成，学术知识的学习与能力的提高都是大学办学的重要任务。而随着个性张扬时代的到来，大学生主体地位的不断提升，大学教育活动的侧重点已经开始转移。“在教育中使用信息科技，背后的动力不是科技本身，而是把学生学习放到核心位置。教师的优势，不在于传授，而在于为学生营造学习条件和设计学习途径。现在高等教育的发展，相当蓬勃的就是从‘教’到‘学’的转移。教师仍然非常重要，但是他们的重要性不一定表现在讲课上。”④ 教师的能力不仅体现为教学能力，更重要的是要体现为指导大学生生涯设计的能力，以及教学理念从单纯的“如何教”变化到“学生如何学”和“要我如何教”，大学生在教育活动中的客体和对象身份必须得到彻底改变。教师的工作重心的改变以及大学生身份的彻底变化，使得大学教育更有针对性，避免教育过程的盲目性，增强主动性。

大学生成长除了受到家庭和学校的影响之外，还受到社会发展过程中其他因素的影响，这种影响有个体、群体因素，还有国内、国外因素。当然还有社会发展过程中的两对基本矛盾及其运动的影响，其中意识形态和文化的影响甚于其他因素。当下，不平衡、不充分发展矛盾的直接影响，是大学生成长的直接推动力，无论他们是否已经认识到这种形势，未来的国家发展重担都将落到他们身上。同时，中华民族伟大复兴中国梦的实现，科教兴国和人才强国战略的实施都需要他们健康成长。

---

① “中国家庭教育发展论坛”综述［J］. 教育研究，2004（8）.

② 邬大光. 大学理想和理念漫谈［J］. 高等教育研究，2006（12）.

③ 谢维和. 大学的公共性面临新挑战［N］. 中国教育报，2008-01-28.

④ 程介明. 大学：依然故我［J］. 上海教育（半月刊），2009（9）.

大学生是家庭、学校和社会共同关注的目标，这些教育主体教育引导的内容和目标，时刻都体现着各自的价值取向和利益追求。各主体在物质利益与精神利益、短期利益与长期利益、个体利益与国家、集体利益等方面追求的差异，导致了个人主义、享乐主义、功利主义以及拜金主义等各种思潮，与马克思主义价值观同时共存的局面。来自不同利益方向上的价值追求，不仅不利于大学生成长合力的形成，同样不利于国家和集体利益的实现。大学生的成长教育问题背后，最直接的就是国家利益和集体利益，如果大学生成长动力生成和维系过程中过多着眼于眼前的、短期的、物质的、个体的或家庭的利益，自然就忽视了国家和集体的利益，这带来最直接后果就是大学生成长的异化，个体与社会难以辩证统一发展。大学生对社会的责任感动力就会明显不足，既不利于各教育者主体的利益实现，同样不利于大学生成长动力的形成和发展。因此，构建大学生成长动力教育的利益共同体是家庭、学校、社会和个体共同的愿望，这种愿望需要社会各方面在大学生成长动力教育问题上形成价值共识，这是实现大学生成长合力最大限度形成的根本要求。

二、同龄群体共同体

同龄群体共同体是指在大学生成长过程中，由在兴趣爱好方面或价值取向等方面趋同，并能集中在一起活动、有着共同的成长目标的同龄人所结成的群体。同龄群体共同体主要出现在能推动大学生成长的各种团队里，这些团队如团委、学生会、学生科技协会等各类学生社团组织等。在大学生成长同龄群体共同体建设问题上，要充分发挥高校学生党组织在学生这些群体建设和发展过程中的战斗堡垒作用，充分调动、发挥广大党员和积极分子在学生成长团队建设和发展过程中的积极性，并通过学生成长共同体的平台，做好党员的岗位培养工作与积极分子的培养、考察和发展工作，营造校园良好的德育生态环境。在同龄群体共同体建设过程中，要充分发挥各种群众性组织的自治功能，通过调动广大学生干部的积极性，组织各种大学生喜闻乐见的活动，在活动中增长才干，活跃校园文化氛围。同时，要加大对学生成长团队的指导和投入力度，为大学生兴趣爱好的充分发展提供条件。

在大学生成长动力的教育引导问题上，专业学术团队建设是同龄群体共同体建设的核心。专业学术团队建设在大学生同龄群体共同体建设中的优势，一方面表现在这支队伍是年龄相近的年轻人组成的，他们之间的相似之处很多，在合作学习的过程中共同语言较多，且容易沟通；另一方面，这一群体的建设直接关系到大学生未来走上岗位之后，能否胜任本专业的工作，是否具备追求真理和不断创新的本领。在专业学术团队的人员配置上，要把教师和学生共同编队作为人才培养的基本要求，实现从教师梯队到学生的全面融合，注意加强跨专业的学术合作。

在学生社团的团队建设上，一方面要充分发挥社团群众基础雄厚的优势及其兴趣导向的特征，举办各种活动以满足大学生兴趣爱好方面的需求；另一方面要为学生提供承办校内各种特色活动的机会，突出学校学生活动的社团化特点，让不同社团的学生有更广阔的舞台锻炼自己，也为他们提供更好的机会发展自身的兴趣爱好。此外，要为学生组织腾出更多的时间精力用于大学生的自我管理、自我服务和自我完善工作，实现各种学生成长团队在建设和发展问题上的优势互补，增进交流合作，为大学生成长提供更多、更大的交往平台。

在学生团队组建过程中，要始终把学生利益放在第一位，始终把培养符合国家和社会建设需要的建设者与接班人作为学生成长团队活动的价值追求。在大学生参与、举办校园活动的过程中，要充分运用同龄群体的共性，以及他们在成长过程中的相互关联影响，引导合理张力形成。与此同时，要注重强化价值观的引导功能，注重优化大学生学术团队活动带动其他学生活动，凸显学校人才培养创新意识。

三、差异化群体与分类教育

差异化，指在对大学生的成长教育过程中要关注每一位个体的特点，尊重他们的个性发展。对个体的因材施教是推动教育主体共同体和同龄群体共同体建设的重要前提，是实现教育引导个性化、科学化的根本要求。在目前高校教育管理过程中，“抓两头、促中间”或“抓两头、忽视中间”的做法都是普遍存在的。尊重个体差异的教育将从多方面冲击传统的教育思维，作为有效实现因材施教重要手段的学分制教育模式，其在高校的全面推进将为大学生的学业生涯规划和高校的个性化教育创造条件。

当前的高等教育办学模式下，要实现完全个性化培养还有许多工作要做，特别要根据个体的特点，将他们分为若干类型，并进行相应的分类教育和引导。在个性化教育与类的教育辩证统一的过程中实现个性化培养，以此推进高等教育体制改革。在分类问题上，要注意分类培养不是分层培养，分类是为了尊重每位个体的兴趣爱好、个体发展现状及个体成长环境的实际；而分层则是为了用一种衡量标准对大学生个体做优劣或好坏的简单判断，既不公平，也不科学。分类过程中要善于抓住制约学生发展的关键问题以及普遍问题，通过分类、细化的办法进行针对性地教育引导。在学校教育资源许可的情况下，要尽可能照顾到不同学生的情况，充分体现“以学生为中心”的教育理念。当然，大学生成长的分类教育引导，不是教学上的分类教育或心理辅导等单一的教育形式，而是一个系统化的、以学生成才为导向的教育引导体系或机制，这种教育引导无法事无巨细，只能采取抓大放小的办法。在分类教育过程中，要充分调动大学生的主体性力量，挖掘他们自我管理、自我服务的潜力，促进他们不断关注并参与到分类教育活动中，更好地服务于他们自身的差异化教育。

满足差异需求的大学生成长分类教育是一个庞大的工程，需要众多的配套措施。其中核心的措施涉及三大系统，即教育的课程系统、分类的学生系统和进行分类指导的教师系统。

首先是大学生成长教育的课程系统，远非专业课或者平时的学生活动就能涵盖的。平时的专业课教育传播了知识，但在能力训练、个性品质、道德养成等方面往往很不完善；平时的学生活动有一定的组织性、计划性，但缺乏全面的、科学的、系统的设计，并且在执行方面往往精细化程度不足。因此，在课程系统建设方面，不仅是以专业为主的学术知识的学习需要不断改革，适应差异化的分类教育要求，而且学生活动从系统组织的活动到“民间”“业余”的活动都需要进行全面系统的设计。

在学生分类问题上，学生系统的管理有一个“主”和“从”的问题，即学生是被按学校资源配置或个体知识体系中必须学习的，不论个体积极或消极都需要参与的，那便是“从”的类型。对于学生系统中“从”的成长部分的分类教育，学校可以进行系统化、精细化的管理，因为这种类型的教育涉及大学生知识结构及未来发展潜力开发的问题。“从”之外的便是“主”的类型，这类学生自身有着较高的积极性和主动性，不一定要将他们纳入流程化的管理系统中去，只需通过一定的形式组织便于他们自行设计各种活动并参与其中即可。针对这部分学生的管理学校则主要采取抓宏观方向、理念和学生工作网络的办法即可。

最后是大学生成长教育的教师系统。这是分类教育过程中相当重要的一个部分，这部分工作的成功与否不仅直接涉及核心课程的教学问题，还涉及课外指导能否到位的问题。学校有必要就师资的现状进行全面盘点，根据学校长远发展规划进行师资的优化配置，为学校的改革和发展提供优质的师资保障。

大学生的分类教育，单就学校数量庞大的学生而言，就是一项比较复杂的工作，要求学校在抓大放小的过程中，加强各种团队建设和发展规律的探索，关注每个团队在发展过程中到底是否找到了合适的发展方式，大学生成长动力在活动过程中是否得到了激发、优化直至最大化。在高校各种资源都很紧张的状态下，分类教育需要学校充分利用信息化手段开展工作，以便于及时沟通、交流，并且要加强后期的跟踪比较和量化分析。

大学生成长共同体从教育主体共同体建设，到同龄群体共同体建设，直到关注个体差异的分类教育，都是为大学生成长动力的教育和引导创造条件。大学生的成长教育是一项全员关注的工程，要推动全程育人、全员育人和全方位育人办学理念的实现，真正体现“以学生为中心”的办学思想，需要我们具备科学的世界观和方法论，需要在各主体间形成价值共识，用大学生成长共同体承载大学生的成长和发展，为最大限度形成推动他们发展的合力而不懈努力。

第五部分　思考与回归

在大学生成长动力机制及成长动力教育体系构建的基础上，探索大学生成长动力教育的平台体系建设，这一硬件实施平台建设首要思考的是思想政治教育的转型。从“如何教”到“如何学”的范式转型是思想政治教育如何面对主体问题、关注对象和防止话语霸权的关键环节之一。需要在主体人格完善过程中，通过主体性培育推动客体与对象的主动性、能动性的产生和发展。充分认识范式转型的意义是关注大学生主体地位实现，防止主体空场、地位不平等现象出现，真正从人的全面发展高度关注高校思想政治教育顶层设计，提升思想政治教育的有效性。

大学生成长动力教育是高校思想政治教育回归生活的根本要求。推进校园活动的新媒体要素开发，关注大学生的职业生涯规划教育，加强以党建为核心的意识形态生态引领，以与广大学生关联较多的学生实践平台建设为抓手，完善人才培养体系，凸显创新创业的时代主题，强化思想政治教育的主旋律意识，是活跃校园文化氛围、激发大学生成长活力的基本路径。

第十二章

思想政治教育转型的思考

大学在回归生活世界的思想政治教育转型中，需要通过外因主体的有效教育调动大学生的主观能动性，促进他们在教育过程中反思、成长和发展。因此，迫切需要从生态体验视角反思思想政治教育主体主动离场、被动不在场或人的空场等现实问题。在推进思想政治教育过程中，贯穿大学生主体性培育思维，探索内外因教育协调的思想政治教育规律，寻求新时代思想政治教育生态的关注点、着力点和增长点，回归大学生的生活世界。

第一节　从“如何教”到“如何学”的范式转化

灌输是思想政治教育的重要方法之一，但不是唯一方法，特别是在互联网和新媒体高速发展的今天，不仅要注意内容，更要注意思想政治教育的方法、手段。事实上，思想政治教育从来都是一个复合体，只不过在不同的历史时期其复合的程度与人们对方法的要求和追求目的不同而已。在教育普遍思考着怎样从“如何教”向“如何学”转化的时候，这一学科同样面临着教育和研究范式的转型。

一、范式转型的本质

范式转型的目的不仅是对主体的尊重，更重要的是要实现对内因主体主观能动性的激发，推进主体在教育实践中主动参与，不断提高自身的主体意识、主体能力，优化主体价值取向，催生主体的自我改变动力。因此，灌输要解决受教育者被动参与的问题，完成一个从主体向客体信息流通的过程。而在思想政治教育过程中，教育者如何从关注信息的传播过程到关注信息的传播效果，实现受教育者由客体向主动参与的主体角色转变，并推动教育者和受教育者之间建立理性的主体关系，使教育过程更加鲜活，在互动中实现教学相长。

范式转型的根本目的是提升教育的有效性，让受教育者主体及其群体有更理想的生存方式和生活状态，是沿着人的自由而全面发展的本质上溯的一种理念上的追求，将推动思想政治教育这一系统工程向着更加人性化的方向转变，其要求当然更高。

二、主体的空场

长期以来，我们的思想政治教育效果并不令人满意，特别是在年轻人的成长问题上面临着诸多尴尬，这不能单纯地理解为受教育者的问题，因为受教育者在特定的生存环境里有他们的应对方式，需要思想政治教育出现不同的教育范式。其他学科的教学关注知识学习、能力和素养提升，而思想政治教育更侧重一个人的成长品质，以及对一个国家和民族未来发展人才品质的关注。在教育普遍由“如何教”向“如何学”转换的时候，思想政治教育更应该从国家和民族未来的高度，全面地反思范式的转换问题。

在思想政治教育问题上，我们必须清醒地看到，今天的思想政治教育在利己主义、享乐主义和极端个人主义等思潮影响下，无论是教育者还是受教育者都或多或少存在着主体不在场或被动不在场，甚至是双重主体空场的状况，这不仅是教育内容的问题，更是在教育者主体方面出现了较大问题，即教育者的信仰状况到底如何，不仅是拷问每一个教育者，更重要的是在拷问我们的教育，拷问我们的内心——我们到底用一种什么样的心态进行思想政治教育？教育者或学校在思想政治教育过程中到底该扮演什么样的角色？在当下以学校为主导的人才培养格局中，学校教育对人才的培养意味着很多。教育者主体的主动不在场不仅是对教育的辛辣讽刺，更是对其角色的背叛，而受教育者的主动离场往往与他们被动不在场或无法在场有关系。

思想政治教育内容的重要性毋庸置疑，而教育手段、方法以及教育者与受教育者主体间的交往平等问题同样不容忽视。知识的学习和传授不能成为人际不平等的理由，教育者在教学过程中的霸权时代应该成为过去，主体的平等才是主体性实现的核心和教育的价值追求。只有教育者和受教育者双重主体都成为鲜活的角色，教学过程才会有生命力，思想政治教育的效果才能显现。

三、从“如何教”到“如何学”的范式转型

“如何教”关注教育内容和教育者主体自身的感受，往往忽视对象的角色

差异及其权益实现，忽视教学效果。而“如何学”则会更关注如何用一种让受教育者接纳的方式开展教育活动，从受教育者的年龄、性格、兴趣以及群体特点等方面开展相应的教育，为他们设计相应的团队构建方式、活动方式、内容特点。

“如何学”关注学生作为主体应有的主体意识、主体能力和主体责任的培养，把学习的主动性激发与教育的实际效果结合起来，注重时代发展的思维方式、教育的方式和手段等是否与学生的需求或关注点相匹配，是否真正把“以学生为中心”的理念落到实处，是否能够真正把思维、方法训练与学生个体的实际相结合，引导并与学生在主导价值观方面形成共识，为他们的成长、发展服务。

因此，从“如何教”到“如何学”的范式转变，从受教育者主观能动性的激发出发，努力做到“以学生为中心”“以学生的需要为中心”，发现学生的元动力、动力源，找到激活他们动力的方式方法，以及推动这些动力维持和发展的有效因素。教育本身是为了实现受教育者的自我教育和转变，而不是教育者的心愿、意志和思想的单向表达。在老师和学生之间，不同的阅历、体验和不同的生活场景，造就了对生活的不同理解。没有受教育者的转变目标，教育就会变成教育者漫无目的的自言自语。要素不完整的教育谈不上教育，教育者也只有在受教育者的转变和发展过程中，促进自身发展，实现教学相长。

反思思想政治教育实践，我们甚至还会发现更严重的问题，那就是在思想政治教育过程中，有时连教育者的自言自语都达不到，在教育场景内的教育只是话语的传声筒，教育者本身没有思想，要传播的信息与教育者无关。虽然教育场景在，但教育者只是形式上的在场，精神早已离场。如此教育，我们的好思想、好做法和好理念就难以实施。

当然，在思想政治教育问题上，教育者本身凭经验断事，妄下结论、妄加评论、妄发议论等情况屡有发生，这也是思想政治教育场景中常有的现象。不具备相应的知识技能，不了解事情的前因后果，不关注事物的前后走向，只凭主观臆断、道听途说来开展思想政治教育，那是很危险的。缺乏与时俱进的知识技能，缺乏理想信念、人生观和价值观支撑，教育者只能充当机械的传声筒，施加的只能是没有价值判断和缺乏吸引力的教育。

“以学生为中心”不仅是高校人才培养的任务，同样是家庭、学校和社会各教育主体的使命，全面推进科教兴国和人才强国战略，没有一代代人的使命和胸怀，没有心怀敬畏的努力和奋斗是做不到的，社会主义核心价值观的领悟、解读和实践也就很难见成效。回归到生活本身的师生沟通应该有角色差异，而不应有角色不平等。在教育问题上，教师主导只是“导”，而非强权，学生是具有平等地位的主体。教育本身是在培养人才，而非制器。思想政治教育是人才培养工作的灵魂，不是人才培养的附加物，不仅应该有独立地位，同时还应该与其他课程一道，贯穿在整个人才培养过程中，充分体现其在人才培养过程中的地位，表现其在人才培养过程中的多样性内涵及其无处不在的教育要义。

教育者要为不同类型的人选择不同的教育内容和方式，把真正的学生需求，国家、民族伟大复兴的使命和担当贯穿其中，这种贯穿不是向学生的机械传播，而是作为教育者应有的使命和责任。用每个教育者的实际行动去影响、带动受教育者，用教育者的在场吸引更多的受教育者的精神在场，用共同的价值认同和使命感涤荡心灵，滋养精神，激发为自身成长成才和为国家富强、民族复兴而奋斗的决心、信心与勇气。

第二节　思想政治教育面临的主要问题

思想政治教育作为一门学科、一种类型的教育或一种教学活动由来已久，并且随着人类文化的发展进步，内容在不断变化，其生存和发展形态与时代发展、人的需求密不可分，因此在每一个特定时空都会有其特殊的生态。当历史走进新时代，思想政治教育生态与后现代、碎片化、主体性、伦理、平等和爱等话题紧密结合在一起，彰显其作为一门学科的发展和研究现状、作为一种类型教育的现实和一种教学活动的水准，更彰显了其在人才培养方面接地气的程度。现实中的思想政治教育既有突出的成绩，也产生了重重问题，这是时代发展无法规避的矛盾。具体主要表现在以下几个方面：

一、碎片化走向与个性培育需求

思想政治教育的主体本该是一个完整的概念，作为教育过程中鲜活个体，其主体身份是一种客观存在，或者说思想政治教育过程中期待完善的个体形象。这种完整不仅表现在其作为生物个体的完整性，作为社会存在其精神或人格的完善程度，还表现在其在教育过程中主体的主观能动程度，包括意识、能力和责任担当的协调统一的形象展现。但事实上，无论是作为教育者的外因主体，还是作为受教育者的内因主体，在思想政治教育过程中因为个体缺陷造成的主体认知、认同问题，导致了主体形象被解构、主动离场或被动不在场的教育现实。主体形象在被解构后，主体的气质被碎片化，与思想政治教育对主体性培育的关注在持续博弈，使得思想政治教育陷入物性与人性、伦理、平等以及是否有爱等问题的纠缠中，使本该属于生活的平静不停产生波澜，难以回归到本原状态。

二、整体灌输与个体感受

思想政治教育是一种全民性的教育，对于人才培养而言则是一种全程的教育，它要求在教育过程中主体的参与和全身心投入。因此，思想政治教育关注群体教育的任务完成，本身有其特定道理，特别是在中国当前国情下的思想政治教育面临着的意识形态安全风险以及我们当下所面临着的思想政治教育需求现状。但正因为我们过多地关注了思想政治教育的面上灌输及其任务的完成，忽视了受教育群体中每位个体的不同需求及其实际感受，还停留在“如何教”的时代，教育的实际效果无法让人满意。从宏观角度展开的、关注群体映像的灌输式教育，需要把个体的需求满足和效果实现作为新时代的重要任务。

三、教书育人的认知与实践

信息化时代的到来，教师群体在激烈的社会转型和变革中同样受到意识形态文化的影响，会产生不同的文化认同，在思想政治教育问题上产生了比较大的教育思维和方法的分歧。一方面，以“制器”式思维将思想政治教育内容传输给学生，要求学生接纳；另一方面，把思想政治教育孤立成一门课程的思维，虽然社会各界都在努力改变，但实际操作中形式大于内容的做法依然盛行，忽视思想政治教育在人才培养过程中的系统性、关联性和实效性，难以凸显教师群体在学生心目中的地位和作用，难以在形象上对学生产生根本性的影响。再者，信息爆炸时代人们关注问题的不同视角，及网络时代为人们提供的学习可能性，大幅度缩小了代际的“成熟差”，教师在前台的教书育人角色、后台形象的物化以及育人功能窄化的现实，难以在学生心目中上升到理想地位。

第三节 回归大学生的生活世界

思想政治教育是一种有高度、有深度、有力度、有温度和有气度的教育，要改变那种平时无视，遇到问题时苛责、抱怨工作不到位的状况。从“如何学”着手，关注“以学生为中心”的人才培养理念的实施。因此，建立思想政治教育目标和价值实现的闭合管理体系，重视教育者和受教育者各相关主体的信息反馈，这就变得非常重要，需要建立从教师到学生的关注和爱惜机制，使思想政治教育真正回归生活。

一、学生成长顶层设计

不仅要在学校教育问题上加强顶层设计，更重要的是要把学生自我发展的顶层设计当作重要工作来抓，为学生提供良好的职业指导，把准职业指导的维度。在校内建立良好的示范生态，以主导的意识形态及其表现为主体，推动人才培养示范工程的多角度、多层次和多元化建设。强化以高校党建为核心的意识形态教育体系建设，为学生提供鲜明的人生成长方向引导。把活动社团化意识贯彻到学生工作体系中去，让学生社团有更鲜活的生命力，为学生提供符合自身兴趣要求的活动平台。从学校角度而言，则可以把工作重心下移，以更多的精力应对快速发展的人才培养格局的变化。关注创新创业的时代发展旋律，关注信息化时代的人才培养要求，加强调查研究，在为学生提供更好服务的过程中，推动学生成长利益的实现。

二、学生活动社团化

学生社团是学生中最接地气的组织，做大做强学生社团，通过工作重心下移的办法既可解决人手不足的问题，还可以让学生有更多的时间参与学校的管理与服务，在有共同认知的基础上形成共识，把握好主旋律和学校人才培养特质。让学生在他们感兴趣的活动和事务中培养他们的能力与特长，在承办各种各样的学校活动中学会担当、增长才干、提升素养，推动学生社团成为高校思想政治教育转型的重要载体。通过学生社团的活动实践，让学生在实践中感受、体验，然后在实践中反思提升，把学生的事情交给他们自己，让他们用自己的思维和处事方式来待人接物，用同龄群体共同体的力量来陪伴他们自身的成长。学校还可以通过社团传达学校人才培养和思想政治教育方式的主旨，用学生“领袖”或学生“明星”的力量应对媒体时代学生普遍的心理需求，没有代沟，也不会落伍。

三、创新创业教育的时代主旋律

作为思想政治教育工作者，我们应该时刻感受时代发展的主旋律，关注受教育者的成长感受和利益实现，充分认识高校创新创业教育的重要性和紧迫性，以及其在推动社会发展、学生主体性培育方面的重要作用，培养学生顺应时代发展、推动时代进步的责任感和使命感，提升他们应对时代发展变化的能力和水平，使思想政治教育与时代同呼吸、共命运，永远保持鲜活的时代内涵。从学生创新创业教育实践中寻求思想政治教育的实效性路径，凸显思想政治教育在人们生产生活中的重要地位。

四、信息化教育方式

在思想政治教育过程中关注互联网、新媒体等与大学生日常生活息息相关的学习和生活方式，把思想政治教育的方式和方法设计与这两者紧密联系在一起。厘清新媒体和互联网对大学生成长发展的负面影响，充分运用其正面效应，推动这些生活方式和手段为我所用。努力使思想政治教育关爱学生的正能量发展，同时要把思想政治教育过程中一些无法回避的负面影响规避到最小，使思想政治教育成为讲求伦理的教育、有爱的教育，真正推动这一工作回归生活，关注人才培养这一核心话题。

第十三章

新媒体时代的大学生主体性培育

信息化时代对大学生成长影响最大的就是新媒体环境和手段，是大学生成长动力迁移从内容到方式的双重推手，一方面从形式上占用了大学生大部分的时间和精力，形成了大学生成长动力缺失的表征；另一方面内容上从多元、多极的角度对大学生主导价值观的培育和形成产生了巨大冲击，给大学生的主体性培育带来了一定的困难。对比新媒体在大学生主体性培育过程中正反两方面作用，我们很有必要重新审视、反思新媒体在大学生主体性培育过程中的问题，努力趋利避害。

第一节　时代际遇

新媒体的发展和进步在推进信息化进程的同时，也丰富了高校人才培养进程中主体性培育的内涵。新媒体不仅是人们生活的辅助工具，而且还以其自身独特内涵改变着人们的生活，特别是在人的主体性培育方面具有独特优势。大学生作为时代的佼佼者，他们的成长充分借助了这一重要辅助手段，实现了与时代的同步。

一、主体性定位视野的全方位拓展

人的主体性是一个不断发展的过程，其内涵随着时代的发展而不断丰富，因此，主体定位需要不断修正。从有线网到无线互联，互联网实现了对人们时空的全方位渗透，人们可以通过任何一种媒体的终端设备实现互联，及时了解世界上任何一种网络可以联通地方的信息。作为一个高知群体，大学生对知识的渴望、能力的追求和责任感的认知逐步与世界接轨，从一个传统的民族、国家区域意义上的人，走向现代的、全球意义上的人，对知识、能力和责任的认知也从“小我”到“大我”逐步过渡。在肩负时代发展使命过程中持续认识自我，努力把自己与时空的发展变化紧密结合。

新媒体概念本身是时代产物，“新”与“旧”代表了时空的转换和技术的变革，新媒体是相对于以前的媒体，或者是以前的内涵而言的。“新”本身代表着变化，大学生作为时代发展前沿的人群，无论是好奇感、驾驭能力还是对新媒体的内容要求，都会选择与生活内容更接近、更富时代感的生活方式和观念。大学生极富时代气息的年龄，决定了他们在交往手段上更愿意用与潮流同步的交往方式。借助新媒体的手段，大学生极大地拓展了其生存时空，为他们在有限的时空范围里接触更多的人和事提供了条件，每个人都会不同程度地选择多媒体作为他们交往的工具，在更加广泛的视野里展示他们对主体性内涵的解读。

二、主体性形成的多角度认知

新媒体是一个开放的系统，其知识、信息来源囊括古今中外，虽然受中国教育体制、观念的现实约束，家庭、学校和社会在大学生主体性培育过程中都对新媒体心存戒备，但社会在发展过程中所寻求的公平和公正、人的全面发展，以及价值观等都通过新媒体与大学生成长实现了全方位接触。古今中外的生活实践，以及对教育的审视、批判和期望，都会通过不同渠道，以不同形式，在不同场合传递给大学生，为大学生认知自身主体地位，表达各种形式的利益诉求，明晰时代要求，明确自身的主体责任，形成主体精神和主体人格创造了条件。

新媒体条件下，意识形态是全方位的开放系统，各种利益集团的立场、观点都可以借助新媒体快捷传播。大量的政治事件、政治观点和政治知识为大学生成长提供了多元选择，在多元选择、对比过程中不断强化他们的政治立场、政治意识和价值观，都成为他们主体性认识和主体性形成的重要基石。

借助新媒体的力量，大学生在选择性学习中，发现他们个性化需求，优化成长实践，完善主体成长品质，并把主体责任、主体精神与个性化的时代发展需要结合起来，促进主体人格的不断完善，为适应丰富多样却又充满挑战的新媒体时代创造条件。

三、主体能力培养的多视角切入

大学生主体能力建设是高校思想政治教育关注的核心话题，不仅因为新媒体时代对人的能力在更高层次、更大范围内的要求，更是对人的媒体素养要求的提升和高校意识形态安全的重要保证。随着媒体技术的发展，社会对大学生的要求也在不断提高，不仅对大学生学习专业知识的能力提出了要求，而且对大学生的认知、领悟、思维能力，实践中的批判、反思和创新能力，人际交往过程中的适应、交往、口头表达能力，以及在推动学习成长实践的执行、领导战略、应急处理能力等都从不同角度提出了不同层次的要求。这些能力的形成和发展，都与新媒体的使用和理性把握有着密切联系，新媒体的介入为优化人才培养流程创造了条件。

在大学生主体能力培养问题上，学校可以借助新媒体对他们学习和实践的内容进行针对性选择，借助网上平台寻求各自需要的成长陪同伙伴，培养他们的人际交往能力。学校也可以借助新媒体平台便捷地了解学生的参与、能力状况及其现实需求，有针对性地进行活动策划、引导和改善，避免新媒体时代时空观念转换带来的不合拍现象。学校还可以借助新媒体平台的力量，加强意识形态和价值观的教育引导，培养他们对意识形态问题敏锐的洞察力、全面的分析判断能力，以及价值选择能力，更好地开展工作。新媒体在促进大学生成长方面的角色特殊性，及其在人们日常生活中的全方位渗透，不断提升大学生对新媒体的驾驭能力，这一点也为大学生主体能力成长提供了新的视角。

第二节　凸显问题

在大学生主体性培育过程中人们必须正视新媒体发展的时代背景，媒体素养、价值观、职业生涯规划和校园活动的媒体开发等问题逐步凸显，成为张扬个性和潜能挖掘的主要制约因素，需要人们在大学生主体性培育过程中不断反思。

一、媒体素养

媒体素养是媒体时代人的素质要求，在大学生主体性培育问题上，媒体素养不仅指大学生对媒体信息的存取、制作和传播能力，还包括大学生对媒体信息的理解、沟通及驾驭、把控能力，从受媒体影响的被动方，转变成既受媒体影响又能影响媒体的主动方。现实生活中，一方面，大学生对媒体的信息进行批判性解读能力不到位，且在使用新媒体过程中往往把自己置身事外，而对媒体施加积极影响的意识不足；另一方面，从学校的角度而言，虽然已考虑到媒体在大学生成长过程中的重要作用，但受各种条件限制，一时还难以为大学生成长提供合适而满意的平台，从图书馆到实验室、宿舍或其他场馆的网络条件和终端平台还不能完全实现适时互动或按需求满足，在为大学生构建全方位的媒体素养培育平台还需要一定的时间。

随着时代的飞速发展，新媒体的形式越来越多，对学生的吸引力也越来越强，媒体正能量要求也在全面提升，需要大学生群体人人都有辨别能力和媒体安全意识。然而，理性的新媒体传播内容与新媒体运行实际、新技术发展的困扰一直在持续，虚拟世界与现实世界的脱节、道德标准与行为实践的割裂，有意无意地制造了大学生认知上的偏差和盲区。新媒体更新迭代与正确的媒体观形成难以实现同步，导致了利益至上、正能量上位困难。在媒体素养培育过程中人被媒体异化问题，可以直接导致大学生的主体精神缺失、主体人格形成困难，时刻需要人们保持清醒的认识。

二、价值观及职业生涯规划

大学生主体性培育有一个较漫长的过程，需要家庭、学校和社会等各外因主体的全方位参与，更需要大学生自身在成长过程中充分发挥主观能动性，有计划、有步骤地完成。然而，在大学生主体性培育过程中，职业生涯规划的教育和引导还停留在表面或者理论层面，并没有促进大学生合理分配时间和精力。同时更重要的是新媒体在价值取向上的复杂性，导致了大学生价值观教育的困境难以突破。

一方面，家庭、学校和社会在大学生成长问题上谋求各自的利益问题比较突出，异中求同的差异化共识形成困难；另一方面，高校作为大学生主体性培育起主导作用的外因主体，自身优势整合矛盾重重。意识形态教育、价值观引导知识化，表面现象、人浮于事的情况突出，并且因为资金、教师知识结构、人的观念等问题，难以将高校思想政治教育与大学生日常学习生活紧密结合，对新媒体在高校意识形态教育过程中的巨大作用把握不够，意识形态教育或德育工作的方式认知难以与信息化时代同步。

“网络和手机已成为当代大学生最重要的‘公共空间’，生活网络化是大学生生存方式的最真实的写照。在这样的大环境和背景下，大学生理想信念教育不可能再维持原本的灌输式教育方法，而应以一种开放的态度，从现实向虚拟转化，从固定向移动转化，从教师组织向学生自组织转化，从计划性向机动性转化。”① 在价值观和职业生涯教育方面观念转变迟缓，难以关注到学生关心的热点问题，就很难把世情、国情和当前的生存环境融入大学生主体性培育实践中，也难以通过网络提供合理的引导，思想政治教育与生活难以建立紧密关联。

三、校园活动的新媒体开发

国家多媒体课程教学要求借鉴精品课程的相关经验，加强学生活动课程的多媒体开发，这样不仅可以解决活动时空上参与者的在场问题，还可以节约时间、经费、精力，产生更好的效益。然而，大学生当前大部分时间和精力的不合理分配，一方面是他们自身的媒体驾驭能力问题，另一方面与学校在活动开发、设计方面也有着密切关系。信息化时代是不断创新的时代，每天不仅为人们提供了大量的信息，提升了人们素养，也提升了人们的品位。学校在大学生的教育引导问题上精品意识和媒体意识不足，特别是活动与新媒体的整合创新方面意识不足，无法为大学生的传统活动在新媒体方面赋予新的内涵，直接导致活动的受众面较窄。

对学生活动缺乏系统、深入的研究，简单地对待大学生的第二课堂生活。对大学生整体人群关注不足，对活动内涵关注不够，学生工作整体缺乏顶层设计。在活动方式上，只关注活动的“场”和“势”等前期或后期表面的因素，重宣传，轻参与、轻效果。特别需要指出的是，新媒体的不断更新和普及，大学生是不容置疑的主导推进群体，随着他们媒体素养和要求的不断提升，对学生活动的整体策划、方式和品味要求也越来越高，需要活动主办方不断加强大学生成长需求和相应活动的开发研究。高校和相关工作人员新媒体教学意识是否强烈，能否熟练使用新媒体，能否通过学生喜闻乐见的媒体形式与他们建立联系等，决定了学校能否及时把握沟通、指导的机会，把握学校教育的主动权，也凸现高校人才培养信息化过程中教育引导、把握动态以及舆情处理能力的高低。

---

① 姜羡萍，孙安宁．运用新媒体加强大学生理想信念教育对策探析［J］．学校党建与思想教，2012（7）．

第三节　要素把握

人的主体性内涵随着社会的发展而不断丰富，“利”或“弊”都是新媒体发展的时代必然，大学生主体性培育需要充分趋利避害，抓住制约信息化时代大学生主体性培育的几个关键问题，促进受教育主体实现从学生向职业人的成功转变，减少人生重要转折过程中的焦虑和不安，用饱满的热情和十足的信心应对成长过程中的困难与挑战。

一、主体地位认知

教育的目的是为了不教，主体性认知直接关系到大学生在学习生活中能否充分调动自身的主观能动性进行自我教育。在信息化高度发达的今天，学会学习、学会生活和学会做人已成了时代对大学生的基本要求，关涉大学生成长的主体性和创造性人格的养成。随着教育的不断发展，人们对教育的认知越来越接近理性，尊重大学生在教育中的主体地位已成为人们的普遍共识。早在1998年10月发表的《“21世纪的高等教育：展望和行动”世界宣言》就明确提出“以学生为中心”的理念，认为高等教育在世界日新月异的发展中需要有“以学生为中心”的新视角和新模式。随着科学技术的不断发展，人在社会发展过程中的主体地位越来越为人们所重视，而大学生是未来社会发展的主人，他们在教育过程中不仅是教育的对象，更要成为自我教育的主体，充分认知自己作为具有较高知识水准的社会人的社会责任，理性认识自身的主体地位，并实现从家庭、学校和社会等各外因主体到内因主体的有效传递。那种过分强调教师在教育过程中的主导作用，或隐含的漠视、变相否定大学生主体地位的观点必须得到修正。

随着新媒体的不断发展，课堂教育之外的世界越来越精彩，大学生接受知识的渠道从过去以纸质书本知识为主，逐步过渡到书本知识与新媒体知识信息共存的状态，并且随着信息化水平的不断提高，无论是从学习手段角度来看还是从提供信息角度来看，新媒体都成为大学生学习和成长的重要条件。新媒体为大学生的多元认知、差异化价值观以及多元知识需求等的实现提供了可能，但新媒体为大学生准备的不仅有他们需要的知识，还有知识提供方鲜明的价值立场，这些信息不乏社会公益，但同时还服务于不同人群和团体的利益或变相利益，时代迫切需要引导新媒体条件下的价值认知，提升信息化素养。

信息化时代，来自意识形态领域的斗争就体现在服务不同文化、不同地域、不同政治立场和不同利益群体的信息斗争，新媒体的教育手段给大学生主体性培育带来的挑战是巨大的。一方面是来自不同利益诉求信息背后的利益群体对大学生群体政治立场的争夺，使新媒体成为不同意识形态之间斗争的主战场；另一方面，海量信息造成大学生时间和精力的被动消耗，在有意无意之中把他们推向成长的被动地位。因此，无论是意识形态领域的斗争，还是维护大学生成长利益，对大学生主体地位的认知都应该成为新媒体发展环境下人们的共识。

二、主体形象塑造

主体形象实质是大学生成长目标的重要体现，大学生的成长肩负着国家和民族发展的使命，把自身塑造成一个什么样的人不仅直接关系到他们在大学四年的学习和生活，更关系到国家、民族的命运和前途。主体形象塑造关系到大学生主体意识能否到位，能否珍惜社会赋予他们的主体创造机会，还关系到新媒体背景下大学生如何学会生存，并在这一过程中培养主体精神，塑造主体人格。新媒体是既虚拟又实际的存在，其双刃剑的特点要求人们不仅要善于捕捉其对人成长及教育有益的一面，还要善于规避其不足甚至是有害的一面。

在成长和教育过程中大学生应扮演主导角色，使新媒体成为生活中重要的辅助工具和手段，而不能仅仅满足于其娱乐功能，甚至被其异化。“一切解放都有赖于对奴役状态的觉悟，而这种觉悟的出现却往往被占主导地位需要和满足所阻碍。”① 新媒体作为一种新兴的技术，已经成为人们生活不可或缺的一部分，对新媒体不同程度的依赖给了新媒体奴役人类的可能性，现实生活已证实或还在证实新媒体对人类的奴役，给人类本身的“自治”带来巨大的压力。大学生作为新媒体运用的重要群体，并没有因为其知识水平较高和能力较强而幸免，来自人才培养过程的问题，成长环境以及从学生到职业人转型的压力，都使大学生不同程度地陷入了“泥潭”，有的甚至不能自拔。

没有互联网的时代人们靠榜样获得力量，而媒体时代塑造的偶像随着技术的快速发展和人们需求水准的不断上升而不断重塑，现实生活中大学生期望的榜样形象暴露出了层出不穷的问题，这是人类发展需求与新媒体功能二重性博弈的真实结果，已成为大学生主体性培育必须面对的一个严酷现实。

---

① 赫伯特·马尔库塞. 单向度的人［M］. 刘继，译. 上海：译文出版社，2006：7.

社会发展对人才的需求以及新媒体背景对大学生成长的社会担当要求，迫切需要大学生不仅要在公众场合中努力把自己培养成为对社会有用的人，用知识、能力武装自己，树立良好的公众形象。同时，大学生个体在日常生活中，对自身还要严格要求，在公众视野之外，注意到“慎独”是主体性外在形象的基础和根本，是形象塑造的重要条件，而其公众形象则是“慎独”自然的外在表现。“网络主体在网络空间的活动具有鲜明的独立性和虚拟性，网络社会的和谐发展要求网络主体唤醒主体意识，养成自律、自觉的网络道德人格。这种要求符合‘慎独’精神的理性自觉、道德自律的本质特征，与‘慎独’追求个体‘至德’理想人格的道德修养目标殊途同归。”[①] 只有把“慎独”与“至德”作为主体形象的基本要求，大学生的主体形象才能更加鲜明。

三、主体责任承担

《国家中长期教育改革和发展规划纲要（2010—2020 年）》指出：“坚持以人为本、推进素质教育是教育改革发展的战略主题，是贯彻党的教育方针的时代要求，核心是解决好培养什么人、怎样培养人的重大问题，重点是面向全体学生、促进学生全面发展，着力提高学生服务国家人民的社会责任感、勇于探索的创新精神和善于解决问题的实践能力。”[②] 而社会责任感、创新精神和实践能力的养成都需要大学生有主体责任意识，责任担当是思想政治教育的重要目标追求，是大学生健全人格培养的重要前提，也是社会发展对他们的必然要求。

主体责任是人的社会性的重要体现，它不仅表现为个体对社会的责任，还表现为个体对自身和家庭的责任等。主体责任承担是对个体能力的考验，建立在个体主体意识和主体作用发挥的基础上，对自身主体形象有清晰认知。关注自身主体精神习得、主体人格养成和对主体责任的积极理解，需要把主体责任与个体成长过程中自为的自律性、自觉的能动性、自由的超越性等特质养成结合起来。

主体责任承担，是新媒体条件下大学生以积极的价值选择应对时代发展的多重干扰，遇事能做独立判断，并进行相应实践，不断实现自我超越的基

---

① 邹银凤. “慎独”教育大学生网络主体意识的培养［J］. 中国青年研究，2010（3）.

② 国家中长期教育改革和发展规划纲要（2010—2020 年）［M］. 北京：人民出版社，2010：16.

本条件。当前，受意识形态西化、高等教育大众化、评价标准单一、道德滑坡以及独生子女实际生存环境等方面的影响，大学生的主体责任担当还很不到位，需要在主体培育过程中给予足够重视。

毋庸置疑，新媒体条件下，影响大学生主体性培育的因素很多，但抓住关键因素是我们解决当前存在问题的重点。问题是新媒体时代产生的，我们还需要借助新媒体的多方优势积极探索改善之路，主体地位、主体形象和主体责任关系到主体性培育的意识培养、目标形成和实践执行等重要环节，值得并需要我们在实践中不断探索。

第十四章

职业生涯规划教育课程校本特色设计

职业生涯规划教育在观念、意识、教学资源等方面存在一定的问题，其通识课程在实用性、可操作性、灵活性等方面还难以满足多元、全方位的个性化人才培养需求，课程教育往往流于形式，其校本特色设计要求随着职业生涯规划教育要求不断提高而愈益凸显。把握高校自身办学实际，加强对学生成长问题的研究，反思既往职业生涯规划教育存在的问题，是充分认识高校职业生涯规划课程校本特色设计意义的前提，也是对该课程校本特色设计功能定位、框架体系构建和遵循原则进行认知的基础，更是系统梳理、挖掘和整合校内外教育资源，促进教育要素融通，回归生活本位，不断完善职业生涯教育课程体系的根本要求。

第一节　职业生涯规划教育的突出问题

职业生涯规划教育为大学生成长和发展提供指导，贯穿高校人才培养全过程，与学校的物理空间、办学文化和大学精神紧密相连，对大学生在校生活产生全方位影响。虽然近些年我国的职业生涯规划教育取得了很大成绩，但其课程功能及其要求被“窄化”、教育资源准备不足、理论与实践脱节以及校本元素融入不足等一系列问题依然突出，直接影响高校人才培养的质量。

一、课程功能及要求

全方位的时空教育是满足大学生多元需要的重要条件，是实现学校全员和全程育人的认知基础，也是充分体现“以学生为中心”办学理念的基本要求。但“从目前的情况来看，职业生涯教育在理念上存在很大的偏差。众多的高校只是将职业生涯教育等同于就业指导，坚持职业导向而非人本导向。学校未能从高等教育本质的角度关注学生个人的发展，缺乏培养职业素养的基本要求，教育内容缺乏各种能力训练，无法引导学生对职业进行分析和对自我深入认知”①。大学生首先是一个需要全方位成长和发展的“人”，其次才是职业人的角色，对大学生这一角色的理性认知是当前职业生涯教育身陷误区的重要原因。造成职业生涯规划教育这一状况的原因固然与该课程“舶来品”的出场环境有关，但更与我们对大学生成长的职业生涯规划意识和高校的职业生涯规划教育能力密切相关，以致在功能上关注其职业指导、方法上关注知识传授、评价上关注其是否能为大众化时代学生的就业指导起到帮助作用。种种迹象都表明，高校的职业生涯规划课程功能及其要求被严重“窄化”，人们对这一课程在大学生成长过程中的学业规划、毕业后的职业规划和未来生涯规划方面的系统性认知不足，只关注其显性功利、短期的一面，而忽视了其在大学生成长过程中影响更长远的通识教育的一面。

二、教学资源准备

首先是师资不足。这种不足首先表现在师资的数量与实际需求差距较大，师资来源主要是一线的辅导员或班主任，其他开设必修课或选修课的教师人数寥寥。其次是课程资源不足。因为职业生涯规划教育是从国外引进的舶来品，在高校里受到重视还是在21世纪初的事情，教材大同小异，课程基本是根据学校现有的师资或当下理解而开设。再次因为这一课程没有固定、有执行力的师资队伍，课程研究开发能力不足。从师资现有的情况来看，一边是对课程缺乏实际改变能力的辅导员，一边是只管课程教育的专业教师，前者整体理论性、系统性不足，后者则在改变课程现状的意识和精力方面投入不足。因此，大学生职业生涯规划教育课程研发、方法把握都存在问题，授课教师缺乏对课程的系统认知或研究，授课内容不接地气、方法僵化，所教与所需信息不对称。

三、理论与实践

受教育观念的影响，大学生职业生涯规划教育课程的知识化倾向及教师的知识传授意识依然较强，过多关注内涵解读和方法论教育，而对职业生涯规划的实践指导意识不足。学校人才培养的顶层设计和各环节间缺乏逻辑关联，课程实践资源、实践指导等要素不足。从辅导员、班主任到管理人员等

---

① 黄文军. 高校学生职业生涯教育工作的困境及突破——基于加拿大麦克马斯特大学学生事务工作的启示［J］. 创新与创业教育，2012（6）.

组成的课程授课团队来看，大学生职业生涯规划教育课程只是他们的“副业”，客观上他们缺乏教学与研究的时间和精力，并且实践指导能力不足。实践证明，许多学校只是把大学生职业生涯规划教育课程作为任务来完成，从上到下应付现象严重，注重群体化的授课方式，个别指导不到位，无法关注该课程教育实际效果，难以正视该课程本身服务大学生成长实践的初衷。

四、校本元素融入与成长体验

大学文化和大学精神、器物文化、专业教育、师资力量等分别只是一种存在，与大学生职业生涯规划教育课程关联不紧密，显性教育功能不足或难以融入大学生职业生涯规划教育课程教育。大学办学文化及其精神作为一所学校人才培养的灵魂，把它引入职业生涯规划教育是学校人才培养的第一步，也是学校从“形”到“神”走入学生心中的重要环节。而校园环境器物层面则是大学生认知、融入学校的最直接方式，也是实现职业生涯规划的重要一步，但这方面的教育往往会被忽视。专业教育与第二课堂则是职业生涯规划教育过程中师生、生生互动的重要载体，是关注学生成长体验、深刻领会成长要义的重要平台，但这些平台与“课程”只是简单的相关，缺乏系统设计。师表的力量在“课程”教育实践中同样影响力不明显，缺乏有效融合。因此，大学生职业生涯规划的多种要素之间缺乏有效的运行机制而难以融通，合力难以最大化。

第二节　职业生涯规划教育的功能要求

职业生涯规划课程体系建设长时间在理论阶段徘徊，形式大于内容的教育已难以适应高等教育改革，大学生职业生涯规划教育课程的校本特色设计顺应形势需要，已成为该课程建设和发展的基本走向。大学生职业生涯规划教育课程需要逐步向校本研究、教育方式、师资培育以及管理应用等方面的全方位校本化，要结合校史、把握校情、了解学生、尊重规律并推动相关要素的良性互动。大学生职业生涯规划教育课程的校本特色设计必须围绕学生主体人格完善，对既有内容进行深入的批判和反思，加强校本教育资源的梳理、整合和开发。

一、对既有大学生职业生涯规划教育课程的批判与反思

“20 世纪中后期，‘校本化’最初是指以学校为本的课程理念，随后在校本研究、教育培训和日常管理中得以推广与应用。大学生职业生涯规划‘校本化’是指结合校史、校情和学校职业生涯规划实际，深入挖掘、系统组合教育资源和要素形成的教育教学模式，既具有高校特色、又符合职业生涯规划内在规律。”[①] 由于职业生涯规划教育课程源于西方，起步较晚、对舶来品依赖性较大以及主体认识不足等原因，导致其外来问题突出，本土的“体”不足，而“用”关注太多，“教”和“学”难以有效衔接，课程开发缺乏有效支持，实践中的问题及其解决积极性不足。

近些年，在就业压力和经济社会发展对高等教育宏观要求的推动下，职业生涯规划教育从零星讲座、选修课程到必修课程的设置，要求逐步提高，课程体系也逐步完善，但受各种因素影响，职业生涯规划教育与人才培养实践相结合的高校人才培养顶层设计理念尚未形成。来自理念、师资、课程及观念等诸多方面的问题，使职业生涯规划教育还停留在学生工作层面，尚未渗透人才培养全过程，忽视了职业生涯规划从课程的方法论教育，到以通识教育与专业教育相结合的“T”型知识体系，再到实践体验和习得教育的深化，在学生主体人格完善的引导及其内因主体动力激发方面效果较差。因此，“课程”校本特色设计不仅需要对当前既有“课程”及其运行实际进行批判和反思，而且需要持续进行下去，才能使之不断与学校办学、学生的成长发展实际紧密结合。

二、校本资源的系统认知与整合开发

大学生职业生涯规划教育课程师资是当前所有高校面临的普遍问题，其校本特色设计首要的是梳理、认知自身的资源状况。因为职业生涯规划教育的特殊性，师资支持、制度设计、人才培养过程设计等方面缺乏系统支撑，决定了整个职业生涯规划教育从面上教育到个体指导，基本还处于刚刚起步阶段。虽然国家在大学生职业生涯规划教育课程师资方面开拓了专门的培训渠道，但受培训经费、类型和范围等一系列条件限制，社会提供的服务与学校需求及观念认知方面还存在信息不对称的问题，导致各学校的师资不足一直都是个比较严峻的问题。加强大学生职业生涯规划教育课程校本特色设计

① 步德胜.“双创”背景下的大学生职业生涯规划［J］. 中国高校科技，2016（10）.

一方面是为了更好地开发教育资源，另一方面也可以完善师资体系，优化资源配置，制定切实有效的办法推动这一工作的开展，推动高校的全程、全员和全方位育人工作。

作为通识教育内容，大学生职业生涯规划教育课程设计涉及学校认知、专业认知、职业认知、师资认知等诸多方面，需要多方共同参与教育引导。大学生职业生涯规划教育课程的校本特色设计除了基本的学生工作条线、管理条线和教师条线的师资共同参与外，其他的管理和支撑服务部门同样是重要的教育实践部门，其在管理、服务过程中的表现对学生的成长教育具有不可忽视的作用。该课程从大同小异的理论教育，到针对学生成长现实的、开放的实践教育，其灵动的教育内涵需要人的参与和心灵的互动。课堂无处不在、内容灵活多变、成长随处都有的特点，要求该课程开发既要有前瞻性，又要有灵活性。

大学生职业生涯规划教育课程内涵的丰富性和形式的开放性，决定着人员参与的多样要求。已有外来职业生涯规划基本理论的借鉴、引入和丰富，实践课程在第一、第二课堂分布的不同要求，都需要整合学校不同领域的办学资源。在全员参与情况不理想的现实面前，需要制定部门及相应人员岗位制度，推动人才培养过程中的协同创新。做到不仅有高端的顶层设计，还要有落地的具体要求，推进大学生职业生涯规划教育课程从理论到实践，从第一课堂到第二课堂，从管理服务到教学一线等各方面都能体现“以学生为中心”的人才培养理念，实现有效互动。

三、学生主体性人格完善

职业生涯规划课程设计的目的不是知识的学习，而是为了推动学生成长实现由内而外的变化。其设计要有利于学生主体意识的形成、主体能力的培育和主体责任的担当，通过大学生职业生涯规划教育课程教育不断完善学生的主体人格，用清晰的人生目标引领其职业规划和生涯规划。课程的校本特色设计应该适应学生年龄特点，关注学生需求。“在职业生涯规划课程教学实践中，应采用灵活性、参与性、实践性较强的教学方法，应该积极探索研讨式、互动式、开放式和情景式、体验式的教学，并善于从学生的问题、困惑和讨论中，探寻进一步完善教学工作的动力和途径，同时应该注重课程内容的实践环节设置。要创新课程教学方式，针对不同的课程以及学生特点，采用不同的教学方式和策略，不断总结经验，寻找最合理有效的教学方式。”①尊重学生主体地位的大学生职业生涯规划教育课程校本特色设计，要与本校、本班、具体学生的成长有更多的关联，具有更大的可操作性，提高教育引导的针对性和可行性，丰富该课程的个性化设计内涵，增强该课程的教育实效，真正为大学生成长提供有效指导。

第三节　课程体系的基本思考

校本特色职业生涯规划教育课程的基本框架应该包含理论体系、实践体系和考核评价体系，从理念设计到理论教育、实践体验都需要吸收多学科的发展成果，优化高校职业生涯规划教育理念，突出实践育人的时代主题。从强化执行的角度，推进校本特色课程评价考核体系构建，保证职业生涯规划教育课程基本内涵沿着既定目标推进，实现理论与实践的有效结合。

一、理论体系

职业生涯规划借助于心理学、管理学等学科相关理论构建了其核心的理论系统，被引入国内后其本土化程度逐步提高，但其理论的结构总体变化不大，原因在于关注课程改造的人或部门较少，且具备改造这门课程的人才有限。课程理论体系的基本内容是不同类型高校职业生涯规划教育课程的共同内涵，是进行校本特色课程设计的基础和理论指导，也是我们在反思职业生涯规划教育课程建设中需要不断完善的重要对象。随着中国高等教育改革的深入，对课程理论进行本土化改造要求将会逐步增强，吸收现有各领域相关理论推进职业生涯规划教育课程理论体系建设，已成为职业生涯规划教育课程建设的重要内容。因此，我们应该在既有课程相关学科理论的基础上，继续融入生态体验、教育学、社会学、公共关系学、信息化等相关理论，既要推进课程理论的与时俱进，还要使这门课程既有的心理学、管理学等专业化的核心理论真正落地，成为大家都能用得着、靠得住的指导力量，借助这些理论把枯燥的理论生活化，把世界观、方法论教育与大学生的成长发展更好地关联起来。

① 刘甜甜，张博. 大学生职业生涯规划的课程研究与走向分析［J］. 黑龙江高教研究，2013（6）.

二、实践体系

职业生涯规划教育课程的操作性要求很高，它不仅要实现学生“知”的目的，更要求学生落实到“行”上，并在实践过程中不断调整优化，实现“知行合一”。因此，职业生涯规划教育课程校本特色设计一定要突出务实特点，与学校的办学实际紧密联系起来。如在新生刚入校时，把对校园环境的探索纳入规划课程中，把他们的个体规划与爱校紧密结合起来，为他们尽早熟悉校园环境、融入学校发展创造条件。在大一下学期可以引导学生进行自我和专业探索。在二年级上学期则可以建议学生完成职业探索，通过文献或媒体以及有效的人物访谈、实习和见习等形式，加强对岗位的工作职责、工作关系、薪酬福利、任职资格、岗位发展路线和职位发展前景等方面的职业认知。在二年级下学期和三年级上学期则可以逐步在“人职匹配”理论指导下选择最合适自己的职业目标，确定相应职业发展路径，并进行针对性的学习和行动，学会时间、精力管理和适时调整规划。在三年级下学期可以要求他们参加与就业、创业或职业生涯规划相关的讲座一次以上，参加学院举办的招聘等具体的与就业创业相关内容的实践一次以上，并在增加活动数量、提升质量、增强可参与性方面下功夫，吸引鼓励学生多参与、多实践。

要充分利用新生对学校强烈的好奇心，把学院的自然环境、场馆设施、特色器物文化等作为探索认知的对象，进行有针对性的文化解读和介绍。在学生完成职业价值观和个性特征评测，初步了解自己的职业取向后，根据学院的资源配置状况进行相应的分类指导和分类培养，突出学校在职业生涯规划教育课程设计和建设方面的存在感。而在探索就业前景方面，可以提供近些年相应专业的情况及相关分析等内容。根据当前学生在校学习的实际，需要将简历制作、参加招聘会、创就业或职业规划讲座等能力提升的具体内容作为学习生活的必修课，让学生在参与中进一步了解自己，也为学校在“课程”的系统指导方面提供平台，做到言之有物。

除此之外，还要将学生的学习与社会实践紧密结合起来。充分利用寒假、暑假开展相应实践活动，加强专业实践实习、能力素质提升实践、人物访谈等活动。利用学校的就业、实习或见习基地等单位，积极开展与专业相关的实践、兴趣爱好交流、调研走访等相关活动，通过岗位和职业的了解认知，深化学生对大学成长和发展的理解。

三、考核评价体系

为了把握职业生涯规划教育课程的总体发展方向，突出其在学生成长和学校办学过程中的地位，需将职业生涯规划教育课程纳入学校学分制考核体系。根据高校人才培养实践，在学分设置上可以总共计 2 学分，其中理论和实践各计 1 分。理论部分放在大一上学期完成，实践课程合理分布在三年的学习生活中。职业生涯规划教育课程的各环节考核可采用百分制，由学院相应部门完成各部分的成绩评定，教务部门给予相应的学分认定。

理论部分要求学生在大一上学期完成。其余各部分分别在一至三年级的各个学期里循序渐进完成。为了更有利于职业生涯规划教育课程的实施，建议在对辅导员、班主任进行相关培训后，将他们列入成绩评定队伍，使他们在评定成绩过程中进一步了解学生的职业生涯规划制定和实施情况，并及时提供指导。考虑到学生及学校的办学实际，职业生涯规划教育课程的理论和实践部分一般在三年级下学期之前结束。对于职业生涯规划教育课程内容没有在规定时间内及时完成的，理论部分要求学生在相应的单学期进行重修，实践部分的重修则可以根据学生的具体情况，在毕业之前选择合适时间完成。而对于一部分因出国、休学等原因不能按统一要求完成的，出国人员可以根据他们求学实际和实践内容在国外完成，没修完的部分回国后申请补修；休学人员可在复学后按相应年级的职业生涯规划教育课程的要求完成，经过认证获得相应学分。

实践部分各环节内容均采取过程考核的办法，按百分制评分，根据每个部分的难易程度分别决定其在实践部分中的比重，有一部分不合格则整个成绩不能通过。统一制作成绩册，这样既便于集中管理，又便于统一评分和形成学生职业生涯规划教育课程教育档案。根据学校职业生涯规划教育课程个性化指导要求，整合学校专业教师、管理人员、辅导员以及外聘人员等方面师资，为学生提供从规划到实践的全程个性化指导，根据学生需要安排不同专长的人分时段分别提供指导服务。要形成各部门联动，按职业生涯规划教育课程内容要求分配相应实践指导任务的格局，与学生接触多的工作人员要细化要求，从事面上管理和服务的部门与相应工作人员，则要从面上提供相应的指导和支持。

第四节　课程体系设计应遵循的基本原则

职业生涯规划教育课程校本特色设计需要紧扣学生主体人格完善这一核心，加强“以学生为中心”的问题研究，要与高校人才培养定位、师资力量实际等相匹配。在设计思路上努力使其能横向覆盖，纵向贯穿，突出实践，并推动第一、第二课堂有效融合。方案设计要清晰把握既有资源的具体情况，通过体制机制推动其理性互动，确保职业生涯规划教育课程能系统化实施，在实践中不断提升学生的综合素养。

一、主体原则

在职业生涯规划教育课程设计过程中，必须引起关注的是“如何教”向“如何学”的范式转化，学校要从关注教师队伍、学位点、实验室等方面建设，关注课程内容、教学方法和手段设计等，转向关注学生主体地位的实现，关注他们的知识基础、认知特点、学习习惯、兴趣爱好等个性化需求，在关注学生“如何学”的时代特点前提下关注“如何教”及其他相应条件的匹配。在信息化高度发达的今天，学生的习得机会、习得能力和习得习惯等与纯纸质书时代已经有了质的差异，特别是实现了互联网、移动互联网的跨越之后，注重“学”的时代对教师的要求已经不仅是知识的需求，更重要的是这种背景下的方法指导，以及知识的广度和深度的引导。必须指出的是，如何实现师生良性互动是职业生涯规划教育课程必须关注的重要环节，它决定着能否把握学生的主体地位，以及如何实施知识传播、能力培养的问题。把学生作为主体进行研究并有效把握，已成为新时期教育领域非常突出的问题，职业生涯规划教育课程设计要改变只追求刚性数据指标而忽视人本身的高校办学现实，研究主体、尊重主体、发现主体进而服务主体成长和人格完善，遵循职业生涯规划教育课程校本特色设计的根本原则。

二、主次原则

学生在大学期间的学业规划、毕业后的职业规划和未来的生涯规划等内涵不同，对相应的教育内容、教学方法及手段的落实、时间安排等都有不同要求。职业生涯规划教育课程的设计要把大学期间成长要求作为重点和主要任务来抓，此时与其他教育阶段最突出的差别，就在于大学生要实现从学生到职业人的角色转变，以及人生阶段质的飞跃。从大一进校时的课程教育，大二、大三的规划设计、实施和调整，都应该是职业生涯规划教育课程校本特色设计关注的重点，这些也是学校自身所能做到和把握的。学生在校期间习得的基础知识、专业技能和通识能力等关乎他们求职是否顺利，走进职场能否可持续发展。对于大学生在校期间的成长而言，专业是基础，实践是关键，通识是必备，职业生涯规划教育课程的设计必须关注这些基本要素及其有效组合，并在大学生学业规划教育过程中有力助推实现。

三、精准原则

在国家教育行政部门的强力推动下，近几年高校职业生涯规划教育取得了很大成绩，但每个学校都有各自的办学定位和办学目标，形成了与自身办学层次、办学水准以及办学资源等匹配的职业生涯规划教育课程教育格局和条件，差异化的办学现实使职业生涯规划教育课程教育呈现形式各异的个性化问题，需要通过校本特色设计和开发，对职业生涯规划教育课程进行针对性的改革和完善，在逐一分析的基础上提出个性化改造方案。要以精准原则加强对学生发展及其需求实际、职业生涯规划教育课程教育的问题进行分析和研究，在认真梳理、匹配办学资源的过程中，挖掘学校办学优势，努力做到扬长避短、因地制宜。同时，针对目前职业生涯规划教育课程建设过程中存在的突出问题，要敢于动真格，舍得下力气，进行颠覆性整改，切实推动职业生涯规划教育课程的校本化改革进程，服务学生成长和发展。

四、知己知彼原则

职业生涯规划教育课程的校本特色设计要根据校本资源的实际进行，彰显自身的办学特质。“由于各高校的办学方向和专业设置等方面存在差异，高校应明确自身的特点和人才培养目标，并以此作为职业规划教育课程设计和开发的基础，只有这样，才能科学合理地开发一套适合自身特色的职业规划教育课程结构体系和相关教学计划。”① 学校办学除了知道自己需要什么，并相应地开展职业生涯规划教育课程设计外，还要对学校的资源状况进行摸底整合，理清校本职业生涯规划教育课程设计实施过程中学校提供配套资源的可能性。同时，还要考虑学生成长发展的实际，厘清学生的主体发展愿望、现实的成长诉求，为学生个性化需求满足和“以人为本”办学理念的实施创造条件。

---

① 刘甜甜，张博．大学生职业生涯规划的课程研究与走向分析［J］．黑龙江高教研究，2013（6）．

五、系统化原则

大学的人才培养是一项系统工程，职业生涯规划教育课程教育是为了更好地促进大学生对未来职业和生涯进行设计规划，因此，职业生涯规划教育课程的校本特色设计需要全程贯彻系统化思维，在“以学生为中心”理念指导下推进“三全”育人。要在学校既有办学定位、办学水准和资源配置基础上推动校本职业生涯规划教育课程的顶层设计，推进第一、第二课堂的资源整合，带动全员共同关注职业生涯规划教育课程的建设和完善。每个高校应该根据各自的优势和特长，分别开展有自身优势特色的职业生涯规划教育课程的教育，增强教育的效果和相应的引导。同时还应该根据时代发展和学生成长环境的实际，借力新媒体和互联网的力量，把教育手段作为职业生涯规划教育课程系统化的重要内容融入校本设计，推进职业生涯规划教育课程设计的系统化与全程育人的有效融合。

第十五章

党建生态构建和意识形态教育

高校党建生态构建和意识形态教育，是保护和优化大学生成长生态的重要手段，不仅表现在其对学生党员成长生态的关注，还表现在其对高校人才培养整体生态的影响。以价值观为核心的信仰生态、以榜样示范作用为主导要求的角色意识生态、以能力建设为核心的人才培养理念生态和高校党建理论的话语体系生态等构成高校党建工作基本要素系统，在运行过程中相辅相成，它要求高校党建高度重视基础工作，推进党建工作理论与实践的理性发展。

第一节　信仰生态

党员经过党组织的培养和自身发展，应该在信仰问题上与党组织保持高度的一致性。然而，由于受到功利主义的影响，共产主义信仰与党员身份在每一位党员身上并不能达到令人完全满意的一致，迫切需要在党建过程中加强马克思主义世界观和方法论的指导，加强意识形态教育，并以社会主义核心价值观为抓手推进高校党建良好的信仰生态形成。

一、价值观教育

受经济全球化、信息化和世界多极化发展影响，人们的信仰取向多元，大学生作为一个特殊的群体，他们的学识、能力和好奇心决定了他们在世界纷繁复杂的变化中，同样会受到各种因素影响。加之其辨别能力欠缺等因素，往往会使他们在信仰问题上随波逐流。因此，高校党建工作面临的价值多元冲击，直接影响着积极分子入党动机的形成和发展，并影响每一个党员信仰的坚定程度。

价值观是人们对自身价值及其价值活动持有的根本观点和看法，它受到人们世界观的影响，又影响着人们的人生观，决定人们的公私观、义利观、荣辱观和幸福观等。“衡量一名共产党员、一名领导干部是否具有共产主义远大理想，是有客观标准的，那就要看他能否坚持全心全意为人民服务的根本宗旨，能否吃苦在前、享受在后，能否勤劳工作、廉洁奉公，能否为理想而奋不顾身去拼搏、去奋斗、去献出自己全部的精力乃至生命。一切迷惘迟疑的观点，一切及时行乐的思想，一切贪图私利的行为，一切无所作为的作风，都是与此格格不入的。”① 共产党员的特有属性，决定了大学生党员的价值观应该把共产主义作为他们的根本信仰，把人的自由而全面发展作为人生的最高目标追求，在实践中始终把为人民服务作为根本宗旨。大学生党员正确的价值观，直接决定着他们信仰能力和他们学习生活中的实践行为。

当前，马克思主义世界观和方法论指导下的社会主义核心价值观是我们的主导意识形态，其传播和实践是高校党建工作的核心要义。因此，马列主义、毛泽东思想、邓小平理论、“三个代表”重要思想、科学发展观和中国梦等中国化的马克思主义理论，必须成为高校党建工作的主导意识形态，并引领高校的办学方向、党的建设和人才培养的价值追求。

二、马克思主义的世界观和方法论指导

地球村的发展现状以及马克思主义在世界范围内的发展，决定了马克思主义在不同国家的出场路径、出场方式和出场结果均不同，来自不同社会制度和环境背景下的马克思主义的发展水准、内涵与思维方式都会有一定的差异。并且，来自非马克思主义的各种因素在各自范围内都会有其独特的市场，这要求我们必须用历史的、发展的、辩证的、全面的观点对待高校党建的价值观凝练和教育。“面对中、西、马这三种文化资源，我们既不能走‘全盘西化’和‘复古主义’两条极端路线，也不能画地为牢、自设藩篱，而应该兼容并蓄古今中外的各类文明成果。一种可取的立场就是‘马学为魂，中学为体，西学为用，三流合一，综合创新’。这一话语立场蕴含着三大基本价值取向：一是坚持原本（坚持马克思主义基本原理），二是面向世界（融入世界潮流），三是立足中国（讲中国话语，说中国故事，塑中国形象）。由此，我们以社会主义核心价值体系为核心的意识形态，既不是对抗世界文明的狭隘民族主义，也不是淡化意识形态界限的实用主义，而是立足中国、走向世界的

① 习近平谈治国理政［M］. 北京：外文出版社，2014：23－24.

爱国主义和世界主义的结合。”①

在价值认同上，应该看到“中国当代主流价值认同的价值困境起自历时性、共时性与结构性的多元价值诉求间的矛盾。它既是中国社会自身变迁发展的逻辑表现和结果，也是全球化背景下民族国家社会发展的重要特征。各种价值诉求都有自身的根据与合理性。在这种条件下的主流价值认同，并不是排斥各种价值下的某种价值要求的独尊，而是在多元价值博弈、对话中达成的价值共识。而这只有在一个理性、包容的价值文化平台中，通过价值对话来实现”②。“在包容互鉴的基础上促进我们的理论自觉意识，建立属于中华民族和中国人民的文化自信。我们要立足中国，面向现代化、面向世界、面向未来，巩固马克思主义在意识形态领域的指导地位，发展社会主义先进文化，加强社会主义精神文明建设，把社会主义核心价值观融入社会发展各方面，推动中华优秀传统文化创造性转化、创新性发展，不断提高人民思想觉悟、道德水平、文明素养，不断铸就中华文化新辉煌。”③ 只有这样，我们才能正确把握价值观建设、教育和传播的理念，使其成为我们所期望的理想的信仰生态核心。

第二节　角色意识生态

中国共产党先进组织的特点决定了其成员和基层组织必须具有榜样与示范作用，《中国共产党章程》规定：“中国共产党是中国工人阶级的先锋队，同时是中国人民和中华民族的先锋队，是中国特色社会主义事业的领导核心，代表中国先进生产力的发展要求，代表中国先进文化的前进方向，代表中国最广大人民的根本利益。”④时刻牢记共产党人要率先垂范，时刻保持榜样和示范的角色意识，是共产党员全心全意为人民服务宗旨的具体体现。

一、高校党建工作要求

从马克思主义理论之初的共产主义政党意识，到苏联实践，我们时刻都

① 刘军. 重建马克思主义话语权的多重挑战［J］. 人民论坛，2013（3）.

② 刘怀光，刘雅琪. 主流价值认同的现代价值困境［J］. 吉首大学学报（社会科学版），2012（1）.

③ 习近平. 在纪念马克思200周年诞辰大会上的讲话［EB/OL］.（2018-05-04）［2018-07-20］. 新华网：http：//www.xinhuanet.com/2018-05/04/c_ 1122783997.htm.

④ 中国共产党章程［M］. 北京：人民出版社，2017：1.

能感受到共产党在榜样示范方面的强烈责任意识，对每一位共产党员的担当要求。中国共产党正是在强烈的民族责任感和使命感中诞生的，革命年代共产党人抛头颅、洒热血，为了中国的解放事业而不惜牺牲一切。社会主义建设和改革开放年代，正是因为共产党人的先锋模范作用，带领着中国人民，共同推进着中国革命和建设事业，推动中国改革开放不断前进。新时代中国特色社会主义建设和发展过程中，大学生作为未来中国事业发展的重要依靠力量，他们的成长和发展关系国家与民族的未来。因此，对大学生党员和党支部在党建上的高要求是时代的鲜明特点。历史回眸，只有对党的组织和党员高要求，才能树立其正面形象，榜样示范的角色意识是高校党建工作的必然要求。

二、人才培养生态的基本前提

高校党建工作中，专业学习知识化、要求口号化、活动形式化、动机功利化往往是无法回避的现实。并且，学校层面或更高层面上，也存在着观念上的淡化，对党员榜样模范作用的发挥停留在报告中、口头上。党员教育在行动上固然有要求，但因为受时间、受众面以及整体环境等因素的影响，党建过程中党员示范作用的范围缩小了、要求变低了，以致广大同学对党员的评价低了，党员也逐步没入茫茫人海中，党员的先进性体现困难。以致有的大学生党员带着一腔热情入党，而一旦成为一名党员后，新鲜感减弱了，最终与普通学生没有差别。

学生党组织建设也存在要求高，但实践执行较虚，工作落实不到位等现象。由于学生党员发展数量及学生党组织管理等问题，基层党组织的主要工作是发展党员或完成上级党委的“规定动作”，而在每个党组织的“自选动作”方面存在明显不足，严重忽视高校党建在意识形态和思想政治教育生态中的使命。学生党员的培养散落在各个学生组织,对他们的考察、培养、教育和引导缺乏系统性,学生党组织在某种程度上对人才的培养和磨炼也许不如一般的学生组织,缺乏理念上的提升和强化,学生党员的榜样和示范意识明显不足。

因此，在学生党建过程中，无论是从党委系统的高度，还是学生组织的高度，都应该有清醒的人才规格意识，即学生党员必须成为高校人才培养的榜样和模范，学生党支部和党小组必须成为发现、锻炼、培养、考察和提升人的重要平台，只有这样，学生党支部才能真正成为意识形态安全和思想政治教育的重要战斗堡垒，主导价值观的传播阵地，各种榜样和示范人才的培养基地。

三、榜样示范意识形成

榜样在不断被解构的过程中功能式微，其成因并非是这个时代不需要榜样，而是我们缺乏榜样意识，在培养榜样方面的能力上还有欠缺。一个时代的评价体系可能会伴随其价值认同而解构或建构，在信仰问题上可以求同存异，但在做人的基本的道德、伦理问题上应该有其共通的一面。因此，作为一名中共党员，生活在广大同学中间，应该有清醒的责任意识，要努力使自身言行成为广大同学的典范。只有这样才能不负党和时代赋予我们的神圣使命，才能在广大同学中树立正面形象，为学校良好的人才培养生态积聚正能量。因为我们每个人都是“别人的环境”，只有学生党员自身的工作做好了，为别人提供成长环境才有可能。

第三节　人才培养理念生态

在高校党建工作过程中，人才培养理念生态以能力建设为核心，能力建设是其他诸多教育关注的关键问题，所有的一切都必须围绕这一工作展开。对于大学生党员而言，能力建设表现在学习、事务处理和创新等诸多方面。大学生党员的能力建设需要不断创新的环境，更需要时刻关注常规工作，而不能舍本逐末，重形式忽视内容，重创新而忽视基础，时刻应以扎实有效的基础工作，推动党员队伍的能力建设，带动人才培养理念的不断创新。

一、积极分子培养考察

从积极分子到一个合格、优秀党员是一个系统的成长过程，需要良好的成长环境。学生党员从合格、优秀到卓越，需要学校一般人才培养的常规资源，也需要更高层面的或适用于相应个体的特殊资源。对于一个合格或优秀的学生，学校的培养资源是每个人都可能得到的公共资源；而对于一名预备党员或正式党员，则他们的成长资源需要经过个体选择，并在此基础上经过更高层次的选拔、培养和考察。学生党员经历的这些程序，更多的是道德优化层面、价值观选择层面和榜样示范层面等因素决定的，这些因素的实现需要借助特定的环境条件的支持。

可通过与福利院、农民工子弟学校、孤寡老人等弱势群体结队服务，培养学生党员的爱心、责任心。通过学生社团和学生群体的各种活动开展来训练和锻炼学生党员待人处事的能力。而社会事务处理、社会实践能力可通过与城镇社区共建，组织学生参与社会公共事务管理，通过组织与社会共同开展文体类活动来丰富共建内涵，拓展与社会沟通的渠道，并在这一过程中不断增长学生党员的才干和实践能力。当然，在资源整合方面，学生党员特别关注积极分子的道德建设，关注其责任感、公平正义感等方面素质的全面提升。

要充分利用学校的各种宣传阵地，如宣传栏、网站、微信群、QQ 群等学生经常关注的传播方式和途径，为积极分子提供施展才华，检验信仰的阵地。同时，要把积极分子的素质提升教育与社会全方位接轨，通过组织参加各种各样的比赛，以及与专业相结合、能体现大学生知识价值的青年志愿者活动等来培养他们的理论水准、道德水准和伦理意识，使他们逐步从一名合格、优秀的大学生向着一名合格的共产党员努力。在构建积极分子能力培养平台过程中，全方位、多角度地构建学校的人才培养理念生态，大力推进人才培养阵地建设，优化人才培养的资源配置。

二、学生党员成长平台建设

在发展学生党员的培养考察过程中，专业的学习只能从一个侧面反映出他们的成长，而更多的出色表现需要他们在各自特定的平台上才能展示。在这个持续强调创新的时代，我们需要关注创新与基础工作的有机融合，特别需要重视学生成长平台建设，使我们的创新工作有平台对接，有舞台好演，而不是使创新成为空中楼阁，造成党建工作存在不接地气的隐患。

在基础工作方面首先要抓好发展学生党员工作。充分发挥班团支部、党小组、党支部在学生党建工作中的作用，做好党建的基础工作。“目前高校教育还是处于行政班级教育模式，班级目前还是建立党小组的主阵地，这一模式的优点是：学生的主体课程相似，活动范围相近，相互了解程度较高，便于相互影响和相互教育，信息流通较快，榜样的力量在其中容易发挥作用等。积极分子汇报思想容易找到合适对象，平时表现可以合理定位，考核监督机制容易有效形成。”①党小组建设方面，可根据班级、专业和院系工作特点，建立各种不同类型的党小组，既可以让大家在其中发挥作用，展示才华，又能通过党小组活动的开展，使积极分子和发展对象在培养、考察过程中增长才干，提升素质。通过这些基础平台的建设在支部内形成培养、考察的联系机制，

① 王淼，王继全．论高校学生党建平台的构建［J］．福建论坛（社科教育版），2010（6）．

把相应支部内的党员分配到各个班级、各个党小组，通过他们把理论学习、党小组活动策划和开展、党委或支部精神落实等工作贯穿到每一位积极分子，使有入党愿望的学生在日常的学习过程中能感受到党的关心和帮助，与党的组织保持联系，增强学习和成长动力。

其次要做好已发展党员的考察、锻炼和培养工作。从积极分子、发展对象到成为一名党员，这是一个严谨的培养、考察过程，学生党员在未成为党员之前感受到的是集体对个人的培养，而一旦成为党员之后，就应该是站在党组织的一面。一方面要做好别人的联系、培养工作，另一方面自身的能力和素质需要在更高层次上提出要求。在党建平台建设过程中，要强化日常工作开展、理念思维拓展、形式内容创新等方面的创新意识，努力把学生党支部做成学生党员成长的平台、发展的舞台、展示的前台，让学生党员在广大学生中充分展示他们全面发展的素质、奉献的品质和非凡的气质，为营造良好的德育生态奠定基础。

三、大学生成长生态与能力提升

学生党员是大学生群体中的佼佼者，他们的成长和发展直接关系着大学生群体的整体发展走向，在他们的成长问题上，学校应该从个体和党建平台两个方面，推动学校人才培养良好生态的形成。通过学生党员个体能力培养，形成良好的“场”环境辐射周围的学生。同时，充分利用这种党建的辐射功能与学生党员在各自岗位上的管理功能一同形成推动大学生整体素质提升的良好氛围和环境，为广大学生的能力提升创造条件。

特别需要提出的是，学生党员的能力建设是更高层次意义上的党建工作，需要全面、系统地进行统筹，不仅要关注学生党员的能力建设生态，同时，还应该把与之相适应和关联的意识形态安全及思想政治教育要求紧密联系在一起，突出学生党员成长与人才培养工作的整体关联，强调党员角色的意义和党建工作的价值，促进党建工作与人才培养生态的一体化发展。

第四节　话语体系生态

高校学生党建工作除了价值观、榜样示范和能力建设这一系列的环节之外，还需要把高校党建工作纳入理论建设视野，从理论高度关注高校党建的话语体系建设，优化高校学生党建的理论生态环境。

一、理论话语与党建实践

高等教育的话语体系决定着高校办学的高度、视野、传承和执行力，因此我们在高校党建话语体系的认知上必须定位清晰、准确，使高校党建话语体系成为推进高等教育的重要指导思想，在实践中不断磨砺。同时，高校党建理论这一课题也是我国哲学社会科学发展、国家文化软实力建设和推进社会主义文化大发展大繁荣，不断完善哲学社会科学学术话语体系的基本要求。在新的历史起点上，以高度的理论自觉和文化自信，打造高校党建工作的理论体系，具有重要的理论和实践价值。

高校党建工作作为马克思主义研究和建设工程的重要实践载体，不仅需要打造中国特色、中国风格和中国气派的话语体系，更要在此基础上寻求一种适合大学生年龄特点、时代特点和学识特点的，能为广大学生接受的话语体系，为大学生党员培养、考察、发展过程中形成正确的价值观，推进高校党建和思想政治教育良好生态形成创造条件。所有这些，都需要高校党的理论建设的参与者共同努力，推动高校党建工作理念与实践工作的良性循环，构建高校党建话语体系的良好生态。

二、马克思主义指导地位

党建工作在新的历史时期依然要经历各种考验，时刻要求我们坚持马克思主义的指导地位，习近平同志指出："我们要立足中国，面向现代化、面向世界、面向未来，巩固马克思主义在意识形态领域的指导地位，发展社会主义先进文化，加强社会主义精神文明建设，把社会主义核心价值观融入社会发展各方面，推动中华优秀传统文化创造性转化、创新性发展，不断提高人民思想觉悟、道德水平、文明素养，不断铸就中华文化新辉煌。"[①]在不断解放思想的过程中坚持马克思主义的指导地位，打破习惯势力，突破主观偏见束缚，在不断研究新情况的过程中解决新问题。只有时刻把握与时俱进的理念，我们的党建工作的理论和实践才会与时代同步。

三、社会主义核心价值观教育

"我们倡导的富强、民主、文明、和谐，自由、平等、公正、法治，爱

---

① 习近平．在纪念马克思200周年诞辰大会上的讲话［EB/OL］．（2018-05-04）［2018-07-20］．新华网：http：//www.xinhuanet.com/2018-05/04/c_ 1122783997.htm.

国、敬业、诚信、友善的社会主义核心价值观，体现了古圣先贤的思想，体现了仁人志士的夙愿，体现了革命先烈的理想，也寄托着各族人民对美好生活的向往。只要是中国人，就应该自觉培育和践行社会主义核心价值观。”①核心价值观是一个国家文化软实力的灵魂，提炼、培育和弘扬一个国家的核心价值观，有利于社会意识整合，推动社会系统正常运转，有效维护社会秩序，提升国家文化的生命力、凝聚力和感召力，推动国家治理体系和治理能力的现代化。中国的社会主义探索实践充分证明，具有强大感召力的社会主义核心价值观，可以从文化软实力角度促进社会关系和谐稳定，提供国家长治久安的发展环境。

高校党建必须回答我们要培养什么样的人、怎样培养人和为谁培养人的问题，以适应新时代中国特色社会主义社会全面推进深化改革和扩大开放的宏观形势，全面推进科教兴国和人才强国战略的实施。

四、话语体系的引领地位

党建工作是高校思想政治教育工作的核心工作，党建话语体系构建的意义在于指导高校思想政治教育工作开展，并构建以党建为核心的整体意识形态生态。新形势下，高校思想政治教育面临着非常复杂的局面，“在中国人的心目中，我们接受的道德规范主要来自学校，主掌我国道德话语权的一直是学校教育，但是随着改革开放的深入，传统的道德话语权的主宰者也在发生着变化，当代中国道德话语权力谱系在其主体表现形态上呈现出多元、多变、多样性的特征，而不再是学校教育单独主导道德话语权。随着我国道德话语权主体的多样性发展，学校道德教育的话语权也在式微。”②学校德育话语的变化，对高校党建和思想政治教育工作发展的影响是不言而喻的，我们要始终把握高校党建工作话语体系建设在高校思想政治教育中的话语权和引领地位，用高校思想政治教育的理性实践推动话语体系建设，统领高校党建工作，推动大学生党建生态和意识形态教育的良性发展。

① 习近平. 在北京海淀民族小学主持召开座谈会时的讲话［EB/OL］.（2014-05-30）［2018-07-20］. 中国网：http：//news. china. com. cn/2014-05/31/content_ 32540741. htm.

② 王传峰. 当前我国学校道德教育话语权的式微［J］. 教育科学研究，2010（5）.

第十六章

学生社团的平台建设

高校学生社团是体现教育个性化、充分发挥学生主体性的重要公共平台，它以学生的兴趣爱好为导向，打破年级、专业和空间的界限，摆脱第一课堂的束缚，尊重学生个性成长要求，充分体现大学生主体地位，是强化大学生主体性和责任意识的重要载体。实践证明，高校学生社团在满足大学生成长多元需求，传播学校办学理念和文化，弥补课堂教学灵活性不足的同时，为大学生碰撞思想、切磋技艺、追求真理提供了平台，推动了大学生主体人格的完善和主体能力的提升。然而，高校学生社团建设和发展面临着沟通、软硬件支持、体制机制完善、创新意识等诸多问题，迫切需要在加强高校人才培养顶层设计前提下，构建理性的社团评价体系，优化学生社团的资源配置，为大学生主体性培育创造更加理想的个性化环境。

第一节　学生社团育人功能

高校学生社团是以兴趣爱好为导向而自发形成的学生群众组织，作为学校教育管理和人才培养的重要辅助手段，高校学生社团完善了高校人才培养体系，在一定程度上改善了我国高等教育重智轻德、重专业知识学习轻学生整体素质教育的办学现状。实践证明，学生社团在丰富高校办学内涵，繁荣校园文化，践行学校办学理念和全面提升大学生的素质等方面做出了巨大贡献。

一、完善高校人才培养体系

高校人才培养严密的框架体系是经过多年实践逐步建立起来的，然而随着社会发展对高校人才培养要求的不断提高，高校人才培养框架体系固化问题也越来越突出。具体表现在学校作为教育者主体在改革过程中，过多的关注自身课程体系、师资队伍结构、学位点、实验室建设等诸多方面软硬件的发展，而很少关注学生这一自我教育主体的实际。“学生作为学习活动的主体，是整个教育活动的重心和立足点，其主体性的培养与发挥要求尊重学生的自主性，给学生以自由。”① 作为教学的组成部分，教育对象既是客体又是有能动性的主体。作为客体，他们的知识结构、能力状况以及心理特征等在教育过程中是第二课堂的备课要素。而学生作为自我教育主体，家庭、学校和社会等外因主体在教育过程中的理念、方法、手段与内容等因素需要经过自我主体内化，并逐步沉淀为自我主体性的内涵，同时外化成外因主体需要捕捉以便进行下一步教育的信号。因此，学生社团作为学生群众性团体，既体现了学生群体成长的主观能动性，也呈现学生主体成长的实际需求。学生社团这方面的优势弥补了高校人才培养框架体系中灵活性不足的问题，弥补了高校日常管理无暇甚至无法顾及的教育和管理缺失，把本该属于学生自主教育的部分还给学生，充分尊重学生学习和成长的自主需求，不断完善高等教育的育人体系。

二、丰富校园文化内涵

“高校学生社团因其组织形式的自发性，群体目标的统一性，社团成员的广泛性，社团活动的多样性、灵活性，行为规范的自主性、自律性等特点，在大学校园文化生活中具有重要的作用。”② 学生社团对学生兴趣爱好的满足，表现在自我管理的宽松环境可以弥补学校教学和管理过程中刚性规定的不足，让学生在轻松愉快的环境下学习、成长。通过学生社团这一平台，学生可以主动参与到学校管理中去，在参与管理的过程中进行自我教育，丰富人生阅历，满足其对多彩生活的需要。特别是文艺类、体育类等与大学生生活密切关联的社团，可以充分展示广大学生青春靓丽的一面，吸引众多学生参与，极大地调动大学生的积极性，增强他们学习和生活的自信心，活跃校园文化氛围。

一部分与专业相关的技能型社团，在各种比赛交流越来越多的当下，不仅可以代表学校参与校外比赛，在与外界进行交流学习的过程中为学校争光，而且可以更好地发展学生的专业技能，带动日常活动的开展。爱心类公益社团则显示了人性光辉的一面，广大社员在参与社会公益事业过程中，更好地

① 田道敏．教育改革视阈中的学生主体性问题论析［J］．中州学刊，2010（3）．

② 李志清．高校学生社团在校园创新文化建设中的作用［J］．教育理论与实践，2013（30）．

进行自我修炼，传播社会的正能量。一部分优秀的学生社团因其自身经营有方，会因其在与外界交流中的良好表现而影响日益广泛，用他们特有的方式推进学校的品牌塑造，推动社团发展与学校办学的良性互动，在更高层次上丰富校园文化生活。

三、营造人性化办学氛围

学生社团的活跃程度、对社员成长影响的深入程度不仅取决于学生社团自身，还取决于学校的办学理念和氛围，特别是学生在学校办学中的地位。“学生主体性的发挥、发展是处于教育乃至整个社会控制系统之中的。学生主体性培养与发挥的前提是营建一个和谐的教育环境。”① 学生的主动性只反映了学生社团建设的单方面可能性，真正要建设好学生社团，学校对社团的重视和投入是不可或缺的。这种投入不仅包括人财物等硬件方面的支持，还包括观念、政策和制度等软件支持，实现从理念到执行层面的有效对接。

因为学生社团来自学生，有着极强的生命力，会渗透到学校育人工作的方方面面，鲜明地体现学校的办学理念。学生社团的发展与学校办学诸多方面的有效对接，不仅可以大大提高社团活动的可参与性，还可以有效地推动第二课堂活动的开展，对第一课堂进行有益补充，发现广大学生的需求，成为学校办学、管理和育人的好帮手，促进学校办学效益的最大化，营造人性化的办学氛围。

尊重个性发展，为广大学生提供合适的成长空间，已成为当下每一所高校办学的理性共识。学生社团不仅提供了这一平台，而且反映了大学生群体主体成长清醒的自我意识，实现了从学生自主角度与学校教育现有条件的有效磨合。学校在办学过程中对社团的多方投入，则反映了高校在办学过程中对教与学、需求与满足之间默契的关注。正是社团与学校之间的这种价值追求，在无形中推动了社团发展，丰富了高校“以学生为中心”办学理念的内涵，逐步推动形成公众追求的理性的高等教育办学思维。

① 田道敏. 教育改革视阈中的学生主体性问题论析［J］. 中州学刊，2010（3）.

第二节　主体性培育的功能需求与存在问题

不同的学生社团和个体其生存与发展均分别面临着不同的问题，但在共同的时代大背景下，教育发展的共性问题在社团建设上也有突出的反映。在高校社团发展实践中，对学生社团在人才培养中的地位认知、制度建设关注、软硬件投入力度及其内部潜力挖掘等方面的问题，都制约着高校学生社团的发展，凸显其与大学生主体性培育需求方面的矛盾，追问高等教育能否实现“以人为本”这一时代敏感话题。

一、学生社团与学校互动

学生社团作为一种群众性组织，其空间选择方面更关注学生自身兴趣爱好的发展，但大部分学生社团的生存、发展与学校的教育、管理密切相关，学校的职能部门、学生管理机构完全可以把一部分诸如文体、创业就业、志愿者、公益等教育和服务功能中的事务性工作与学生社团对接，由学生社团去实施。在丰富社团工作内容的同时，增强学生社团内部的凝聚力和向心力，打造学生社团的品牌，学生社团则可以在完成学校交办任务过程中，强化学生的主体意识。

学生社团通过承接学校的各种活动，既可以获得经费上的支持，增强学生社团的活跃程度，还可以提升社团的专业化水准。然而，现实中的学校办学因为管理制度、部门设置、教师工作积极性以及被信任程度等问题，对接往往难以落实到位，离社团及学校相关部门的双向期望都还有相当的距离。以致出现社团运转缺乏生机，学校管理部门也因陷入事务性危机而效率低下，为学生成长提供更好的服务也只能是空谈，学生在学校办学过程中的主体担当难以实现。

二、学校支持力度与社团需求实际

软硬件的支持问题主要体现在经费、场地、政策和指导教师队伍建设等方面。受社会整体环境的影响，学生社团的活动对经费的需求越来越高，部分活动缺乏经费偶尔为之还可以，时间久了便无法保证效果，影响学生的参与积极性和社团的整体发展。场地方面，虽然大部分学校都在大兴土木，但硬件条件总是不能满足学校发展的需要，学生社团发展需要的无论是活动场所，还是办公场所都面临着紧缺的局面。加之学生社团发展不是硬性指标，常常被校方或某些职能部门看作是学生单方的需求，难以上升到有效的学校制度和人才培养层面，各学校在学生社团发展方面的政策参差不齐。指导教师队伍因为多方面原因很难到位，即使有的教师有意向关注社团的发展，却因为兴趣爱好、能力、时间精力或学校的漠视等问题而无法实现。在众多软硬件条件都难以满足的情况下，以兴趣为导向的学生社团的主观能动性会自然下降，而其成员在成长过程中的主体意识也会因为社团这一发展平台的满意程度不高而受到挫伤。

三、社团内外部制度及其执行

一方面，学校在社团发展问题上重视不够，政策导向不够清晰，制度执行较虚，对社团前期成立的刚性要求较多，而后期人性化支持不足；另一方面，从学生社团本身而言，因为社团及其发起者或领导者能力的不同，社团管理状况有较大差异。“高校学生社团的管理存在着类似‘法家’‘道家’的两个极端。‘法家’式管理，管得过紧，学生社团的发展空间较小；‘道家’式管理，无为而治，管得比较松，任其自生自灭。这两个极端的管理模式都不利于学生社团的发展，也不益于学生的成长。”[①] 社团会因为社团负责人的能力强和积极性高而不断发展壮大，也可能会因为某位或某届负责人的能力低或态度消极而走向低谷，甚至陷入发展困境，严重影响同一类社团在人才培养问题上的文化积淀。

学生社团的制度建设相对于学校的其他教学与管理而言，比较宽松，但并非意味着制度及其执行可以有太多随意性。制度的不健全及已有制度执行不力的实际，使得本来可以为整个社团成员服务的自我管理、自我服务的理念难以实施，而学生加入社团的多元目的也以难以实现，不利于社团内部成员主体能力的提升。

四、创新能力培养功能

学生社团是一个可以全员广泛参与的学生组织，全体成员可以借助这个平台充分挖掘社员的人脉、组织、知识和能力等多方面的资源，并在整合这些资源的状况下不断创新。在信息化时代，教育具有多元途径，学校教育弱化已成了一个不争的事实。学生社团因其在学校办学过程中的地位、资源配

① 邢光晟，毛波杰，张庆华．高校学生社团科学发展问题刍议［J］．江苏高教，2010（5）．

置状况、内部建设以及学生自身能力等多方面原因，后人往往照搬前人的工作模式，或者是对时下的元素进行简单模仿，而在大学生主体能力培养方面，挖掘社团自身潜力的意识明显不足，工作创新因受思维的限制而走入死胡同，创新能力得不到有效提升。社团成员在成长过程中因为团队缺乏有效的激励或激发机制，而缺少挑战机会和挑战意识，给人才的创新能力培养带来诸多遗憾。

社团发展在服务学生主体成长方面是否出现问题，正是检验一所学校办学能否体现以“学生为中心”的重要手段。“回归主体是大学学生组织发展中现实的和逻辑的要求。回归主体，意味着将学生的地位回归到学生是教育的主体、权利的主体、能动的主体、发展的主体上来，真正体现出学生在大学教育与管理过程中的目的性、自主性、自为性和能动性的主体特征。”① 对学生社团的漠视不仅是对学生自我教育的无视，也是对学生主体地位和教育规律的挑战，对学生利益诉求的无视。因此，学生社团的发展提醒各教育主体关注教育规律，时刻认识到学生是教育的内因主体，其主观能动性发挥是教育的必要环节和条件，外因教育主体没有能力承担把内因主体物化的后果，无论这个过程是有意识或无意识的，它都要求学校在办学过程中突出学生社团在大学生主体性培育过程中的重要作用，关注社团发展过程中的突出问题，为培养全面发展的人才创造条件。

第三节　学生社团发展需重点关注的问题

学生社团发展水平体现高校办学水准，也是塑造大学精神、贯彻办学理念的重要着力点，一流的大学教育需要丰富的学生社团文化支撑。在学生社团服务学生成长问题上需要加强人才培养的顶层设计，优化资源配置，推动构建理性的社团评价机制，并借助信息化手段推进社团管理，服务人才培养的科学化进程。

一、高校人才培养顶层设计

作为高校教育和管理的基础平台，学生社团体现了学校对学生主体地位的尊重，它不仅可以有效满足学生兴趣爱好发展的需要，而且可以弥补学校

① 宣勇. 挑战与回应：大学学生组织的重构［J］. 教育研究，2006（4）.

课堂教学刚性规定的缺陷，在脱离课堂束缚之外，以柔性管理增强学校教育的人性化。因此，学生社团的发展关乎学校育人体系的完善和学校育人理念的贯彻，并从学校顶层设计视角看待学生社团的发展问题，制订相应的计划，完善相应的制度，通过并借助学生社团贯彻、落实学校的各项方针、政策。通过学生社团做好教学和管理的各项延伸工作，不仅要让学生社团成为优化教学和日常管理的好帮手，更要通过学生社团丰富校园文化，打造办学品牌，提升办学水准。推动学生社团与学校教学、管理的互动，在参与中强化大学生的主体责任意识。

二、社团评价体系构建

各个学校都会建立相应的评价机制和评价方式，只是学校在社团评价方面的制度深入程度、效果都会各不相同，其评价成效也会有所差异。需要特别强调的是，评价只是手段，最终目的是解决社团良性发展的问题。因此，在社团评价机制建设问题上，要注重评价的导向、激励、诊断、交流与规划等机制的多方位结合，突出社团建设过程中的资源开发、自我教育和整合创新等功能特质，注重社团评价的普遍性与差异性、理论性与实践性、继承与创新等多特点的融合。在评价过程中，增强社团服务学生成长的意识和能力，强化社团自身教育的主体责任，推进社团与学校教学、管理的多层次、多角度融合，带动服务学生成长的整合创新。

三、学生社团资源配置

在指导教师配备方面要改变传统思维，把宣传的范围尽可能扩大，让更多的教职工参与到学生社团的指导中来，充分利用他们的优势或特长来教育引导学生。虽然社会功利化了，但在高校教职工这个高素质群体中，怀揣教育梦想的人依然很多，只不过社团运转的体制机制让他们陷入参与困境。学校应该从多角度、多层次发动，并配套相应的政策鼓励有热情、有能力、有梦想的教职工参与到学生社团的建设中去。

场地配置方面，如果可以为学生建设相应的专用场所，这自然很好；如果条件不允许，则尽可能在现有资源条件下，完善校园里一部分使用效率不高的空间、场地，交给学生社团使用，既可以盘活现有资源，又可以满足学生社团简单的需求。

经费方面，在高校办学经费捉襟见肘的今天，可以在开拓学生社团发展思路的情况下，争取资金筹措的多元化。同时，把一些学生社团可能承办的活动、可以实现的教育管理功能下放到学生社团，在他们承担一部分学校教育和管理功能的同时，获得一部分资金的支持，优化资源配置。出台政策让教职工参与，引导学生社团与社会上的企事业单位合作，推动社团活动与社会接轨，引进企事业单位的资金、技术和文化方面的支持。其他方面可以采取相似的办法，鼓励全体师生一起关注社团的发展，切实解决社团发展过程中存在的人、财、物等问题，为大学生主体性培育提供人性化的高效空间。

四、信息技术运用

除了有形空间外，新媒体已经成为大学生施展才华的重要场域，媒体空间已经逐步从虚拟走入人们的现实生活，并越来越为大学生所认同，高校学生社团的发展更要借助这一平台推动自身发展。新媒体“这种超级交互性使个人的主体性大大加强，极大地解放和提升了人们的积极性、主动性和创造性，实现文化传承主客体的即时交流，为高校文化传承提供了更为广泛的空间，极大提高了高校文化传承创新的推动力和感染力”①。在新媒体的空间和平台上，广大学生不仅可以在有限的时间精力范围内结交新的朋友，还可以充分利用这个平台传播社团的文化，推进校方的有序管理。

“网络化本质上是一种社会形态的进化，是人类文明的一次新的变迁过程。这种变革已在教育领域突出地表现出来，如无国界教育的实现，教育时空局限的突破，教育资源更大范围的共享，全球学习的交互性，获取信息的便利性，终生教育时代的来临等。”② 通过网络和新媒体，大学生可以强化与外界的交往，尤其可以解决时空不足的尴尬，实现不同时空下人的交往，避免交往过程中人与人同时在场的麻烦。在这个平台上，每一个社团成员都可以交流共同的兴趣爱好，发挥自己的优势，不仅可以展示同一社团活动的同一侧面，还可以展示社团成员其他方面的能力和素质。避免不同年级、不同角色和不同性格在交往时可能遇到的心理上的优越感、自卑感等问题，实现平等交往，发挥每个人的主观能动性，展示他们青春靓丽的一面。

---

① 赵君，张瑞．新媒体环境下高校文化传承与创新［J］．高校理论战线，2012（6）．

② 宣勇．挑战与回应：大学学生组织的重构［J］．教育研究，2006（4）．

第十七章

与时俱进的创新创业主题

新的历史时期，创新创业成为思想政治教育工作的重要载体，是充分体现大学生自我教育的重要内容。现实中，高校创业工作推进面临着各种各样的挑战，但经过不断的实践、沉淀和反思，高校创新创业的一体化、系统化，以及整体性、复杂性、关联性和自组织性等基本特性已为人们熟知。从系统论角度把“创新、协调、绿色、开放、共享 ”的新发展理念融入高校创新创业教育中，是探索和推动高校思想政治教育创新发展的重要路径。

第一节　高校创业：共识、特性及其本质

高校创业作为社会创业生态系统中的一部分，创新是其本质属性。整个社会创业生态系统对高校创业的全方位创新要求，不仅是因其创新方面的优势和可能性，还体现在社会对高校人才培养的要求上。因此，高校创业的教育、实践及其社会服务功能的实现，不仅是自身内涵式发展和体现其社会担当的重要内容，更是贯彻落实新时期高校思想政治教育工作精神的重要体现。

一、高校创业的系统化共识

高校创业是系统工程，不仅表现在创新创业教育与实践体系是自成一体的自组织系统，还表现在其是社会创业生态系统的重要组成部分，两者相辅相成，在实践中相互推动。同时，创新创业教育可以把思想政治教育贯彻在教学全过程中，实现全程育人、全方位育人，从而带动全员育人格局的形成，是我国高等教育事业改革发展新的突破口。

（一）创新创业是一体化的教育体系

关于创新创业教育在高校的专业教学、教育体系构建、人才培养模式以

及思想政治教育领域的探索均已有之，创新创业一体化理念已成为人才培养和办学的重要方法论指导。2010年5月出台的《教育部关于大力推进高等学校创新创业教育和大学生自主创业工作的意见》（教办［2010］3）中再次明确指出："创新创业教育是适应经济社会和国家发展战略需要而产生的一种教学理念与模式。在高等学校中大力推进创新创业教育，对于促进高等教育科学发展，深化教育教学改革，提高人才培养质量具有重大的现实意义和长远的战略意义。"①经过近几年的发展和推动，创新创业已成为高校人才培养体系中不可或缺的要素，创新是实现创业的前提和基础，而创业则是理论学习和创新能力培育的实践形态。"更广泛意义上来讲，创业教育是体现创新教育的最佳实践路径。对于大学生优化知识结构、适应未来不断创新的社会并实现自我发展具有重要作用。"②因此，对于高校人才培养而言，创业的形式感和实践性更强，可以更好地推动创新教育的全面开展。

（二）高校创业教育是一种通识教育

《教育部关于大力推进高等学校创新创业教育和大学生自主创业工作的意见》这一文件的颁发显示，国家已从制度层面对高校的创新创业教育提出鲜明的要求，把大学生的创新创业方面的素质、能力、精神培育等作为通识教育关注的重点内容。"创新创业教育要面向全体学生，融入人才培养全过程。要在专业教育基础上，以转变教育思想、更新教育观念为先导，以提升学生的社会责任感、创新精神、创业意识和创业能力为核心，以改革人才培养模式和课程体系为重点，大力推进高等学校创新创业教育工作，不断提高人才培养质量。"③从21世纪初的创业观念提出，到《教育部关于大力推进高等学校创新创业教育和大学生自主创业工作的意见》以文件形式的强化，人们把大学生就业与全球经济低迷、人才需求不旺的现实结合起来，用就业倒逼高校创新的人才培养模式改革，推动高校人才培养与国家创新驱动战略接轨，是适应经济全球化和实施科教兴国、人才强国战略的大势所趋。高校作为创新重阵，需要转变仅有的科技创新创业的观念，紧扣高校办学规律和人才培养规律，把创新创业融入通识教育，体现课程普适性和厚重感。全面探索理念、模式和体制机制等创新路径，推动高校创业教育有效落地，让更多有创

① 教育部关于大力推进高等学校创新创业教育和大学生自主创业工作的意见［EB/OL］.（2010-05-04）［2018-07-20］. http：//www.moe.gov.cn/srcsite/A08/s5672/201005/t20100513_120174.html.

② 黄兆信，王志强. 论高校创业教育与专业教育的融合［J］. 教育研究，2013（12）.

③ 教育部关于大力推进高等学校创新创业教育和大学生自主创业工作的意见［EB/OL］.（2010-05-04）［2018-07-20］. http：//www.moe.gov.cn/srcsite/A08/s5672/201005/t20100513_120174.html.

业愿望和创新精神的学生通过学习参与到实践中来，为思想政治教育过程中内因主体的主动参与创造条件。

（三）高校创业是一个独立的自组织系统

2008 年，教育部联合财政部在全国设立了 30 个国家级人才培养模式创新实验区，标志着高校创业教育的重心从关注大学生的创业实践转向了以系统推进的模式培养创新创业人才，创业教育的理念与内涵也发生了巨大的变化。[①]这就意味着创业教育已不是当初人们所认为的解决就业问题的方式，而是更深层次的要解决创新性人才培养的系统化工程。这一系统工程是以创新为核心的全方位、多主体参与互动，尊重学校的类型、层次和所在区域等诸多现实差异，以自身现有条件为基础，依托发展环境的高校创新创业人才培养自组织系统，可以各自独立实施创新创业人才培养，在运行过程中不断与外界实现能量交换，实现自组织的不断完善，构建思想政治教育全新的系统生态。

二、高校创业特性

高校创业作为社会创业生态系统的重要组成部分，其工作推进需要政府、科研院所、企业和资本等诸多要素共同参与，形成互动的能量交换体系。因此，整体性、复杂性和关联性等成为高校创业研究必须关注的主要特性，高校思想政治教育必须把这些特征作为重要的内容加以研究，并开展针对性的教育和引导。

（一）整体性

创业生态系统是主体、要素和环境的辩证统一体，高校创业与社会创业生态系统中其他主体或要素的差异决定了高校创业存在的重要价值。高校主体在推动社会创业生态系统完善过程中体现的智力、集群和氛围营造的效率优势，不仅体现个性化、差异化存在，还体现了社会创业生态系统整体性的一面。只有把高校创业置于社会创业生态系统中，才能实现高校创业的优势资源与政府政策、社会资本、创业孵化平台之间的良性互动，高校创业的整体性特点决定了其良性发展的可能性和任务的艰巨性。

（二）复杂性

“高校创业教育系统是一个复杂开放系统。就复杂性而言，其系统的构成

① 黄兆信，罗志敏．多元理论视角高校创业教育的发展策略研究［J］．教育研究，2016（11）．

主要是由高校、政府、企业、科研院所、行业协会等多主体要素，且每个要素又嵌套了多个二级、三级要素，彼此之间呈现非线性特征。”①高校创业的复杂性不仅体现在其外部主体的多元性、影响因素关联的复杂性，还体现在高校自组织系统内部顶层设计、课程体系、师资队伍、创业与实践等因素及其关系结构的复杂性。同时，创新氛围营造、创业能力培育以及作为受众的学生群体、学生个体差异性等，同样是造成这一系统复杂性特点的重要原因，成为思想政治教育的新话题。

（三）关联性

高校创业的关联性首先表现在创业与创新的紧密联系，虽然对于创业的定义有多种，但对于高校而言，特殊的地位决定了其创业只能是更高层次意义上的创新探索、创业意识和创业能力培育，从独立生存和承担社会责任的角度对高校人才培养提出新要求。无论是家庭、学校、社会还是学生个体，角色差异及各自的需求特点决定了各自的开放程度，以及不同时间节点、不同主体间的能量交换需求，并根据某一主体与其他主体间进行能量传递和交流的情况，体现各主体在系统中的相互关联特点。高校首先要把企业或大众对技术、服务方面的需求与学生能力提升需求对接，在通过技术手段将其转化为社会需要产品的同时，体现人才培养和服务社会的功能。

三、创新教育本质

高校创业与时代发展的创新本质关联，最终归于“以学生为中心”的创新人才培养体系的完善和发展，体现以学生需要为核心的高校创新性人才培养理念和模式的变革。

（一）大学创新使命决定了高校创业本质

经济社会发展是推动高校创业教育本质实现的重要途径和动力。“从系统论的观点来看，如同自然界生态系统的内部机制一样，大学校园各种要素诸如精神文化、制度文化、物质文化和行为文化等相互依存、相互制约，通过各要素之间的张力保持一个相对均衡的生态秩序，从而达到系统内部的平衡。”②大学系统内部平衡的维持事实上是一个不断发展创新的过程，这种平衡状态是与一定阶段的政治、经济、文化或社会领域发展变化相适应的。高

① 朱飞．协同学视阈下的高校多元协同创业教育研究［J］．高等工程教育研究，2016（5）．
② 黄兆信，罗志敏．多元理论视角高校创业教育的发展策略研究［J］．教育研究，2016（11）．

校创业是推动时代经济、社会发展转型升级的重要内容，它同样会带动高校打破原有的办学生态，甚至是对高校既有教育形态进行毁灭性的破坏，彰显其创造性本质来适应时代的发展变化。借助外界力量对创新性人才培养提出新要求，正是创业用以倒逼高校教育理念和实践方式改变的重要手段，可以助推高校创新使命的实现。

（二）创业教育以“现实的人”的素养提升为价值追求

经济、社会和高等教育的发展，始终都要把“现实的人”的素养提升作为其价值追求。“创业教育本质是促进教育对象的全面发展，符合高等教育的核心理念和根本使命。”① 随着全球化、信息化和多元化的全球发展格局不断巩固，创业能力培育无疑是高等教育改革和发展的重要价值指向，高校要把这一工作作为一项基础性工作来抓，融入学校教育全过程，关注大学生的利益实现，努力把创造性、开拓性和适应性的能力品质作为其人才培养的价值追求，全面提升“现实的人”的素养。

（三）高校创业是社会创业生态系统的重要组成部分

高校创业要发挥自身特有的智力和技术优势，在与系统内其他主体交流互动中实现能量交换，在为大学生综合素质提升创造条件的同时，从社会创业生态系统中汲取营养，不断完善自组织系统。社会创业生态系统的完善，需要“激励大学生的各种创新与创业，为其提供资金、政策、技术等方面的支持，变革大学理念，使大学的内部治理结构与外部合作平台更加多元、开放与包容，强调集群中每一个成员都有生成、发育、成长的权利，他们既竞争又共生，既面临着风险和种种不确定性，又通过耦合的创新网络共同迎接上述风险，最终形成创新的生态系统”②。高校创业引入必要资源推动自身发展的过程中，同样要把社会风险意识及其机制引入校园，通过系统自组织的消化传递，教育师生在承担责任中成长，在推进社会创业生态系统完善过程中融入其中，提升自己。

① 陈少雄. 大学创业教育生态系统培育策略研究——基于广东省高校的调查分析［J］. 教育发展研究，2014（11）.

② 王志强，李菲. 产学研协同创新的范式转型与形成路径：创新集群的视角［J］. 兰州大学学报，2016（3）.

第二节 高校创业自组织系统面临的挑战

2015年国务院颁发的《关于深化高等学校创新创业教育改革的实施意见》中指出，创新创业教育理念滞后，与专业教育结合不紧以及与实践脱节是当前创业工作中不容忽视的突出问题。高校创业自组织系统作为社会创业生态系统的一部分，互联、互通和协同创新是其完善发展的基本要求，但来自价值域认知、自组织系统及信息不对称等方面的问题，使处于社会创业生态系统中的高校创业面临诸多新困惑，也是高校思想政治教育领域的新问题。

一、价值域认知及其实践

高校创业的理论与实践教育，在整体设计上需要关注学生群体特点及个体实际，针对不同群体及个体情况因势利导，把知识学习、能力训练和创业精神培育紧密结合起来，并始终彰显其创新教育的本质，培育创业文化。创新教育“重视在应用中实现知识的综合、重构与更新，即培养实现知识创新的能力与素质，在实践过程中激活学生零散的、片段的、割裂的知识，实现融通性教育和能动性学习，使学生真正成为知识的主人”①。创新和能动的学习方式是创业的基础，但目前的高校创业一边是高调提出创新创业教育和实践要求，另一边则是第一课堂创新性学习能力培养意蕴不足，第二课堂与第一课堂关联性差，缺乏整体规划、必要的理论指导和系统化构建。对学生成长成才方面缺乏系统思维、整体设计、差异培养和多元评价，在创新创业教育的价值域从深度到广度认知均不到位，“以学生为中心”还停留在口头上。学校创业教育环境、课程设置、活动设计和教师授课在创新创业方面呈现的文化，短时间内难以有效融合，理想与现实之间还有较大差距，这给高校创业带来巨大挑战。

二、自组织系统内部合力生成

高校本身是个相对完善的自组织系统，创业教育作为通识教育，需要观念、课程和实践等方面的体系化及资源配置的系统化，但高校创业自组织系统的现状并不理想，主要表现在观念上对高校创业理解的“窄化”、创业课程

① 常维亚，等. 将创新教学纳入本科培养方案［J］. 中国高等教育，2016（2）.

设置的“机械化”和校内实践及体验平台建设的功利化。

（一）“窄化”对高校创业的理解

这种“窄化”首先体现在高校创业提出的背景上，国家提出加强高校创业的时机正是国际经济总体发展形势不稳、国内处于“最难就业季”之时，给人们造成了推动创业就是为了解决就业的假象。其次，高校创业的顶层设计意识不足和系统化思维尚未形成，缺乏宽泛的第一课堂创新能力培育与第二课堂创业实践的关联整合，创业教育缺乏创新和实践基础，课程拓宽视野狭窄。“在这种根深蒂固观念的影响下，我国的创新创业教育与专业教育欠缺融合，大部分学校只重视对学生创业基本操作技能的简单培养，专业课程与创业实践课程分化严重，学生的实践能力、创新综合素质总体性较差。”① 再次，把高校创业看作是学生工作条线的事情，高校创业的目光主要聚焦在比例很小的创业实践和一部分必须参与的各级各类创新性课题及其比赛的学生身上，学生创新实践及创新创业通识教育方面的努力严重不足。学生创新创业能力的提升需要大量默会知识（即内隐的知识），这些知识有的通过理论学习和实践自然获得，而有的知识则是一个不断积累、消化融合才会获得的，通过开设几门选修课或以部分经济类、管理类课程替代学校创业课程，甚至作为学校的创业课程体系设计，难以满足人才培养的实际需求。

（二）创业课程设置的“机械化”

受传统观念、资源状况和人才培养改革的务实精神等因素影响，借助专业课程开展的创业教育，专业教师只是像其他课程的教师一样关注知识传授，创业教育的针对性较差。“几所学校有的以开展创业比赛或创业讲座为主体，有的开设了选修课，有的则以经济学、管理学课程代替创业课程，没有形成系统的创业教育教学体系。”② 把创业教育作为任务，开课还只是形式，这样的情况在很多高校都存在，第一课堂与第二课堂有效结合的路径不畅。创业教育讲座是最容易操作的创业教育方式，但难形成系统的实际，使得这一形式更可能成为表面文章，很难照顾到大部分学生。数量有限的选修课只限于小部分人参与，相关必修课主要针对专业教育，教师很难从创业教育的角度对待课程创新，覆盖面、针对性和效率等共性问题尖锐。

---

① 马永斌，柏喆．创新创业教育课程生态系统的构建途径——基于清华大学创业教育的案例分析［J］．高等工程教育研究，2016（5）．

② 陈少雄．大学创业教育生态系统培育策略研究——基于广东省高校的调查分析［J］．教育发展研究，2014（11）．

（三）校内实践及体验平台建设功利化

在推进高校创业实践过程中，创业平台搭建只是为了完成上级主管部门对创业工作的考核，或完成就业方面的指标，学校的孵化平台只是提供一个或大或小的空间，缺乏有效的指导和后续服务。平台上的孵化项目内涵不足、效率不高、创新能力较弱、产学研一体化发展实现困难等，是高校创业面临的普遍问题。同时，校内创新实践、创业平台的搭建主要是为了应对各类比赛，用于突出工作的显示度指标，忽视了大部分学生创新精神培育和创业能力培养，创业教育充满功利主义色彩。

三、协同创新与高校系统平衡能力

在协同创新问题上，西方发达国家的高校已经做得比较成熟，有很多方面值得我们借鉴，但我们必须清醒地认识到，当前我们国家高校创业与发达国家社会创业生态系统各环节存在差异，以及高校本身在创业教育的意识、能力和责任感、使命感等方面与发达国家还有很大差距。

（一）高校创业与时代创新创业主旋律尚未完全合拍

事实上，创新创业一体化共识是高校人才培养的既定发展方向，并非新概念、新发明，只是高等教育大众化进程疲于扩张规模，勤于强化显示度，而忽视了内涵丰富和质量把控，以致再提创新创业问题时觉得是一个新话题。这一方面是形势所迫，另一方面也是对高等教育大众化进程的功利主义倾向的反思。创新创意能力的培养是高校人才培养的基本功能，近些年这方面问题越来越突出，高等教育改革的呼声也越来越大，成为思想政治教育需要关注的新课题。当然，以往只有科技创新才能创业的理念，限制了高校创业在理念、模式、介体和体制机制等方面的创新，也在某种程度上忽视了高校与社会各方面的交流合作，以致在高校创业发展过程中的氛围、资源、平台和技术等诸多方面的瓶颈问题难以解决。它强烈要求人们反思高等教育创新创业缺失的问题，并从国家政策和制度高度上加以推动，使之成为国家共识。但因为各种原因，高校对创新创业教育的意识、能力与国家期望、社会发展需求还有明显差距。

（二）高校创业与社会创业生态系统进行能量交流的条件欠缺

“当前高校创业教育存在问题较多，高校与政府、企业以及社会的关系还没有完全理顺，创业资源整合力度不强、创业社会支持体系薄弱等问题依然突出。这一切都表明当前的高校创业教育仍处于非平衡态，仍在寻求向更好的创业成效迈进。”[①] 政府体制机制推动不完善，导致高校与社会创业生态系统内的主体互动、能量交换困难。同时，高校自组织内部创业的机制、能力和创新人才队伍构建等方面还存在诸多问题，创新创业教育的课程建设、活动和内容设计等方面还远远不能满足人才培养实际需求，这种非平衡状态虽然整体形势向好，但高校在如何通过社会创业生态系统的力量带动自身创业教育仍然面临突破困境。

（三）高校创业自组织系统的使命担当乏力

高校创业的创新本质，及其通识教育的基本要求，涉及高校人才培养的顶层设计，各地、各校的具体情况不同，使得各高校难以在短时间内适应形势变化。按理说，“高校应当积极对接社会需求，寻求主动突破，处理好创业教育内容的自由拓展与嵌入地方产业集群的关系，处理好创业教育形式的重点依托与多元建构的关系，处理好创业教育校内局部小环境与校外大系统的关系，以便敏锐回应社会创业生态系统的体系需求，更好助推社会创业活动。”[②] 但高校创业自组织系统结构及其完善能力不足，在教育引导的意识、能力及方法手段上存在着这样或那样的问题，推动社会创业生态系统前进的使命担当无法达到社会预期，这些都给高校思想政治教育带来新的难度。

四、人才培养、资本逐利与政府统筹

在社会创业生态系统构建的协同推进中，资本参与和政府统筹都是不可或缺的要素，但高校的人才培养、办学规律与资本逐利规律、政府统筹行为方式的博弈，贯穿整个高校创业的协同创新进程，协同系统成效缓慢。

（一）高校创业的“循序渐进”

现阶段，大部分高校创业是为学生提供一定的创业实践空间，作为创业孵化平台，这些空间基本上是学校日常教学或正常用房之外的场地，日常推进主要还停留在学生工作层面。功能配套、环境美化、资源支撑、管理优化方面都存在一定问题，短时间内难以得到学校的全面、高效支持，只能被动随着国家推进的进程逐步优化，在大环境影响下按部就班。任何一项人才培养的内容推进和完善都是一个渐进的过程，符合学校办学规律和人才培养规律，但高校在创业问题上的简单做法，往往是以遵循规律为借口不加统筹，

① 朱飞．协同学视阈下的高校多元协同创业教育研究［J］．高等工程教育研究，2016（5）．
② 严毛新．从社会创业生态系统角度看高校创业教育的发展［J］．教育研究，2015（5）．

以致在创业工作推进过程中政出多门、资源多头控制，导致工作推进中的相互推诿、扯皮，低质低效的“循序渐进”现象层出不穷，无法给资本进校园一个合理的理由，政府行政指令和政策方面的统筹推进在高校缺乏落地的理想平台。

（二）资本进高校的两难选择

软硬件支持、项目实施、孵化技术指导、市场推广等都是高校对以资本为核心的外援力量支持的迫切需求。从社会大环境来看，不论现状如何，高校创新创业依然是社会整体创新创业的强劲发动机，资本作为社会创业生态系统的构成要素，介入高校创业是其必然选择。知名经济实体只有事先介入高校创业，才能在第一时间内发现好的项目、创意和人才团队，为其在社会上的投资项目完善补充新鲜血液，在不断完善资本运行要素过程中创造价值。但高校相对封闭的人才培养现状决定了大学生创业的经历、视野、人脉及资源状况等有很大局限性，大部分创业项目在市场前景、转化可能性及市场预期等方面不容乐观，缺乏竞争潜力和市场推广价值，资本投入短期内难见成效，与资本关注收益率的追求形成了鲜明对比，从而使资本进高校陷入两难困境。

（三）政府统筹存在错觉

政府在通过市场监管、税务、金融等部门给予创新创业政策的同时，还经由劳动人事部门、共青团、教育和科技等部门通过指令、指导的方式大力营造氛围，开展活动。这些部门从科技创新、知识产权等角度给予大量的资金补贴，助推孵化器、企业、高校和科研机构的协同创新，希望用政府行为推动高校创新创业工作的开展。但现实中还没有形成企业提出需求、高校及科研机构提供技术支持，再到企业生产实现的社会协同创业生态系统。“教育生态理论视域下的创新创业教育不是要素与要素之间的机械叠加，而是基于整体目标和内在逻辑的要素之间的交互生成和有机整合。”① 虽然社会各界都在响应政府号召，投身创新创业大潮，但各要素间的整体目标或价值追求的错位，短时间内还难以理顺相应的体制机制，政府统筹合力的效率不高，社会创业生态系统中各主体或要素之间只能各自为政，以致表面上创新创业的场景热烈，实质并没有把握住人才培养规律和高校办学规律，短时速成的想法和做法到最后依然是表面热闹，实则难以抓住解决问题的关键因素以系统性推进高校创业。

---

① 田贤鹏．教育生态理论视域下创新创业教育共同体构建［J］．教育发展研究，2016（7）．

第三节　高校创业协同系统构建的思考

高校作为主体之一融入社会创业生态系统，要以内涵建设为核心，不断完善其自组织系统，把理论、模式、介体、体制机制等协同创新的各环节、各阶段都列入高校创业的创新范畴，让高校创业有更开阔的协同创新视野，调动各方面因素积极参与到破解当下高校创业面临的意识、氛围、资源、平台和技术不足等诸多困境，全方位构建高校创业协同系统，为高校思想政治教育构建全新的、体验式生态系统创造条件。

一、自组织系统完善

创业是人才培养的一种方式，思想政治教育要充分把握高校创业的创新核心内涵，把握其本质，加强这一载体的顶层设计，推动思想政治教育的内涵式发展；要把学校的创新理念实施，创业责任担当与学生的创业意识提升、能力培养和精神培育结合起来，融入第一课堂，并推动第一、第二课堂的有序互动；注重第二课堂活动的设计、指导，围绕学生创业素养提升和主体人格完善加强创业自组织系统的完善。

（一）注重加强对象研究

切实了解学生创新创业方面的知识能力背景、需求及其接纳方式，正确处理创业工作在眼界拓展与嵌入式教育、形式与内容、特色与基础、自组织内部与外环境等，与学生创业素养提升密切相关的各方面关系。在提供适应大学生成长发展需求实际的内容和平台的同时，推动自身在创业教育的理念、模式、介体和体制机制方面的创新探索，拓展工作视野，理清思路。

（二）加强高校创业自组织系统与社会创业生态系统对接能力建设

高校创业自组织系统要在与社会创业生态系统内各要素的主动对接过程中不断完善自身，把握好自身在创业教育方面的秩序和智力优势，做好在校学生的创业教育和引导。关注高校在创业的智力和管理资源输出方面的能力建设，积极寻求与社会创业系统进行能量交换的内容、路径和方法。加强对其他主体在创业过程中的理论不足、教育引导不够等方面的问题研究，关注其他主体的对象差异、教育引导方法、秩序与逻辑、对接彻底性等方面的问题。通过自身在创业教育方面的优势把握交流互动机会，推动高校创业自组织系统要素间的协同创新，实现与社会创业生态系统各主体间的功能耦合、相互补位。

二、社会创业生态系统内的主体互动

社会创业生态系统是开放、平等和相互依赖的主体关系存在，也是带动高校创业自组织系统建设的资源平台。高校创业协同系统构建需要从高校主体视角透视社会创业生态系统的主体关系及其结构，在推动社会创业生态系统发展的同时，带动高校创业自组织系统的完善。

社会创业生态系统建设中主体的角色义务，要求高校完善创业自组织系统。高校创业自组织系统作为社会创业生态系统的重要组成部分，承担着人才培养、知识输出、氛围营造和平台传播等重要功能，这些功能不仅是其自身的办学追求，同时也是其社会担当之所在。社会创业生态系统要从主体角色角度对高校创业提出要求，推动高校创业自组织系统的要素完整、结构优化和功能完善。在社会创业生态系统构建过程中，及时把创新创业的社会需求、资源整合及其与各主体的有效对接研究作为高校的重要任务，在力所能及的条件下为社会提供智力和资源支持，助推社会创新创业工作的开展。

另一方面，高校在社会创业生态系统中的角色权利可助其系统完善。高校作为社会创业生态系统的主体之一，与其他主体间的交流与互动既是义务又是权利，辩证关系的存在决定了高校可以在互动中加强能量交流，不断完善自组织系统建设的内在机制。在推动社会创业生态系统的氛围营造、活动开展、信息传播以及主体间互联互通过程中，既要充分显示高校的资源优势，发挥自身在社会创业生态系统建设中的主观能动性，同时还要以积极的心态关注高校创业协同系统构建，用自身的投入和更多地付出争取其他主体的关注和支持机会，实现自身的主体权益。

三、政府推动下的高校创业协同系统机制构建

高校创业自组织的协同创新系统构建需要整个社会创业生态系统的完善，在当前情况下，尤其需要在政府主导下构建科学的推动机制。政府需要厘清高校与社会创业生态系统中其他主体的角色差异，把高校创业放在社会创业生态系统建设的重要位置，从科教兴国和人才强国战略高度认识高校创业的创新本质及重要意义，出台相应政策，加强宏观指导，推动社会创业生态系统内部各主体与高校的交流和合作，在推进高校创业协同系统构建过程中，提升高校人才培养与服务地方经济社会发展的能力。同时，还要从高校办学

规律和人才培养规律的角度出发，紧扣高校人才培养及其现有创新创业教育能力的实际，抓大放小，推动高校办学和人才培养的观念、意识、方法和评价机制等向着以创新创业为核心的人才培养模式转变，使学校办学更接地气，为社会创业生态系统的完善创造更好的条件。

政府推动下的高校创业协同系统科学机制，不仅要体现政府对社会创业生态系统内主体间合作的理性思考，还应充分体现在重视高校创新创业产学研一体化的孵化平台、投融资平台建设，及相关政策、制度及体制、机制构建的配套发展上，推动系统间各要素耦合，提高系统运转效率。在关注整个社会创业生态系统构建的体系化、规范化和制度化过程中，重点推进高校创业协同系统的完善，充分认识到高校创业协同系统构建的自身规律，及其在社会创业生态系统构建全局中的作用，把握节奏，循序渐进。

在政府主导下推进社会创业生态系统评价体系建设，为高校创业协同系统构建提供依据。社会创业生态系统内各主体具有角色差异性，高校主体角色特殊，因此，高校主体及其内部各要素本身在交流、互动过程中的表现会有一定的偶然性、暂时性或局部性，需要在高校创业协同系统构建过程中予以理性对待。充分认识高校自组织系统的现状及其运行、完善规律，既要看到其优势，还要注意到高校创业教育和大学生创业的劣势所在。要把理念、模式、介体和体制机制等方面的创新一起列入高校创新创业的视野中来，以全面的、系统的、发展的眼光对待高校创业问题，为优化社会创业生态系统内主体间关系，完善高校自组织系统功能，推动高校与社会创业生态系统内各主体的高效交流创造条件。

高校创业作为人才培养通识教育的重要组成部分，是人才培养质量提升的重要手段，也是思想政治教育的全新载体，应该有鲜明的全局观念、顶层设计意识。全体师生应充分意识到高校创业的创新本质，及其对于创新性人才培养的价值，关注以创新创业教育为核心的创新性人才培养方式改革，探索高校在社会创业生态系统构建过程中的融入路径，彰显优势，突出问题意识。

高校创业是全社会共同的事业，需要全社会共同关注、推动并共享其成果。在融入社会创业生态系统的过程中，高校创业要形成良好的自组织系统价值域认知、优化能力和践行态度，这些不仅是高校创业自组织系统完善、破解高校创业难题的动力，也是社会各界参与高校创业协同系统构建，推动高校人才培养理念、模式、内涵全方位创新的重要前提。

参考文献

一、经典文献

马克思恩格斯全集（第1卷）[M]. 北京：人民出版社，1995.
马克思恩格斯全集（第2卷）[M]. 北京：人民出版社，1957.
马克思恩格斯全集（第3卷）[M]. 北京：人民出版社，1995.
马克思恩格斯全集（第4卷）[M]. 北京：人民出版社，1958.
马克思恩格斯全集（第21卷）[M]. 北京：人民出版社，1965.
马克思恩格斯全集（第23卷）[M]. 北京：人民出版社，1972.
马克思恩格斯全集（第40卷）[M]. 北京：人民出版社，1982.
马克思恩格斯全集（第42卷）[M]. 北京：人民出版社，1979.
马克思恩格斯全集（第46卷）（上）[M]. 北京：人民出版社，1979.
马克思恩格斯全集（第46卷）（下）[M]. 北京：人民出版社，1980.
马克思恩格斯全集（第47卷）[M]. 北京：人民出版社，1979.
马克思恩格斯全集（第49卷）[M]. 北京：人民出版社，1982.
马克思恩格斯选集（第1卷）[M]. 北京：人民出版社，1995.
马克思恩格斯选集（第2卷）[M]. 北京：人民出版社，1995.
马克思恩格斯选集（第3卷）[M]. 北京：人民出版社，1995.
马克思恩格斯选集（第4卷）[M]. 北京：人民出版社，1995
马克思. 资本论（第1卷）[M]. 北京：人民出版社，2004.
列宁全集（第16卷）[M]. 北京：人民出版社，1988.
列宁选集（第1卷）[M]. 北京：人民出版社，1995.
列宁选集（第4卷）[M]. 北京：人民出版社，1995.
毛泽东文集（第2卷）[M]. 北京：人民出版社，1993.
毛泽东文集（第6卷）[M]. 北京：人民出版社，1996.
毛泽东文集（第7卷）[M]. 北京：人民出版社，1999.
毛泽东选集（第1卷）[M]. 北京：人民出版社，1995.

毛泽东选集（第3卷）［M］. 北京：人民出版社，1995.
毛泽东选集（第4卷）［M］. 北京：人民出版社，1991.
邓小平文选（第2卷）［M］. 北京：人民出版社，1994.
邓小平文选（第3卷）［M］. 北京：人民出版社，1993.
江泽民. 论“三个代表”［M］. 北京：中央文献出版社，2001.
江泽民. 论科学技术［M］. 北京：中央文献出版社，2001.
江泽民文选（第3卷）［M］. 北京：人民出版社，2006.

二、报告文献类

本书编写组. 社会主义核心价值体系学习读本［M］. 北京：中共党史出版社，2007.

本书编写组. 思想道德修养与法律基础［M］. 北京：高等教育出版社，2010.

本书编写组. 中共中央关于构建社会主义和谐社会若干重大问题的决定（辅导读本）［M］. 北京：人民出版社，2006.

国家中长期教育改革和发展规划纲要（2010—2020年）［M］，北京：人民出版社，2010.

国家中长期人才发展规划纲要（2010—2020年）［M］. 北京：人民出版社，2010.

胡锦涛. 高举中国特色社会主义伟大旗帜，为夺取全面建设小康社会新胜利而奋斗［M］. 北京：人民出版社，2007.

胡锦涛. 在中国科学院第十五次院士大会、中国工程院第十次院士大会上的讲话［M］. 北京：人民出版社，2010.

教育部研究室. 中华人民共和国现行高等教育法规汇编［M］. 北京：人民教育出版社，1993.

十六大以来重要文献选编（上）［G］. 北京：中央文献出版社，2005.

十七大以来重要文献选编（上）［G］. 北京：中央文献出版社，2009.

习近平. 决胜全面建成小康社会　夺取新时代中国特色社会主义伟大胜利——在中国共产党第十九次全国代表大会上的报告［M］. 北京：人民出版社，2017.

习近平. 谈治国理政［M］. 北京：外文出版社，2014.

中共中央关于制定国民经济和社会发展第十三个五年规划的建议［M］. 北京：人民出版社，2016.

中国大百科全书（教育卷）［M］. 北京：中国大百科全书出版社，1985.
中国共产党章程［M］. 北京：人民出版社，2017.

三、著作类

［德］雅斯贝尔斯. 什么是教育［M］. 邹进，译. 上海：生活·读书·新知三联书店，1991.
［美］伯顿·R. 克拉克. 高等教育系统——学术组织的跨国研究［M］. 王承绪，徐辉，等，译. 杭州：杭州大学出版社，1994.
［法］霍尔巴赫. 自然的体系（上卷）［M］. 管士滨，译. 北京：商务印书馆，1999.
［英］怀特海. 教育的目的［M］. 庄莲平，王立中，译注. 上海：文汇出版社，2012.
［英］纽曼. 大学的理想［M］. 何曙荣，等，译. 杭州：浙江教育出版社，2001.
大卫·格里芬. 后现代科学——科学魅力的再现［M］. 马季方，译. 北京：中央文献出版社，2007.
赫伯特·马尔库塞. 单向度的人［M］. 刘继，译. 上海：译文出版社，2006.
黑格尔. 美学（第一卷）［M］. 北京：商务印书馆，1979.
康德. 法的形而上学原理［M］. 沈叔平，译. 北京：商务印书馆，1991.
夸美纽斯. 大教学论［M］. 傅任敢，译. 北京：人民教育出版社，1995.
卢梭. 爱弥尔：论教育（第一卷）［M］. 李平沤，译. 北京：商务印书馆，1978.
马斯洛. 动机与人格（第三版）［M］. 许金声，译. 北京：中国人民大学出版社，2007.
米歇尔·福柯. 性史［M］，张廷琛，等，译. 上海：上海科学技术出版社，1989.
俞吾金. 意识形态论［M］. 北京：人民出版社，2009.
张耀灿. 思想政治教育学原理［M］. 北京：高等教育出版社，2001.
王礼湛，陈杰，陆树程. 思想政治教育学［M］. 杭州：浙江大学出版社，2004.

郭本禹．道德认知发展与道德教育——柯尔伯格的理论与实践［M］．福州：福州教育出版社，1999.

金耀基．大学的理念［M］．上海：生活·读书·新知三联书店，2001.

骆郁廷．精神动力论［M］．武汉：武汉大学出版社，2003.

马和民，等．教育社会学研究［M］．上海：上海教育出版社，1998.

潘懋元．多学科观点的高等教育研究［M］．上海：上海教育出版社，2001.

潘懋元．新编高等教育学［M］．北京：北京师范大学出版社，2002.

吴康宁．课堂教学社会学［M］．南京：南京师范大学出版社，1999.

阎光才．识读大学——组织文化的视角［M］．北京：教育科学出版社，2002.

叶奕乾．普通心理学［M］．上海：华东师范大学出版社，2004.

黄宗羲．宋元学案［M］．北京：中华书局，1981.

安小兰．《荀子》译注［M］．北京：中华书局，2016.

程颢，程颐．二程集·遗书（卷二五）［M］．北京：中华书局，1981.

道德经［M］．黄朴民，注．西安：陕西人民出版社，1996.

黄寿祺，张善文．《周易》译注［M］．上海：上海古籍出版社，2007.

李民，王健．《尚书》译著［M］．上海：上海古籍出版社，2004.

李小龙．《墨子》译著［M］．北京：中华书局，2016.

钱德洪．阳明先生年谱（中卷）［M］．明嘉靖四十三年毛汝麒刻本.

陆贽．陆宣公文集（卷三）［M］．清四部丛书集成本.

墨子·贵义［M］．北京：中华书局，2016.

饶尚宽．《老子》译注［M］．北京：中华书局，2006.

司马迁．史记（卷一百二十九）［M］．清乾隆武英殿刻本.

王夫之．船山思问录［M］．上海：上海出版社，2000.

王夫之．读《通鉴》论（卷二十一）［M］．清船山遗书本.

王守仁．王文成公全书（卷二六）［M］．清四部丛刊本.

王文锦．《大学》《中庸》译注［M］．北京：中华书局，2013.

王先谦．《汉书》补注（卷六十二）［M］．清清光绪刻本.

许衡．许文正公遗书（卷三）［M］．清乾隆五十五年刻本.

许维适．吕氏春秋［M］．北京：中华书局，2017.

薛瑄．敬轩文集（卷一二）［M］．清四库全书本.

《荀子》新注［M］．北京：中华书局，1979.

杨伯峻.《论语》译注［M］. 北京：中华书局，2017.

杨伯峻.《孟子》译注［M］. 北京：中华书局，2008.

虞集. 道园学古录（卷九）［M］. 清四部丛刊本.

张载. 张子语录（中）［M］. 清四部丛刊本.

朱熹. 四书集注（孟子卷之四）［M］. 湖南：岳麓书社，1985.

娄性. 皇明政要（卷十二）［M］. 明嘉靖五年戴金刻本.

四、博士论文

方文. 马克思主义宗教观视阈中的思想政治教育机制研究［D］. 苏州大学博士学位论文，2010.

张红霞. 文化多元化背景下高校思想政治教育实效性研究［D］. 陕西师范大学博士学位论文，2008.

赵化刚. 马克思主义思想政治教育理论中国化探析［D］. 南开大学博士学位论文，2009.

杨建义. 大学生思想政治教育路径研究［D］. 福建师范大学博士学位论文，2008.

石瑛. 思想政治教育过程机制研究［D］. 吉林大学博士学位论文，2008.

王金利. 大学生思想政治教育合力论［D］. 天津师范大学博士学位论文，2008.

胡凯. 思想政治教育生活化研究［D］. 复旦大学博士学位论文，2007.

沈大光. 非理性因素与思想政治教育［D］. 山东师范大学博士学位论文，2009.

张哲. 思想政治教育空间论［D］. 兰州大学博士学位论文，2015.

江晓萍. 教育基本规律研究［D］. 苏州大学博士学位论文，2015.

李兰. 思想政治教育实效性研究［D］. 山东师范大学博士学位论文，2015.

李晓莉. 思想政治教育协同创新研究［D］. 兰州大学博士学位论文，2016.

郗波. 思想政治教育现代转型的基本逻辑［D］. 陕西师范大学博士学位论文，2016.

景星维. 思想政治教育视域下的网络认同研究［D］. 电子科技大学博士学位论文，2016.

安娜. 当代社会思潮对大学生思想行为的影响及对策研究［D］. 北京交

通大学博士学位论文，2016.

李雪章．当代中国大学生精神动力培育研究［D］．云南大学博士学位论文，2016.

宋妍．高校创新创业教育与思想政治教育关系研究［D］．东北师范大学博士学位论文，2017.

季惠斌．大学生思想政治教育常态化发展研究［D］．东北师范大学博士学位论文，2017.

杨文燮．高校制度创业教育模式及运行机制研究——基于高校思想政治教育深化延伸的新视角［D］．东南大学博士学位论文，2016.

涂一昂．思想政治教育中大学生审美人格培育研究［D］．湖北大学博士学位论文，2017.

五、期刊论文

［美］彼得·赫尔肖克．高等教育、全球化以及多样化的矛盾性［J］．冯李，译．清华大学教育研究，2010（4）.

宗秋荣．“中国家庭教育发展论坛”综述［J］．教育研究，2004（8）.

艾斐．创新是引领发展的第一动力［J］．红旗文稿，2016（11）.

步德胜．“双创”背景下的大学生职业生涯规划［J］．中国高校科技，2016（10）.

蔡鸿新．论人的全面发展对创新高校思想政治教育的指导意义［J］．思想教育研究，2010（9）.

蔡永海，郝军．论中国共产党几代领导集体社会主义发展动力观的演变［J］.北京化工大学学报，（社会科学版）2008（2）.

曹晓丽，安秀荣．高校道德教育匹配社会生活的思考［J］．道德与文明，2014（1）.

常维亚，等．将创新教学纳入本科培养方案［J］．中国高等教育，2016（2）.

陈华巍，王贵新，刘国军．新媒体视域下大学生思想政治教育有效路径论析［J］．思想教育研究，2016（3）.

陈建有，焦平．试论研究生的层次需要［J］．中国高教研究，2006（7）.

陈联俊，祝淑媛．大学生意识形态教育中——“人文关怀”的理论考量［J］.湖北社会科学，2010（10）.

陈强．经济全球化：高校思想政治教育的新视野［J］．学校党建与思想教育，2010（4）.

陈少雄. 大学创业教育生态系统培育策略研究——基于广东省高校的调查分析［J］. 教育发展研究，2014（11）.

陈先达. 论马克思主义基本原理及其当代价值［J］. 马克思主义研究，2009（3）.

陈志勇. 新媒体时代大学生思想政治教育工作的变化及对策［J］. 思想理论教育导刊，2015（10）.

程介明. 大学：依然故我［J］. 上海教育（半月刊），2009（9）.

程仕波. 大学生思想政治教育方法信息化的路径探析［J］. 黑龙江高教研究，2017（7）.

邸敏学. 邓小平的社会发展动力论浅释［J］. 马克思主义研究，2000（2）.

董刚，李才俊. 学分制下大学生自我管理模式的构建［J］. 学校党建与思想教育，2010（11）.

窦刚，黄希庭. 当代大学生自比型价值观数据的潜在结构［J］. 心理科学，2006（9）.

杜刚，邢巨娟. 对信仰重建的哲学思考［J］. 理论探索，2006（5）.

杜惠洁. 德国教学设计的基本原则［J］. 教育发展研究，2009（4）.

樊浩. 现代教育的文化矛盾［J］. 北京师范大学学报（社会科学版），2005（4）.

樊泽恒. 提升大学教师教学能力的技术选择及策略［J］. 高等教育研究，2009（8）.

冯刚. 以问题为导向推进思想政治教育创新发展［J］. 思想教育研究，2013（6）.

郭慧志，徐婕. 科学精神的界定与传导［J］. 科学技术与辩证法，2007（10）.

韩锦标. 论和谐社会中的道德建设［J］. 马克思主义与现实，2006（5）.

郝文武. 师生主体间性建构的哲学基础和实践策略［J］. 北京师范大学学报（社会科学版），2005（4）.

何自力. “四个全面”战略思想是实现共同富裕的强大动力［J］. 南京政治学院学报，2016（2）.

侯惠勤. 马克思的意识形态批判及其当代价值［J］. 马克思主义研究，2006（2）.

侯晶晶. 论我国成人的家庭教育能力建构［J］. 中国成人教育，2009（19）.

胡子祥，余姣. 大数据时代思想政治教育载体变革及对策研究［J］. 思想教育研究，2015（2）.

扈中平.“人的全面发展”内涵新析［J］.教育研究，2005（5）.

黄发红.创新：江泽民的社会主义发展动力观［J］.社会科学，2001（10）.

黄文军.高校学生职业生涯教育工作的困境及突破——基于加拿大麦克马斯特大学学生事务工作的启示［J］.创新与创业教育，2012（6）.

黄兆信，罗志敏.多元理论视角高校创业教育的发展策略研究［J］.教育研究，2016（11）.

黄兆信，王志强.论高校创业教育与专业教育的融合［J］.教育研究，2013（12）.

纪宝成.我国高等教育大众化进程中的挑战与对策［J］.高等教育研究，2006（7）.

江潭瑜.如何在全球化过程中坚持和创新马克思主义意识形态教育［J］.新视野，2007（6）.

姜金林.对以人为本的“人”的考量［J］.理论月刊，2010（5）.

姜羡萍，孙安宁.运用新媒体加强大学生理想信念教育对策探析［J］.学校党建与思想教，2012（3）.

蒋德勤，侯保龙.高校思想政治教育实践育人创新路径［J］.思想理论教育导刊，2016（2）.

李萍，钟明华.公民教育——传统德育的历史性转型［J］.教育研究，2002（10）.

李宪伦.大学生价值观“三多”现象成因评析［J］.教育与职业，2006（12中）.

李小玲.大学生思想政治教育中的生命教育问题［J］.湖北社会科学，2015（2）.

李志清.高校学生社团在校园创新文化建设中的作用［J］.教育理论与实践，2013（30）.

林伯海，张军琪.当代大学生成长规律探究［J］.思想理论教育，2017（8）.

刘怀光，刘雅琪.主流价值认同的现代价值困境［J］.吉首大学学报（社会科学版），2012（1）.

刘建军.共产主义理想追求的新阐释［J］.教学与研究，2002（4）.

刘建军.思想政治教育话语转换的三重基础［J］.思想理论教育导刊，2016（5）.

刘惊铎，姚亚萍.生态体验模式论［J］.中小学德育，2013（9）.

刘惊铎. 体验：道德教育的本体［J］. 教育研究，2003（2）.

刘军. 重建马克思主义话语权的多重挑战［J］. 人民论坛，2013（3）.

刘可风. 经济伦理冲突与经济伦理学困境［J］. 道德与文明，2009（4）.

刘林元.《矛盾论》与马克思主义矛盾动力理论体系的形成［J］. 南京政治学院学报，2000（2）.

刘娜. 关于青年大学生信仰教育生活化的思考［J］. 教学与研究，2009（11）.

刘甜甜，张博. 大学生职业生涯规划的课程研究与走向分析［J］. 黑龙江高教研究，2013（6）.

刘新跃，阮超群. 习近平总书记全面深化改革的动力体系论［J］. 江淮论坛，2017（2）.

刘毅强. "三个自信"：实现中国梦的精神动力［J］. 求实，2015（8）.

刘云林. 应然性视域中思想政治教育的实施［J］. 学校党建与思想教育，2010（29）.

鲁洁. 创造性是人的一种基本德行［J］. 教育研究与实验，2007（5）.

陆树程，方文. 思想政治教育机制新论［J］. 思想理论教育导刊，2009（3）.

骆风. 论建立我国家庭教育的评价指标体系［J］. 学术研究，2005（6）.

骆郁廷，储著斌. 大学生日常思想政治教育的力量整合［J］. 学校党建与思想教育，2010（28）.

马永斌，柏喆. 创新创业教育课程生态系统的构建途径——基于清华大学创业教育的案例分析［J］. 高等工程教育研究，2016（5）.

毛亚庆. 高等教育发展的知识解读［J］. 教育研究，2006（7）.

梅萍，林晓. 当前我国大学生信仰问题研究述评［J］. 现代大学教育，2009（6）.

倪保志. 从毛泽东的"矛盾动力论"到邓小平的"改革动力论"［J］. 毛泽东思想研究，2002（2）.

农毅. 心智模式视角下大学生网络道德研究微探［J］. 社会科学家，2015（5）.

欧阳康，栗志刚. 核心价值体系研究：民族精神视角［J］. 江西社会科学，2007（2）.

潘洪建. 师生关系：发展性主体际交往关系［J］. 西北师范大学学报（社会科学版），2000（3）.

潘建红. 培养科学精神：大学德育的时代课题［J］. 学校党建与思想教育，2005（9）.

潘懋元. 教育基本规律及其在教育研究中的运用［J］. 江苏教育研究，2009（2）.

秦哲，丰志刚. 习近平同志的治国理政思想与党的意识形态创新［J］. 红旗文稿，2017（5）.

邱柏生，左超. 从社会思潮的影响特征看如何增强思想政治教育的吸引力［J］. 思想理论教育，2010（17）.

邱柏生. 论意识形态功能及其与思想政治教育价值的关系［J］. 学校党建与思想教育，2007（10）.

秋石. 革命理想高于天——学习习近平同志关于坚定理想信念的重要论述［J］. 求是杂志，2013（21）.

曲建武. 把学校教育与家庭教育紧密结合起来［J］. 高校理论战线，2010（9）.

宋劲松，王滨. 党的几代领导人从社会化视角阐述的思想政治教育思想［J］. 思想政治教育研究，2010（4）.

苏东霞. 略论教育异化［J］. 教育探索，2006（10）.

眭依凡. 高等教育强国：大学的使命与责任［J］. 教育发展研究，2009（23）.

唐德海，郭中华. 中国高等教育大众化实践的若干偏宕［J］. 黑龙江高教研究，2007（6）.

唐慧玲. 高校思想政治教育隐性育人场域的微观建构［J］. 国家教育行政学院学报，2018（4）.

唐坤. 马克思主义关于人的自由发展思想再解读［J］. 江汉论坛，2006（12）.

唐耀华. 论大学精神的价值判断和价值导向［J］. 学术论坛，2006（10）.

田道敏. 教育改革视阈中的学生主体性问题论析［J］. 中州学刊，2010（3）.

田贤鹏. 教育生态理论视域下创新创业教育共同体构建［J］. 教育发展研究，2016（7）.

万美容，吴明涛，毕红梅. 后现代主义思潮影响下的青年精神生活异化之域及重构［J］. 思想教育研究，2018（3）.

王成兵. 略论理性与非理性在当代认同中的作用［J］. 江淮论坛，2006（6）.

王成哲，吴建伟. 江泽民社会主义发展动力思想研究的新进展［J］. 湖北社会科学，2003（12）.

王传峰. 当前我国学校道德教育话语权的式微［J］. 教育科学研究，2010（5）.

王东莉. 思想政治教育人文关怀的内容体系建构［J］. 教学与研究，

2005（2）.

王继全，陆树程. 和谐社会视阈中思想政治教育的利益原则［J］. 毛泽东邓小平理论研究，2009（2）.

王淼，王继全. 论高校学生党建平台的构建［J］. 福建论坛（社科教育版），2010（6）.

王淼. 科学发展动力论及其当代价值［J］. 毛泽东邓小平理论研究，2011（10）.

王淼. 试论大学生成长动力教育的外因合力［J］. 福建论坛（社科教育版），2011（10）.

王淼. 新媒体条件下大学生主体性培育的反思［J］. 技术经济与管理研究，2014（12）.

王淑桢. 培养大学生自主学习能力适应终身学习需要［J］. 黑龙江高教研究，2004（4）.

王喜云. 从科学技术的发展看道德教育［J］. 教育理论与实践，2006（6）.

王贤卿. 思想政治教育工作在党的历史上的重要地位和作用［J］. 毛泽东邓小平理论研究，2010（8）.

王啸. 公民教育：意义与取向［J］. 教育研究与实验，2010（1）.

王啸. 教育之魂魄在于培养独立人格［J］. 江苏教育（教育管理版），2010（5）.

王学俭，刘珂. 融入日常生活：思想政治教育的微观建构［J］. 思想教育研究，2015（2）.

王占仁，吴晓庆. 创新创业教育对大学生思想政治教育的重要贡献论析［J］. 思想教育研究，2016（8）.

王志强，李菲. 产学研协同创新的范式转型与形成路径：创新集群的视角［J］. 兰州大学学报，2016（3）.

危琦，虞新胜. 论马克思主义信仰的建立［J］. 求实，2006（12）.

邬大光. 大学理想和理念漫谈［J］. 高等教育研究，2006（12）.

吴康宁. “教育批判”的困境［J］. 教育研究与实验，2004（4）.

吴康宁. 教育之真谛：保持必要的张力［J］. 教育科学论坛，2007（2）.

吴林龙. 高校思想政治教育对象有效及理路［J］. 思想理论教育导刊，2016（2）.

吴云. 论马克思主义社会发展动力观［J］. 学术交流，2004（4）.

向德平. 邓小平对马克思主义社会发展动力论的新贡献［J］. 探索，

2002（1）.

谢晓娟，张家道. 论思想政治教育中人的主体性定位［J］. 思想政治教育研究，2010（4）.

谢晓娟. 思想政治教育：一种文化的分析视角［J］. 马克思主义与现实，2010（9）.

辛志勇，金盛华. 大学生的价值观概念与价值观结构［J］. 高等教育研究，2006（2）.

邢光晟，毛波杰，张庆华. 高校学生社团科学发展问题刍议［J］. 江苏高教，2010（5）.

邢瑞娟. 社会主义核心价值观融入大学生思想政治教育的长效机制探究［J］.学校党建与思想教育，2018（5）.

熊少严. 关于家庭教育立法问题的若干思考［J］. 教育学术月刊，2010（4）.

熊孝梅. 家庭教育与社会变迁［J］. 教育评论，2009（6）.

徐辉. 一种内涵深刻的古典大学观［J］. 高等教育研究，1992（4）.

宣勇. 挑战与回应：大学学生组织的重构［J］. 教育研究，2006（4）.

闫玉. 大学生家庭教育研究［J］. 教育与职业，2006（9下）.

严毛新. 从社会创业生态系统角度看高校创业教育的发展［J］. 教育研究，2015（5）.

余源培. 论意识形态研究中的四个基本问题［J］. 河北学刊，2010（1）.

张传辉，王晓玲. 经济全球化背景下大学生马克思主义意识形态教育的若干思考［J］. 前沿，2010（3）.

张建国. 大学精神视角下的校园文化建设［J］. 教育研究，2010（3）.

张利华. 马克思主义既是科学理论又是科学信仰［J］. 理论前沿，2004（16）.

张天宝. 交往实践观与主体性教育理论研究范式的转换［J］. 教育研究，2004（6）.

张武升. 冲破创新人才培养的“壁垒”——以创新的评价体系引导创新人才的创生［J］. 人民教育，2008（10）.

张耀灿，周琪. 人的自由而全面发展：马克思主义社会发展理论的人本意蕴［J］. 理论探讨，2005（2）.

赵君，张瑞. 新媒体环境下高校文化传承与创新［J］. 高校理论战线，2012（6）.

赵万江，雷勇. 构建社会主义和谐社会与实现人的全面发展［J］. 马克思主义研究，2007（2）.

赵迎欢，等．“当代大学生特点及环境影响”研究报告［J］．思想理论教育导刊，2010（1）．

朱飞．协同视阈下的高校多元协同创业教育研究［J］．高等工程教育研究，2016（5）．

宗秋荣．“中国家庭教育发展论坛”综述［J］．教育研究，2004（8）．

邹银凤．“慎独”教育大学生网络主体意识的培养［J］．中国青年研究，2010（3）．

左鹏．“三个代表”与当代大学生的历史使命［J］．思想政治教育研究，2004（2）．

六、报纸类

刘惊铎．生态体验德育现代化的时代新探索［N］．中国教育报，2018－05－24．

谢维和．大学的公共性面临新挑战［N］．中国教育报，2008－01－28．

袁振国．实现教育全面协调可持续发展［N］．中国教育报，2008－07－26．

中共中央国务院．关于加强和改进新形势下高校思想政治工作的意见［N］．光明日报，2017－02－28．

七、网站类

姜辉．不断增强社会主义意识形态凝聚力引领力［EB/OL］．（2018－02－22）［2018－07－20］．人民网：http://tj.people.com.cn/GB/n2/2018/0222/c375366-31268396.html．

教育部．教育部关于大力推进高等学校创新创业教育和大学生自主创业工作的意见［EB/OL］．（2010－05－04）［2018－07－20］．教育部网站：http://www.moe.gov.cn/srcsite/A08/s5672/201005/t20100513_120174.html．

习近平．发展是第一要务，人才是第一资源，创新是第一动力［EB/OL］．（2018－03－07）［2018－07－20］．新华网：http://www.xinhuanet.com/2018-03/07/c_1122502719.htm．

习近平．推进国家治理体系和治理能力现代化［EB/OL］．（2014－02－17）［2017－03－20］．中国网：http://politics.people.com.cn/n/2014/0217/c1024-24384975.html．

习近平．在北京海淀民族小学主持召开座谈会时的讲话［EB/OL］．（2014－05－30）［2018－07－10］．中国网：http://news.china.com.cn/2014-

05/31/content_32540741. htm.

习近平. 在纪念马克思200周年诞辰大会上的讲话［EB/OL］.（2018－05－04）［2018－07－10］. 新华网：http://www. xinhuanet. com/2018-05/04/c_1122783997. htm.

习近平. 在中国科学院第十九次院士大会、中国工程院第十四次院士大会上的讲话［EB/OL］.（2018－05－28）［2018－07－10］. 新华网：http://www. xinhuanet. com/2018-05/28/c_1122901308. htm.

尹承德. 习近平外交思想开创中国外交新时代［EB/OL］.（2018－01－08）［2018－07－10］. 中国网：http://www. china. com. cn/opinion/theory/2018-01/08/content_50200903. htm.

后 记

从1993年踏上苏州这块土地，便再没离开过。此间有我的学业生涯、职业的投入和人生的感悟。从学习到工作，再到边工作边学习，遇到过困难，有过困惑，但都随着书本的墨香和流动的文字变成了过往。理论与实践、知识与体验、问题与思考，都在阅读、交往中不断寻到答案——真心感谢这些年来不断为我解惑的人，熟悉的和陌生的，让我在成长中不断成熟。

这本书是在我的博士学位论文基础上修改而成的，虽毕业有年，论文成书的愿望一直在期待之中，但碍于各种原因，一直未能实现。在学问的路上，时间永远是仓促的，水平永远是待指教的，无论本书的水准如何，最起码代表了本人的学习和成长经历，无法也无须避其浅陋，最需要的是质朴、诚实和坚韧的态度。当年读博期间得到的关爱很多，特别要感谢的是导师陆树程教授，从学习、写作到日常的工作、生活都得到了他的关爱。导师认真的治学态度、朴实善良的待人接物作风永远值得我学习。

感谢闵春发教授、姜建成教授、郭彩琴教授等学位点上的导师团队，是他们的合作和敬业精神深深地影响了我。王金福教授、任平教授、方世南教授的悉心指导，朱蓉蓉教授、钱美华老师的帮助和关心。陪我一起度过四年时光的博士同学，是他们的关爱和付出陪伴我完成了博士学业，借此机会一并表达深深的敬意和感谢。

同时，要感谢江苏省示范马克思主义学院和苏州大学马克思主义理论学科、苏州大学江苏省中国特色社会主义理论体系研究基地、名城名校融合发展战略项目等对本书出版的资助。感谢高志斌师兄在成书之前字斟句酌，提出了许多宝贵意见。最后，要感谢为我的工作和学习付出辛勤劳动的家人、朋友，是你们的无声付出给了我勇气和力量，让我鼓起勇气一路前行。

本书的出版只是个开始，人生的路还很长，期待前进路上各位对我一如既往的关心和爱护，无论是工作、生活还是成长。